Für den Tag.
Und über den Tag hinaus.

Umschlaggestaltung: Alexander Foxius

© 2011 by Armin Foxius
Alle Rechte vorbehalten, auch hinsichtlich einzelner Teile

RASS'SCHE VERLAGSGESELLSCHAFT GMBH
Höffenstraße 20-22 · 51469 Bergisch Gladbach
verlag@rass.de

Druck
Rass GmbH & Co. KG, Druck & Kommunikation
www.rass.de

ISBN 978-3-940171-17-7

Armand Foxius

Für den Tag.
Und über den Tag hinaus.

Zeitungsartikel über Münstereifel für den
Kölner Stadt-Anzeiger (1958 – 1961)

[Unterschrift]

18. 11. '11

Herausgegeben von Armin Foxius

Vorbemerkung

Vor fünfzig Jahren, am 17. August 1961, starb mein Vater, der aus Malmedy stammende Journalist Armand Foxius in Münstereifel. Am 30. Mai 2012 hätte er seinen 90. Geburtstag feiern können.

Wohlgeordnet hinterließ er sämtliche Zeitungsartikel, die er zwischen den Jahren 1958 bis 1961 für den Lokalteil des Kölner Stadt-Anzeigers geschrieben hat.
In über tausend längeren und kürzeren Texten entfaltet sich für einen begrenzten, klar definierten Zeitraum das Bild einer Kleinstadt am Rande der Eifel, gesehen im Blick eines einzelnen Journalisten.

Was macht diese Artikel noch heute, nach fünfzig Jahren über den Publikationstermin in der Tagespresse hinaus, lesenswert?
- Sie sind Zeitdokumente über den Wandel in der rheinischen Provinz von den Nachkriegsjahren zu den Strukturwandlungen in der Bundesrepublik der frühen Sechziger.
- Sie sind Beispiele dafür, wie auch in den Medien durch eine neue Ausrichtung und Berufsethik am Aufbau der Demokratie mitgewirkt wurde.
- Sie sind Dokumente eines Strebens nach wahrhaftigem Journalismus, der genauen Information der Leser auf der Basis einer umfassenden Bildung, dem Vorantreiben gesellschaftlicher und politischer Entwicklungen.

Hier liegen Arbeiten eines einzelnen Journalisten vor; subjektiv, aber durch ihr tägliches Erscheinen, ihre große Zahl und Akzeptanz, ihre lokale und zeitliche Begrenztheit aussagekräftig.

Armand Foxius hat im Auftrag der Euskirchener Redaktion „über alles" berichtet und geschrieben. Man bekommt als heutiger Leser ein detailliertes Bild einer Kleinstadt am Rande der Eifel über einen Zeitraum von drei Jahren.

Auch die Wertschätzung für Armand Foxius, wie sie in den Nachrufen von Kollegen und Repräsentanten des öffentlichen Lebens ablesbar sind, rechtfertigen den Nachdruck einer Auswahl dieser Texte.

In diesem Buch sind Texte zu folgenden Bereichen versammelt:
die ausführliche Dokumentierung und kritische Begleitung der Arbeit von Stadtrat und Verwaltung,
die Diskussion und der Kampf um die Erhaltung des Romanischen Hauses (heute Heimatmuseum),
die Bemühungen um die Erhaltung des Kalkarer Moors,
die Geschichte und der pädagogische Auftrag der zentralen Schule St. Michael – Gymnasium,
das Vorstellen von einzelnen Persönlichkeiten im Ort.

Ökonomische Themen, die die damalige Zeit prägten, wie Holz- und Milchwirtschaft, Wasserversorgung u.ä. sind in dieser Publikation unberücksichtigt. Das gilt auch für den Bereich Verkehrsführung in der Kernstadt und die vieldiskutierte Umgehungsstraße.
Das Material ist so umfangreich, dass es den Rahmen dieses Bändchens sprengen würde. Es ist einer weiteren Publikation vorbehalten.

*

Armand Foxius wurde am 30. Mai 1922 in Malmedy (heute Ostbelgien) geboren. Nach Abitur und Wehrdienst lebte er in Köln. Nach der Rückkehr in die alte Heimat arbeitete er als Chefredakteur einer deutschsprachigen Tageszeitung in Belgien. Diese wurde 1958 eingestellt. Seit Ende 1958 arbeitete Armand Foxius für die Lokalredaktion des Kölner Stadt-Anzeigers. Nach der journalistischen Begleitung des Jugendaustausches nach England (Ashford/Kent) und am Tag der Abfahrt in die französische Partnerstadt Euskirchens Charleville starb er am 17. August 1961 in Münstereifel. Hier befindet sich auch sein Grab auf dem alten Friedhof.

*

Die Arbeiten wurden jetzt nach Themen sortiert und diese chronologisch geordnet. Einzelne Kapitel werden in diesem Buch von verschiedenen Autoren aus heutiger Sicht kommentiert.
Die Rechtschreibung ist beibehalten, mit Ausnahme von ss statt ß.
Die Zeitungsspalten wurden aufgelöst. Der Gedanke an eine Faksimilereproduktion wurde wegen der schlechten Qualität des Papiers, des Drucks, der Bilder nach 50 Jahren fallengelassen.

Mein Dank gilt den Autoren Ralf Blasberg, Harald Bongart, Dr. Gerhard Fischer, Hans-Dieter Graf, David Lanzerath, Marius Schulten, Prof. Dr. Horst A. Wessel für ihre kommentierenden Beiträge und Aufsätze, Frau Angelika Pelikan aus Köln für die Schreibarbeiten, Frau Anke Hoffstadt für Layout und Gestaltung, meinem Sohn Alexander für Beratung und Assistenz, und nicht zuletzt dem Verlag Rass'sche Verlagsgesellschaft für die Edition.

Köln, den 03.Oktober 2011
Armin Foxius, Herausgeber

Harald Bongart:
Vorwort

Es mag nichts Besonderes sein, wenn „Ein altes Haus droht einzustürzen", sofern es sich nicht um das Romanische Haus, eines der ältesten Steinhäuser des Rheinlandes handelte. Als Armand Foxius 1958 mit seiner Familie nach Münstereifel zog, standen die Zukunftschancen für den einzigen hochmittelalterlichen Profanbau des an Baudenkmälern reichen Eifelstädtchens alles andere als gut. Der gelernte Journalist Foxius nahm sich des Themas an. Über das Gebäude, seine Geschichte und seine möglichen Perspektiven berichtete er im Kölner Stadt-Anzeiger.

Zeitungstechnisch war Münstereifel – damals schon Kneipp-Kurort, aber noch nicht Bad oder gar staatlich anerkanntes Kneipp-Heilbad – Ende der 1950er Jahre „Rundschau-Land". Seit die Münstereifeler Zeitung zum 1. September 1939 eingestellt werden musste, gab es hier keine eigene Zeitung mehr. Ab 1946 füllte die Kölnische Rundschau die Lücke. Aus und über Münstereifel berichtete Paul Elbern, der eigentlich ausgebildeter Konzertpianist war. Er war bekannt für Titeleien à la „Schützen trafen sich" und seine Münstereifeler Leser trieben mitunter Schabernack mit ihm.

Mit Armand Foxius als Journalist des Stadt-Anzeigers erwuchs der Rundschau in Münstereifel ernste Konkurrenz. Dabei oblag Foxius die Aufgabe, schlicht über alles zu berichten, was berichtenswert erschien. Dies umfasste die Lokalpolitik ebenso wie die örtliche Geschichte, Kultur und Brauchtum, schulische oder ökologische Themen. Besonderer Raum wurde den Reportagen über lokale Persönlichkeiten gewährt. Foxius näherte sich journalistisch bekannten und weniger bekannten Menschen, die wie er in Münstereifel lebten. Das Spektrum reichte von Automobilisten über Fotografen, Goldhochzeiter, Heimatforschern und Jägern bis hin zu einer Zirkusdirektorin.

Damals lebte in Münstereifel Carola Gleich. Mit ihrem Ehemann Julius hatte sie bis zum Ausbruch des Zweiten Weltkrieges eines der größten Zirkusunternehmen der Welt geleitet. Julius Gleich hatte die Zirkuswelt revolutioniert. Im 12.000 Zuschauer fassenden Zelt gab es drei Manegen. So konnte permanent eine Manege bespielt werden, während in den anderen für die nächsten Artisten auf- und umgebaut wurde. Der Zirkus Gleich hatte Weltgeltung.
Zum Weihnachtsfest 1959 nun berichtete Armand Foxius am 24.12. von der „Heiligabend-Bescherung im großen Zirkuszelt", wie sie einst im Zirkus Gleich üblich war. Heute würde der Bericht vermutlich erwähnen, dass Carola Gleich geborene Jüdin war. Als einzige Angehörige mosaischen Glaubens hat sie unerkannt die NS-Zeit in Münstereifel überlebt. Es ist nicht bekannt, ob Armand Foxius davon wusste. Aber über das Thema Münstereifel während der NS-Zeit sprach und schrieb man damals ohnehin nicht öffentlich. Damit unterschied sich die Stadt keineswegs von anderen deutschen Kleinstädten am Ausgang der fünfziger Jahre.

In Münstereifel wurde lieber das Image des verschlafenen Musenstädtchens an der Erft gepflegt. Im aufblühenden Tourismusort schaute man gerne auf die steigenden Übernachtungszahlen. Die wurden auch von Flamen mit einer jährlichen Bedevart voor Heldenhulde angehoben. Begleitet vom Bürgermeister und der Feuerwehrkapelle zogen sie zur Gefallenenehrung auf den Münstereifeler Soldatenfriedhof. Erst in den späten 60er Jahren wurde der Finger in die Wunde gelegt: Diese Kriegstoten waren Angehörige der Waffen-SS.

Ob Armand Foxius davon wusste, ist nicht überliefert. Die Stadtoberen jedenfalls wollten damals nichts davon wissen. Auch das gehört zu Münstereifel am Ende der 1950er Jahre.

Es lässt sich nicht pauschal sagen, wie die Stadt mit Neubürgern umging. Bis zum Zweiten Weltkrieg war die Stadt konfessionell eindeutig zu klassifizieren. Während der Gegenreformation hatte man die ohnehin schon sehr katholische Stadt zu einer sehr, sehr katholischen umgebaut. Immerhin hatten in der Konfessions-Statistik 1925 erstmals die Protestanten mit satten 2,8 % die Juden (2,2%) vom 2. Platz verdrängt. Nach dem Krieg gab es keine Angehörigen des mosaischen Glaubens mehr in Münstereifel. Dafür hatten die Vertriebenen für ein erhebliches Anwachsen des protestantischen Bevölkerungsanteils gesorgt. In der Volksschule wurden die Kinder gemeinsam unterrichtet, aber auf dem Schulhof gab es eine mit Kreide gezeichnete Demarkationsgrenze. Eine unsichtbare Demarkationslinie verlief auch in der Marktstraße. Sie schied Unterstadt von Oberstadt.

Deshalb waren Armand Foxius und seine Familie aber noch keine Exoten im Grover's Corner der Nordeifel, auch wenn sie aus Belgien zugezogen waren. Als Wallonen aus Malmedy standen sie vielmehr in einer Jahrhunderte alten Traditionslinie. Wallonen waren immer wieder nach Münstereifel gekommen und hatten sich schnell und ohne Probleme integriert. Sie hatten Zugang zum Stadtpatriziat gefunden, waren im Schöffenkolleg und im Stadtrat zu finden und der Bau des schönsten Münstereifeler Fachwerkhauses, dem Windeckhaus in der Orchheimer Straße wird dem Wallonen Wery zugeschrieben.
Armand Foxius hatte zudem bereits in seiner Zeit in Malmedy die Bekanntschaft mit Heinrich Derkum und Leo Michel geschlossen. Derkum war 1958 Stadtdirektor in Münsterei-

fel und Michel unterrichtete als Studienrat am Staatlichen St.-Michael-Gymnasium. Dessen Direktor August Guddorf hatte die Schule wieder zu einem rein altsprachlichen Jungengymnasium geformt, was eigentlich einen Anachronismus darstellte, der aber erst von einer späteren Generation hinterfragt wurde. In der schulischen Hierarchie folgten hinter dem katholischen Oberstudiendirektor Guddorf die beiden Studiendirektoren Günter Neuhaus und Dr. Albert Teichmann. Beide, der Bonvivant und Künstler Neuhaus und der Biologe und Wissenschaftler Dr. Teichmann waren Protestanten. Teichmann erforschte u.a. das Kalkarer Moor und engagierte sich vehement für dessen Erhalt. Alle drei Genannten, Guddorf, Neuhaus und Dr. Teichmann, waren Persönlichkeiten. So fiel ihre konfessionelle Zugehörigkeit im Schulalltag nicht ins Gewicht. Sie trat in den Hintergrund, war nicht so wichtig. Wichtiger war: Der Humanist Guddorf und der Journalist Foxius mochten und verstanden sich.

Nur so lässt sich die Häufigkeit erklären, mit der Armand Foxius über das Gymnasium berichtete. Dabei kann man ihm aber keine Hofberichterstattung oder Gefälligkeitsberichte unterstellen. Als 18% der Michaels-Schüler die Versetzung nicht schaffen, begegnen sich Foxius mit Guddorf in einem ausführlichen Interview.

Nicht weit ist es daher vom Gymnasium zum Verein Alter Münstereifeler. Zum 300. Geburtstag der Schule ist dieser Verein 1925 von den Lehrern und ehemaligen Schülern gegründet worden. Das halbjährlich erscheinende Nachrichtenblatt wandelte sich in den 1950er Jahren. Waren zuvor gerne Erinnerungen von Ehemaligen an ihre Schulzeit abgedruckt worden, so wurden nun in immer größerem Maße wissenschaftliche Aufsätze zu Themen der Münstereifeler Geschichte publiziert. Damit traten neben die Berichte über das jährliche Wiedersehenstreffen der Alten Münstereifeler auch die Reportagen über das Nachrichtenblatt.

Dort wurde auch das Gedenken an den Heiligen Doktor von Moskau in den 1950er Jahren wieder erneuert. 1937 hatten die Alten Münstereifeler und ihr damaliger Vorsitzender Dr. Pomp den gebürtigen Münstereifeler in ihrem Nachrichtenblatt vorgestellt. Schon 1910 hatte die Münstereifeler Zeitung über Friedrich Joseph Haass und sein Wirken als Gefangenenfürsorger im zaristischen Russland berichtet. Er war damit aber offenkundig nicht dauerhaft im öffentlichen Bewusstsein der Münstereifeler verankert worden. In den 1950er Jahren holten die Alten Münstereifeler dies nach. Im Kölner Stadt-Anzeiger berichtete Armand Foxius über Haass und dessen unermüdlichen Einsatz für die Sibirien-Deportierten. Einige Original-Briefe von Haass waren wenige Jahre, ehe Foxius nach Münstereifel kam, von einem Nachfahren Haass dem Stadtarchiv geschenkt worden. Sie bildeten den Grundstock einer Sammlung von Archivalien von und über Haass. Archiv- und Museumsleiter Toni Hürten publizierte die Brieftexte im Heimatkalender des Kreises Euskirchen. Auch Hürtens Wirken begleitete Armand Foxius in seinen Artikeln.

Unverkennbar ist die Sympathie, die Armand Foxius für die Personen hegt, über die er schreibt. Dennoch gelingt es ihm, in seinen Reportagen die Gewichtung zwischen kritischer Distanz, journalistischer Objektivität, persönlichem Interesse und Anteilnahme fein auszutarieren. Deutlich wird dies unter anderem an den Berichten über den langjährigen Bürgermeister Laurenz Frings. Das Aus als Bürgermeister kam für Fringse Löhr 1961 nach einem parteiinternen Zerwürfnis. Foxius beschreibt die Entwicklung, würdigt die Leistungen von Frings und nimmt ihn gegen ungerechtfertigte Vorwürfe der Vorteilsnahme in Schutz.

Den Nachfolgern Frings' blieb es vorbehalten, den Wandel, der in Münstereifel Ende der 1950er, Anfang der 1960er Jahre einsetzte, weiter voran zu treiben. 1967 erhielt die Stadt den Titel Bad; der Festakt fand in der Aula des St.-Michael-Gymnasiums statt. Die staatliche Anerkennung als Kneipp-Heilbad erfolgte 1974. Dies hat Armand Foxius ebenso wenig erlebt wie die Wieder-Eröffnung des Hürten-Heimatmuseums im Romanischen Haus.
Er starb am 17. August 1961 im Alter von gerade einmal 39 Jahren in Münstereifel. Dort ist er auch begraben.

Einem populären Verdikt zufolge, soll nichts älter sein als die Zeitung von gestern. Wie begrenzt die Halbwertzeit dieser Aussage ist, weiß jeder Leser, dessen Interessen über den Tag hinaus reichen. Nach einer zeitlichen und gedanklichen Distanz gelesene Zeitungsartikel eröffnen neue Blickwinkel und bieten neue Zugänge zu vermeintlich wohl bekannten Themen. Mit einem Abstand von 50 Jahren seit ihrem Erscheinen sind die Artikel von Armand Foxius zu Dokumenten seines Strebens nach einem wahrhaftigen Journalismus geworden.

Das romanische Haus

24. Februar 1959

Ein altes Haus droht einzustürzen
Das älteste Haus des Rheinlandes in Gefahr

Münstereifel – Der nordöstliche Giebel am Haus Nr. 6 in der Langenhecke musste durch schwere Balken gestützt werden: es wurde höchste Zeit. Der Bau droht einzustürzen, die Stützen können nur eine Notlösung sein.
Dabei handelt es sich um das älteste romanische Wohnhaus des ganzen Rheinlandes. Seit langem schon steht es unter Denkmalschutz. Was hilft aber jeder bürokratische „Schutz", wenn praktisch nicht die Maßnahmen ergriffen werden, die diesen wertvollen Bau vor einem Verfall retten sollen. Musste wirklich so lange gewartet werden, bis ein Giebel aus dem Lot geriet und durch hässliche Balken abgestützt werden musste?

Um 1100 errichtet

Dieses ehemalige Stiftshaus, das geistlichen Herren als Wohnung diente, wurde um 1100 herum errichtet. Vergleiche von Mörtelproben ergaben, dass der Bau zeitlich mit der Fertigstellung der Abteikirche zusammenfällt. In den wuchtigen, teilweise aus Lavasteinen gemauerten Wänden sind heute noch deutlich die romanischen Rundbögen der unregelmäßig verteilten Fenster zu erkennen. Alte Gitter sind noch vorhanden, und unschwer lassen sich die Fensterbänke als ehemalige Bruchstücke aus dem Römerkanal ausmachen. Das Wohnhaus gehört zum Abteigebiet. Der Ansatz zum Bogen des Tores, das die Abtei von der Außenwelt trennte, ist heute noch zu erkennen. Im ersten Stockwerk befand sich früher eine Kapelle, von der noch der Altarplatz erhalten ist.

Firstfette geborsten

Der abgestürzte Giebel hängt 80 cm aus dem Lot und verdankt es nur den bis zu 1,20 m dicken Mauern, noch nicht gekippt zu sein. Die Firstfette ist außerdem geborsten und klafft 35 cm auseinander. Mit Querhölzern verband man die Binder und schaffte so provisorisch Abhilfe. Auf dem Speicher stehen Tassen, Pöttchen und Büchsen herum, die das durchdringende Regenwasser auffangen sollen. Das Haus ist noch bewohnt. Zusammen mit dem Haus Best in der Werther Straße und dem Haus an der Rauschen war das romanische Wohnhaus von der Stadt als Museum vorgesehen worden. Durch Kriegseinwirkungen ging das Haus Best verloren, das Haus an den Rauschen wurde durch den jetzigen Besitzer wieder hergerichtet. Um das älteste der drei Häuser aber scheint man sich recht wenig gekümmert zu haben.
Es ist zu wünschen und zu hoffen, dass sich der Landeskonservator mit der Stadt in Verbindung setzt, um dieses Wohnbaudenkmal aus dem 12. Jahrhundert vor dem Verfall zu retten. Die Hilfe muss schnell kommen. Die Stützen werden es auf die Dauer nicht schaffen, einen Druck von etwa 50 Tonnen aufzufangen.

25. März 1959

Man will das alte Haus retten
„Museumsstück" noch von vier Familien bewohnt

Münstereifel – Es steht nicht gut um das Schicksal des ältesten Steinhauses des Rheinlandes. Der Kölner Stadt-Anzeiger berichtete bereits vor einiger Zeit darüber, dass ein Giebel 80 cm aus dem Lot hängt und abgestützt werden musste. Fachleute besichtigten nun das Haus Langenhecke 6. Bei ihrer Besprechung machten sie besorgte Gesichter.

Sowohl die Außenmauern als auch der Dachstuhl sind in einem so schlechten Zustand, dass sogar das Wort „baufällig" fiel. Landesverwaltungsrat Dr. Kisky von der Denkmalpflege, Landesbauassessor Borchers, Regierungsbaurat Bierwirth aus Bonn, Bauingenieur Gerhards sowie Vertreter des städtischen Bauausschusses und der Stadtverwaltung beratschlagten was da wohl zu machen sei. Neben den bautechnischen Fragen tut sich für die Stadt auch das Problem auf, wie die vier Familien mir ihren 16 Köpfen untergebracht werden können, die heute noch in dem Haus wohnen. Man könne doch einen Bau, der nun seit über 800 Jahren steht, nicht einfach für „baufällig" erklären und abreißen, darüber war sich die Untersuchungskommission nach dem Ortstermin einig. Architekt Marx wird feststellen, inwieweit die bestehenden Mauern gerettet werden können und wie viel eine Rettungsaktion kosten würde.

12. September 1959

Anregung für das älteste Steinhaus des Rheinlandes
Die Instandsetzung kostet 70 000 DM

Münstereifel – Seit Februar verhindern Holzstützen den Einsturz eines Giebels am ältesten Steinhaus des Rheinlandes in der Langenhecke. Die Stadtverwaltung ist dabei, anderwärts Wohnraum für die Bewohner zu schaffen. Was aber wird geschehen, wenn das „romanische Haus" leer steht? Der Kölner Stadt-Anzeiger gibt hiermit eine Anregung für die weitere Verwendung des Hauses, die auch den Landschaftsverband

Rheinland veranlassen könnte, das Seine zur Instandsetzung beizutragen.

Das um 1100 erbaute einmalige Stiftshaus muss vor dem Einsturz gerettet werden, darüber waren sich das Amt für Denkmalpflege und die Stadtverwaltung bei einer Ortsbesichtigung einig, wie wir schon berichtet haben. Der Verfall ist aber soweit fortgeschritten, dass diese Rettungsaktion 70 000 DM kosten würde. Woher soll dieses Geld kommen?

Der 80 Zentimeter aus dem Lot hängende Giebel muss neu aufgerichtet werden. Am Dachstuhl, dessen Firstfette 30 Zentimeter auseinanderklafft, sind umfassende Reparaturen auszuführen. Bei einer Wiederherstellung sollen auch die Rundbogenfenster in ihrer ursprünglichen Form entstehen.

Museumshaus

Vor dem Kriege hatte die Stadt das romanische Haus, zusammen mit dem Haus Best in der Werther Straße und dem Renaissance-Fachwerkbau in der Heisterbacher Straße, erworben. Die drei Bauten sollten als Museumshäuser eingerichtet werden. Der Krieg zerstörte diesen Plan. Das Haus Best wurde ein Opfer der Bomben, das Haus in der Heisterbacher Straße wurde verkauft und von privater Hand vorbildlich restauriert (heute: An der Rauschen). Durch die Wohnungsnot aber blieb der Steinbau in der Langenhecke bewohnt.

Den rheinischen Dichtern
Anlässlich des Treffens der Freunde Jakob Kneips am vergangenen Wochenende wurde der Gedanke geboren, in Münstereifel eine Kneip-Gedächtnis-Stätte einzurichten. Später soll sie auf alle rheinischen Dichter erweitert werden.

- **Die Restaurierung des romanischen Hauses müsste sich doch mit der Einrichtung dieser Gedächtnis-Stätte verbinden lassen.**

- Die Stadt würde mit einem solchen Plan gewiss von verschiedenen Behörden unterstützt, und nicht nur von der Denkmalpflege.
- Neben den Bildern oder Büsten der rheinischen Dichter und Schriftsteller könnte in den Räumen ein Archiv mit Manuskripten und Briefen untergebracht werden.
- In einer Bibliothek würden die Werke der Dichter aufbewahrt. Die Bevölkerung und die Kurgäste hätten Gelegenheit, in einem Leseraum engere Bekanntschaft mit den Dichtern unserer näheren und weiteren Heimat zu schließen.

10. Februar 1960

„Romanisches Haus" kann kulturell genutzt werden

Man spricht auch von „Abreißen" – Wurde als Museumshaus erworben

Münstereifel – Die Stadt steht vor der Entscheidung, was aus dem Haus Langenhecke 6 werden soll. Als vielleicht „ältestes Steinhaus des Rheinlandes", gewiss aber als letzter Bau aus der romanischen Zeit der Klosterstadt, steht das ehemalige Kanoniker-Haus unter Denkmalschutz. Die Instandsetzungskosten wurden vor einigen Monaten schon auf 70 000 DM geschätzt.

Wenn bisher die Stadt ihre Entscheidung immer wieder mit dem Hinweis hinauszögern konnte, das „romanische Haus" sei noch bewohnt, so ist dieses Argument seit kurzem nicht mehr stichhaltig. Die letzte Familie konnte anderweitig untergebracht werden. Die immer dringender werdenden Reparaturen könnten also in Angriff genommen werden.

Reichen 70 000 DM?

Sehr vorsichtig hatte seinerzeit eine Kommission die Kosten der nötigen Arbeiten auf 70 000 DM geschätzt, eine Summe, die von vielen Experten als noch zu niedrig angesehen wird. Ein Giebel muss ganz abgerissen werden und neu hochgezogen werden, an den anderen Wänden sind Risse auszubessern, das Dach bedarf einer gründlichen Aufarbeitung.

- Die Meinung wird auch vertreten, dass das „romanische Haus" eine Instandsetzung überhaupt nicht überleben würde und dass ein Abbrechen des Giebels das Zusammenfallen des Hauses nach sich ziehen würde. Inwieweit solche Ansichten die Absicht stützen sollen, das ganze Gebäude einfach abzureißen, ist schwer zu ergründen.

Jedenfalls ist das „romanische Haus" wieder ins Gespräch gekommen. Es soll sogar der Vorschlag gemacht worden sein, die Räume wieder zu Wohnungen auszubauen. Bei der bestehenden Wohnungsnot in der Kneippstadt ist dieser Wunsch zwar verständlich, andererseits aber denkmalpflegerisch genauso wenig zu vertreten wie ein Abbruch des bestehenden Hauses.

Warum die Stadt kaufte

Das „romanische Haus" war ursprünglich als eines der Häuser vorgesehen, die das Museum aufnehmen sollten. Warum könnte die Stadt, die es ja zu diesem Zweck erworben hatte, nun nicht diesen Plan wahrmachen? Fehlt es in der Kurstadt nicht sowieso an einem kulturellen Zentrum?
Die Kosten sind hoch, das stimmt, aber am Wiederaufbau ist ja nicht nur die Stadt interessiert, und aus dem Gemeindesä-

ckel alleine soll dieses älteste Steinhaus des Rheinlandes ja auch nicht instandgesetzt werden.
Der Landeskonservator wurde inzwischen verständigt, dass das „romanische Haus" leer und zur weiteren Verwendung zur Verfügung steht.

Viele Möglichkeiten

Kurz nach dem „Treffen der Freunde Jakob Kneips" hatte der Kölner Stadt-Anzeiger den Vorschlag gemacht, eine Gedächtnisstätte für den Dichter, die zu einer Stätte der rheinischen Literatur erweitert werden könnte, in den Räumen des „romanischen Hauses" einzurichten. Der Gedanke einer solchen Stätte war anlässlich des Empfanges der Dichterfreunde durch die Stadt im städtischen Kurhaus aufgekommen. Bürgermeister Frings hatte den Gedanken gutgeheißen. Das Münstereifeler Stadtarchiv, eines der vollständigsten der rheinischen Lande, könnte vom Speicher des Rathauses in einen Raum des „romanischen Hauses" umziehen. Das Archiv würde so noch zugänglicher werden. Außerdem wäre dann auch Gelegenheit gegeben, es übersichtlicher zu lagern.

Leseraum für Kurgäste

Eine weitere Möglichkeit, den alten Bau nützlich zu machen, könnte die Einrichtung eines Leseraumes mit Zeitschriften und Zeitungen sein, was besonders den Bedürfnissen einer Kurstadt entsprechen würde. Dieser Gedanke allein wäre es schon wert, den zur Verfügung stehenden kulturhistorischen Bau wieder instand zu setzen. Neben einem Leseraum könnte auch eine Leihbibliothek in der Art der Euskirchener Volksbücherei einen angemessenen Platz finden.
Da außerdem auch das Landesmuseum bereit sein soll, einen Raum mit alten romanischen Möbeln als Wohnkul-

tur-Museum einzurichten, darf kaum von einem Mangel an Nutzungsmöglichkeiten gesprochen werden. Sollten dennoch einige Zimmer ungenutzt bleiben, so könnten diese dem Volksbildungswerk zur Verfügung gestellt werden.

Ein weiterer Vorteil, das „romanische Haus" solcherart für zahlreiche kulturelle Einrichtungen herzurichten, ist auch die Tatsache, dass dann viele Stellen sich an der Finanzierung der Wiederinstandsetzung beteiligen könnten.

20. Februar 1960

Das älteste Haus wird „neu entdeckt"
Das romanische Wohnhaus ist eine Rarität

Münstereifel – „Diesen hässlichen Kasten zu erhalten, lohnt nicht", hört man oft, auch von verantwortlichen Leuten sagen, wenn von dem romanischen Haus, Langenhecke 6, die Rede war. Inzwischen begann Architekt Merian von der Kunstdenkmäler-Aufnahme, mit zwei Arbeitern das Gebäude zu untersuchen. Schon am ersten Tag stand fest, dass man es mit einem Bau zu tun hatte, der viele Schönheiten aufweist und erst im Laufe der Zeit zu einem nichtssagenden Kasten verbaut wurde.

Architekt Merian ist nicht zum ersten Mal in Münstereifel. Er war dabei, als in der Pfarrkirche gegraben wurde. Vergangenen Dienstag begann er mit der Arbeit im alten Haus. Wände wurden abgeklopft, Fugen spürte man nach. Viel Putz musste heruntergeschlagen, Wände jüngeren Ursprungs eingerissen werden. Bald stand für Merian fest, dass er es mit einer „Rarität" zu tun hatte, die auf jeden Fall erhalten bleiben würde.

Doppelarkaden, Sintersäulen

In der Küche des Hauses, zur Langenhecke hin, stürzte die erste Wand ein: Dahinter verbarg sich der große offene Kamin, die ursprüngliche Feuerstelle des ehemaligen Kanonikerhauses. Der Balken, der den Kaminaufbau trägt, wird durch zwei mit schlichten Profilen beschnitzten Konsolen getragen.

In der Fassade und im Giebel waren trotz der nachträglichen Maurer- und groben Putzarbeiten noch Rundbögen zu erkennen. Mit besonderer Vorsicht gingen die Arbeiter an diesen Mauerstellen zu Werke. Das romanische Haus hatte nicht nur Rundbogenfenster, sondern Doppelarkaden mit zierlichen Säulchen. Während Säulenbasis und Kapitell aus Sandstein sind, wurde für die Säulen und die Brüstungen Kalksinter aus dem Römerkanal verwendet.

Inzwischen wurde zur Langenhecke hin ein Fenster und in den beiden Giebeln zwei weitere Doppelarkaden freigelegt. Merian vermutet, dass zur Straße hin fünf Fenster angebracht waren. Jeder Giebel hatte zwei solcher Öffnungen.

Nicht alle erhalten

Als der Bau, wahrscheinlich im 17. oder 18. Jahrhundert, „modernisiert" wurde, hat man an den anderen Doppelarkaden die Säulchen einfach weggeschlagen und in die breiten Öffnungen kleine Fenster eingemauert. Nicht alle Fenster wurden so verändert, einige wurden nur zugemauert. Diese treten nun wieder in ihrer ganzen Schönheit zu Tage.

Fast in allen Räumen wurden Nischen und Wandschränke entdeckt. Auf dem ersten Stock stieß Merian auf eine große Öffnung zum Garten hin. Er vermutet, dass dort einmal die Toilette lag. Auch den ursprünglichen Eingang im Haus, von dem noch die halben Rundbögen freigeschlagen wurden, fand der Architekt. Die Tür führte, wie es zu erwarten war, in den Klosterbezirk, also den jetzigen Klosterplatz hinaus. Solche romanischen Wohnhäuser sind äußerst selten geworden, sagte uns Architekt Merian. In Siegburg, Trier und an der Mosel stehen noch einzelne Exemplare. Während des Krieges gingen in Köln, Aachen und Duisburg romanische Häuser verloren.

- **Mit dem romanischen Haus in der Langenhecke dürfte Münstereifel allerdings das älteste vorhandene Wohnhaus dieser Art besitzen. Es stammt aus dem 12. Jahrhundert.**

Architekt Merian kann bald den Grundriss des Hauses aufzeichnen und sich ein genaues Bild über den Typ machen. Der Fachmann ist überzeugt, dass der ganze Bau konserviert werden kann. Auch der Giebel, der jetzt 80 cm aus dem Lot hängt.
Wenn das romanische Haus „konserviert" wird, dann kann es auch wieder genutzt werden. Obwohl die Entscheidung über das weitere Schicksal des Hauses durch den Landeskonservator erst dann fallen wird, wenn alle Pläne ausgebarbeitet sind, ist heute schon Architekt Merian sicher, dass das Haus erhalten bleibt. „Es gibt schlimmere Ruinen, die konserviert werden", sagt er.

08. März 1960

So baute und wohnte man kurz nach 1100
Bedeutendes Baudenkmal bleibt erhalten

Münstereifel – „Es besteht ein erhebliches öffentliches Interesse, dieses bedeutende Baudenkmal zu erhalten."

So heißt das Ergebnis einer Zusammenkunft zwischen Denkmalpflegern und Architekten über die Zukunft des romanischen Hauses, Langenhecke 6. Die Kosten für die Instandsetzung wurden auf 100 000 DM veranschlagt. Ein Finanzierungsplan wurde ausgearbeitet.

Seit einigen Wochen untersuchte Architekt Merian von der Kunstdenkmal-Aufnahme den Bau aus dem frühen 12. Jahrhundert. Über die wertvollen Entdeckungen, die dabei gemacht wurden, berichtete der Kölner-Stadt-Anzeiger am 20. Februar. Inzwischen wurde das ganze Gebäude aufgemessen, ursprüngliche von später eingebauten Wänden, Türen und Kaminen unterschieden und schließlich der gültige Grundriss gewonnen.
Der Bericht, der von den Denkmalpflegern Dr. Beseler und Dr. Borchert, von Baurat Bierwirth (Staatshochbauamt), Baurat Fritsche und Bauinspektor Gerharz (beide Kreisverwaltung) und Stadtdirektor Derkum unterschrieben ist, hebt hervor: „Bei dem romanischen Haus handelt es sich um den letzten in dieser Vollständigkeit erhaltenen Typus im nördlichen Rheinland."

Entwurf liegt vor

Architekt Merian legte einen Entwurf für die Instandsetzung des alten Stiftshauses vor. Er hält sich dabei streng an den ursprünglichen Grundriss. Mit der Gestaltung von Fassade und Fenster hatte er es leicht, da noch drei der alten Doppelbogen-öffnungen einwandfrei erhalten blieben und jetzt zum Vorschein kamen.
Der Eingang zum Haus in der Langenhecke, der erst später gebrochen wurde (Grundriss A), soll wieder zugemauert werden. Da die frühere Haustür sich zum Klosterplatz hin öffnete (B), durch einen vorgelagerten

Neubau aber nicht mehr zu benutzen ist, soll der ehemalige Eingang zum Garten (C) ausgebaut werden. Vor der Nordfront soll ein breiter Geländestreifen erworben werden, um einen sinnvollen Zugang zu sichern und die Fassade eindrucksvoller zu gestalten. Die Doppelarkaden und Öffnungen im Giebel, der durch ein vorgebautes Haus von außen nicht mehr zu sehen ist, werden als Nischen ausgebaut.

80 000 DM gesichert

Die Kosten der gesamten Instandsetzung wurden von den Architekten mit rund 100 000 DM veranschlagt. „Die Finanzierung", so heißt es in dem Bericht, „ist nur vertretbar, wenn die Struktur des Hauses im wesentlichen auf Grund der Befunde erhalten bleibt."
Aus öffentlichen Denkmalmitteln werden, eventuell in zwei Jahresabschnitten, 60 000 DM zur Verfügung gestellt. Von Kreis und Stadt werden je 10 000 DM erwartet.
20 000 DM können also noch nicht finanziert werden, müssten aber vom Eigentümer aufgebracht werden.
Alle Vertreter der Denkmalpflege waren über die gefundenen baudenkmälerischen Kostbarkeiten begeistert. Keiner hatte im Ernst dieses Ergebnis von den Untersuchungen des Architekten Merian erwartet. Ein solches Haus in den eigenen Mauern zu bewahren, ist für jede Stadt eine Verpflichtung. Im Interesse der alten Klosterstadt, aber auch des Kneippheilbades mit seinen vielen Fremden sollte alles geschehen, um das romanische Haus würdig und zwecksentsprechend zu nutzen. Dass solche Objekte nicht immer „wirtschaftlich" genutzt werden können, ist bekannt. Eine wirtschaftliche ist jedoch auch nicht immer eine würdige Nutzung. Zu dieser Frage nahm der Kölner Stadt-Anzeiger am 12. September 1959 und am 10. Februar 1960 schon Stellung.

11. März 1960

Kommen ins Museum

Münstereifel – Bei der Untersuchung des romanischen Hauses in der Langenhecke stieß man im Keller auf zwei mittelalterliche Fenster. Die kleinen Scheiben aus dickem, ungeschliffenem Glas sind in Blei gefasst. Außerdem wurde ein Stück Gesims gefunden, das wahrscheinlich von der Ostseite des Hauses stammt. Die Teile werden ihren Platz im Heimatmuseum finden.

19. Oktober 1960

Zement-Spritzen stützen alte Mauern
Baufällige Häuser mit neuem Gesicht

Münstereifel – Drei Baustellen erregen das Interesse der Bevölkerung und der Kurgäste: Zwischen allen drei Häusern, die dabei instandgesetzt werden, wandern oft die Denkmalpfleger aus Bonn. Ein romanisches, ein spätgotisches und ein Haus aus der Renaissance-Zeit sollen ihr altes Gesicht zurückerhalten. In zwei Fällen stieß dabei der Landeskonservator auf das Verständnis der Hauseigentümer.

In der Langenhecke ist es endlich soweit: Das „älteste Haus des Rheinlandes", wie der früher so unansehnliche romanische Bau von den Münstereifelern genannt wird, wird bald gesichert sein. Vom Abreißen sprechen auch die größten Pessimisten nicht mehr, seitdem der Denkmalpfleger Merian die guterhaltenen romanischen Bogenfenster mit ihren Säulchen aus dem schweren Mauerwerk herausarbeiten ließ.

Zunächst die Außenmauern

Im ersten Bauabschnitt werden die Außenmauern des um das Jahr 1000 erbauten ehemaligen Dekan-Hauses restauriert. Diese Aufgabe stellt den Unternehmer vor nicht sehr leichte Aufgaben. Immerhin hängt der nördliche Giebel mit seiner rund ein Meter dicken Mauer 80 Zentimeter aus dem Lot.

- Eine Dürener Firma, mit solchen Arbeiten vertraut und für die Denkmalpflege oft beschäftigt, wird die Mauer wieder ins Lot „drücken".
- Mit einer Öldruckpumpe, die gleichzeitig auf mehreren schweren Stützen arbeiten wird, soll das gesamte Mauerwerk mit einem Schub wieder in die „richtige Lage" gebracht werden. Dazu wird ein Druck von fünf bis sechs Tonnen notwendig sein.

Eine Zementbrühe die „injiziert" oder „torkretiert", das heißt unter Druck in das Mauerwerk hineingepresst wird, soll das gesamte Gefüge wieder haltbar machen.
Während inzwischen das große Gerüst am Nordgiebel des romanischen Hauses aufgebaut wurde, waren andere Männer dabei, Zwischenwände und Decken des Gebäudes einzureißen.

Geradliniges Fachwerk

Besonders eindrucksvoll wirken die Arbeiten am Haus Hendrichs auf dem Markt. Hier wurden die Balken der ganzen Fachwerkfassade inzwischen erneuert. Die Denkmalpflege bezeichnete den hohen schmucken Giebelbau als ältestes erhaltenen Haus seiner Art in Münstereifel. Es stammt aus der spätgotischen Zeit und wurde um 1520 als Kaufmannshaus gebaut. Noch ist das Fachwerk geradlinig und bar jeder Verzierung. Die Seitenwände bestehen aus dicken Bruchsteinen. Damals stand man noch am Anfang des Fachwerkbaues. So waren die Fenster auch nach Art der Sandsteinbauten mit Zwischenbalken versehen.

Als das Haus Hendrichs in der Barockzeit „modernisiert" wurde, machten die Baumeister schwerwiegende Fehler, die sich heute nachteilig auswirken. Stützen und Knaggen wurden einfach entfernt, so dass die Balken verbogen und auch sonst sich das Fachwerkgerüst in sich verschob. Als bei der zunächst mehr oberflächlich gedachten Erneuerung des Hauses der Putz abgeschlagen wurde, kamen nicht nur diese schadhaften Stellen zum Vorschein. Auch die ehemalige feingliedrige Struktur der Fassade konnte in mühevoller Arbeit vom Amt für Denkmalpflege rekonstruiert werden.

- Dank des Verständnisses der Eigentümer wird jetzt das Haus Hendrichs in seiner ursprünglichen Form wiederhergestellt. So kam es, dass ein moderner Zimmermann aus altem Eichenholz Balken und Stützen zurechtzimmern musste, wie es einmal vor vielen hundert Jahren gemacht wurde.

Interessant ist auch die Tatsache, dass die ehemalige Brauerei-Familie Hendrichs seit fast 200 Jahren in ein und demselben Haus wohnt.

Verzierungen abgeschlagen

Aus anderen Gründen stützen seit einigen Tagen auch am Haus Dick in der Orchheimer Straße schwere Balken die Fassade. Das als wertvoll bezeichnete Gebäude wurde von Johann Zimmermann 1659 gebaut, einem Meister, der oft seinen Namen am Schluss der Haussprüche ins Gebälk einschnitt.

Auch das Dicksche Haus wurde als Kaufhaus gebaut. Es zeigt deutlich den Einfluss der Renaissance. Im vorderen Raum, wo gehandelt wurde, sind noch die Ringe im Gebälk zu erkennen, an denen die Waagen hingen. Interessant auch die Hängestube, die in früheren Zeiten über einen noch erkennbaren Steg zu erreichen war und von der aus durch ein Fensterchen der große Handelsraum überschaut werden konnte.

- Auch hier gingen die Eigentümer mit sehr viel Einfühlungsvermögen an die Restauration heran. Lange bevor der Startschuss für die Arbeiten gegeben wurde, setzte man sich mit dem Landeskonservator in Verbindung.

Neben der Modernisierung der unteren Verkaufsräume wird zugleich auch die ursprüngliche Struktur der 16 Meter hohen Fassade erreicht. In Höhe des ersten Stockes, allerdings noch in den Verkaufsraum reichend, werden wieder große Butzenfenster eingesetzt. Geplant ist auch, zu einem späteren Zeitpunkt die alte Fensteranordnung in den verschiedenen Stockwerken wiederherzustellen.

Um das Haus wieder zu festigen, wird es vom Keller aus abgefangen werden müssen. Auch hier verschob sich das Fachwerk im Laufe der Jahre durch unsachgemäße Veränderungen in den vergangenen Jahrzehnten. An den Senkrechtbalken stellte man Verzierungen fest, die seinerzeit einfach abgeschlagen wurden.

Wie wir erfahren konnten, ist sich die Stadt als Eigentümerin des romanischen Hauses in der Langenhecke noch nicht darüber im klaren, was mit dem renovierten Bau geschehen soll. Das ist bedauerlich und könnte vielleicht sogar die Gestaltung der inneren Räume verzögern. Der Kölner Stadt-Anzeiger hat schon in verschiedenen Artikeln Anregungen gegeben, die nicht nur dem alten Haus, dem mittelalterlichen Charakter der Stadt und dem Kneippheilbad gerecht würden, sondern Münstereifel auch zu einem Kulturzentrum machen könnten. Dabei sei an die Feier für Jakob Kneip vor einigen Monaten erinnert, wo von einer Gedenkstätte der rheinischen Dichter und Schriftsteller in Münstereifel die Rede war.

01. November 1960

Alter Giebel ins Lot gedrückt
Chancen standen 50:50 – Kein Stein fiel

Münstereifel – Gegen den 80 cm aus dem Lot hängenden Giebel des romanischen Hauses standen eine Unmenge Holzstützen. Im Gebäude schauten Architekt Dr. Steinmann, Denkmalpfleger Merian und Statiker Böker noch einmal nach dem Rechten. Dann drückten zwei Winden und zwei Öldruckpumpen gegen das Holzgerüst. Am Abend stand der Giebel wieder im Lot. Eines der ältesten Häuser des Rheinlandes war in seiner ursprünglichen Struktur gerettet.

„Statistisch wäre es wesentlich zweckmäßiger gewesen, den nördlichen Giebel einfach abzutragen und neu hochzumauern", sagte uns Dr. Steinmann, der die Restaurierung des romanischen Hauses leitet. Mit den neuen fotografischen Methoden und neuzeitlichen Erkenntnissen wäre es ohne weiteres möglich gewesen, die Fassade haargenau wieder zu rekonstruieren.

Handschrift erhalten

Die Archäologen und Denkmalpfleger legten heutzutage aber keinen besonderen Wert mehr auf „Nachbildungen", wie das noch im 19. Jahrhundert der Fall gewesen sei, sagte uns Dr. Steinmann weiter. Heute komme es nicht mehr allein darauf an, das romanische Bild, den Stil, zu erhalten. Die Handschrift der alten Mauer müsse gewahrt bleiben.

Um dieses Ziel zu erreichen, hatte man die Fassade des 80 cm aus dem Lot hängenden Giebels mit zahlreichen Schutzbrettern verschalt. Noch am Donnerstagmorgen schätzte Dr. Steinmann die Chancen, dass die Mauer nicht zusammenbreche auf 50:50. Am Abend war der Giebel wieder lotrecht gedrückt.

Gleichmäßig und Zentimeter um Zentimeter drückten zwei Winden und zwei Öldruckpumpen über die Stützen auf das mehrere Tonnen schwere Gemäuer, das stellenweise über 1,10 Meter dick ist.

Der untere Teil des Giebels, so stellten die Fachleute fest, gehört zur ehemaligen Immunitäts-Mauer des Prümer Klosters und dürfte um 890 gebaut worden sein.

Die Arbeiten am romanischen Haus gehen jetzt weiter. Denkmalpfleger Merian, Dr. Steinmann, Statiker Böker und Zimmermann Olef schauten sich den Dachstuhl an. Wie lagen Sparren und Fußpfetten, als das Dach zum ersten Mal vor und 1000 Jahren gebaut wurde?

Diese Frage war nicht leicht zu lösen. Fest steht, dass später schon zumindest einmal der Dachstuhl erneuert wurde. Es wurde gesägt, ersetzt, genagelt, verschoben. Aus einigen ursprünglichen Balken und deren Kerben konnte der Original-Dachstuhl wieder rekonstruiert werden. Fest steht auch, dass zu späterer Zeit das Dach sehr unsachgemäß gezimmert wurde. So wurden die Windrispen vergessen, dadurch drückte der Wind das Dach vor sich hin gegen den äußeren Giebel. Im Laufe der Jahrhunderte kam es auf diese Art dazu, dass die schwere Mauer bis zu 80 Zentimeter aus dem Lot gedrückt wurde.

22. Dezember 1960

Viele Scherben

Münstereifel – Bei den Instandsetzungsarbeiten am romanischen Haus in der Langenhecke werden fast jeden Tag Scherben und Reste mittelalterlicher Kultur gefunden. Bodenpfleger Hürten sammelte schon einige Kisten voll und sortierte sie nach ihrem vermutlichen Entstehungsalter. Die Auswertung wird einige Zeit in Anspruch nehmen. Die meisten Funde wurden in einem alten Brunnen entdeckt.

06. Juli 1961

Verwendung des romanischen Hauses noch immer umstritten
Archiv erfordert Betondecken – „Stätte des rheinischen Schrifttums?"

Münstereifel – Für das „romanische Haus" in der Langenhecke wurden 35 000 DM vom Land zum weiteren Ausbau zur Verfügung gestellt. Dennoch blieb die Baustelle monatelang liegen, und auch jetzt scheint es noch nicht weiterzugehen. „Das gibt uns Zeit, über die zukünftige Verwendung des Hauses nachzudenken", sagte uns Bürgermeister Heuel.

Etliche tausend Mark wurden – wie berichtet – 1960 investiert. Für das Jahr 1961 wurden vom Land weitere Beihilfen in Höhe von 35 000 DM bewilligt. Stadt und Kreis sollten, wie schon im vergangenen Jahr, je 10 000 DM dazutun. Der Stadtrat nahm in einer der letzten Sitzungen denn auch die 35 000 DM des Landes an, wollte aber von der diesjährigen Eigenleistung ausnahmsweise „dispensiert" werden. Die Stadt habe genug andere Aufgaben, wurde argumentiert.

Danach befragt, ob das Land unter diesen Umständen seinen Zuschuss auszahlen würde, antwortete Bürgermeister Heuel, das könne noch nicht gesagt werden. Andere Stellen, die sich mit dem romanischen Haus befassen, antworteten konkreter: Das Land würde niemals seine Mittel bewilligen, wenn nicht auch die Stadt mitziehe. Jedenfalls, so versicherte uns Heuel, würde es die Stadt nicht darauf ankommen lassen, den weiteren Ausbau des alten Gebäudes ganz in Frage zu stellen. Schließlich habe die Stadt nur den Antrag gestellt, in diesem Jahr eine Ausnahme zu machen und Münstereifel von seiner Eigenleistung zu befreien.

Heuel möchte das städtische Archiv ins romanische Haus verlegen. „Als Verkehrsamt ist es nicht geeignet", sagt der Bürgermeister. „Im Rathaus liegt es zentraler." Als Leseraum für die Kurgäste sei der Bau zu dunkel.

- **Die oberen Räume, so Heuel, könnten das gesamte Archivmaterial aufnehmen. Im Erdgeschoß müsste ein einziger großer Raum entstehen, in dem die wertvollsten Urkunden und Schriften der Stadt unter Glas ausgestellt und der Öffentlichkeit zugänglich gemacht würden.**
- **Heuel möchte sofort mit dem Landesarchiv in Düsseldorf Verbindung aufnehmen. Er erinnerte an die Zusage von Oberarchivrat Wilhelm Kisky, die Urkunden des Landesarchivs wieder nach Münstereifel zu bringen, falls die Stadt einen feuersicheren Raum stellen könnte.**

Landeskonservator Dr. Beseler, so konnten wir erfahren, will jedoch von einer Betondecke, die für ein Archiv erforderlich wäre, nichts wissen. Zum Teil wurden bei der Restaurierung auch wieder alte und neue Balken eingezogen.

Schon 1959 hatte der Kölner Stadt-Anzeiger in Verbindung mit dem „Treffen der Freunde Jakob Kneips" vorgeschlagen, das romanische Hause zu einer Stätte des rheinischen Schrifttums zu gestalten. Von einer solchen Einrichtung war vom Dichter Josef Winckler damals gesprochen worden. Bürgermeister Frings hatte die Anregung aufgegriffen. Damals hatte Josef Winckler von einer „Heimat des rheinischen Schrifttums" gesprochen, die in der malerischen Umgebung des Kneippheilbades entstehen könnte. Ein solch kultureller Mittelpunkt des Rheinlandes würde nicht nur gut in das mittelalterliche Münstereifel hineinpassen, es würde auch dem Charakter eines Kneippheilbades, eines Ortes, in dem viele Menschen Mußestunden verbringen, entsprechen.

Dazu Bürgermeister Heuel: „Als Alternative zum Vorschlag „Archiv" wäre der Gedanke einer „Stätte des rheinischen Schrifttums" durchaus wert, in die Tat umgesetzt zu werden."

Ist das Kalkarer Moor gerettet?

09. April 1959

<u>Ist das Kalkarer Moor nun gerettet?</u>

Endlich zum Naturschutzgebiet erhoben –
Schmerzliche, aber letzte Kompromisse

Arloff – Wie weit dürfen Gesichtspunkte der Wirtschaftlichkeit die freie Entwicklung der Natur einschränken? Diese Frage stellen sich besorgt Menschen, die noch mit der Heimat und ihren landschaftlichen Eigenarten verbunden sind und den Zug der Zeit beobachten, jede Parzelle und jeden Quadratmeter Boden „rentabel" zu machen. Beim Tauziehen um die Zukunft des "Kalkarer Moores" war es nicht anders. Nun scheint aber doch die schlimmste Gefahr gebannt zu sein: es wurde zum Naturschutzgebiet erklärt.

Auch diesmal ging es nicht ohne Kompromisse ab. Das Kalkarer Moor ist eines der letzten größeren Sumpfgebiete unserer Heimat. Zwischen Kreuzweingarten und Arloff-Kirspenich streckt sich ab der tiefsten Stelle der breiten Talsohle der „urwüchsige" dunkelgrüne Streifen des Moores mit seinen Weidenbüschen, Binsen und Moosen rechts der Bundesstraße 51 aus. Ein Gebiet, das, fast noch unberührt von menschlicher Kultur, nicht nur seinen Sumpfcharakter erhalten konnte, sondern auch dessen natürliche Flora. Über schmale Trockenpfade muss sich der Wanderer zwischen Sumpflöchern und Wassertümpeln seinen Weg suchen. Dort erwartet ihn dann eine Pflanzenwelt, die sonst kaum noch anzutreffen ist.

Orchideen und Fleischfresser

Als geeignete Stelle für einen Anschauungsunterricht und für wissenschaftliche Beobachtungen wird das Kalkarer Moor nicht nur von deutschen Botanikern, sondern auch von Kollegs ausländischer höherer Schulen besucht.

- Neben seltenen Orchideen, wie das „Große Zweiblatt" (Listera ovata) oder die „Torfglanzorchis" (Liparis), die wahrscheinlich für das gesamte Rheinland und die Eifel nur hier anzutreffen sind, kann man auch die Entwicklung der äußerst seltenen fleischfressenden Pflanzen verfolgen. An offenen Wasserstellen wächst der „Wasserschlauch" (Utricularia minor), der „Sonnentau" (Drosera) oder das „Fettkraut" (Pinguicula).
- Im Hochsommer schießen die dunkelvioletten Rispen des Pfeifengrases hervor, das nur noch vereinzelt in Westdeutschland seine Lebensbedingungen findet.
- Sogar aus der Vogelwelt haben sich in dieser „Naturinsel" Vertreter eingenistet, die sonst in der Umgebung nicht mehr zu finden sind: Rohrsänger, Feldschwirl oder Braunkehlchen.

Ist es nicht Menschenpflicht, einen solchen Gebietsstreifen, der zahlreiche Raritäten der mitteleuropäischen Flora birgt, zu schützen?

Schon 1929 erwähnt

Die Bemühungen, das „Kalkarer Moor" zum Naturschutzgebiet zu erklären, sind alt. Bereits 1929 wurde dieses Problem im Nachrichtenblatt für rheinische Heimatpflege angeschnitten. Der Kreis Euskirchen hatte kurz zuvor schon ein Stück dieses Geländes, westlich des Weges zum Broicher Hof,

von der Gemeinde Kalkar käuflich erworben; der restliche, weitaus größere Teil, der sich nach Norden und Osten bis an die Tongruben und an die Straße von Kreuzweingarten nach Antweiler erstreckt, gehört bis heute der Gemeinde Arloff.
Wenn auch auf verschiedenen Karten als Naturschutzgebiet eingetragen, so galt das Moor offiziell doch nur als Landschaftsschutzgebiet.
Die Frage des umstrittenen Geländes tauchte wieder auf, als es im Rahmen der Flurbereinigung Gefahr lief, ausgetrocknet zu werden. Auch der Antrag eines Gewerbetreibenden, im Moor eine Korbweidenkultur anzulegen, hatte die Fachleute alarmiert. Zwar konnte die Genehmigung zu diesem ersten Eingriff in das natürliche Wachstum des Sumpfes amtlich nicht vereitelt werden, das Vorhaben wurde jedoch nicht durchgeführt.
Die Gemeinde strebt allerdings nach einer intensiveren Nutzung des Geländes. Mitten durch das Moor wurde 1953 ein tiefer Flutgraben gezogen, der den nässeren südlichen Teil vom nördlichen trennte. Die Absicht war klar, das Gebiet östlich vom Broicher Hof und nördlich des Flutgrabens sollte nutzbar gemacht werden. Ein erster tiefer Eingriff, der das Kerngebiet des Sumpfes weitgehend einschnürte. Es ist aber eine bekannte Tatsache, und darüber sind auch Fachleute einig, dass jede Trockenlegung des Randgebietes eines Moores die Grenzen des Kernstückes immer mehr zurückdrängen.

Eine Rettungsaktion

Im Jahr 1957 wurde eine Rettungsaktion unternommen. Man musste die Natur vor dem Menschen schützen. Da befürchtet wurde, dass der Flutgraben auch Wasser des restlichen Moorgeländes auffängt und ableitet, führte man im westlichen Teil die Quelle eines Nachbargrundstückes in den Bruch hinein.

- Der Kulturminister des Landes hat die Bedeutung des Moores als Wasserspeicher eindeutig betont; es ist daher zu hoffen, dass nun endlich alle Austrocknungsunternehmungen aufgegeben werden.
- Es waren nämlich im nödlichen Moorteil tiefe Entwässerungsgräben gezogen und zahlreiche Pappeln angepflanzt worden, was angeblich der Landschaft keinen Schaden bringen sollte.
- Jetzt hoffen die Wissenschaftler, dass die Absicht, auch im östlichen Kerngebiet des Moores Trockeninseln mit Pappeln zu schaffen, endgültig unterbunden ist, um wenigstens die Reste der ursprünglichen Flora zu erhalten.

Das nun offiziell zum Naturschutzgebiet erklärte „Kalkarer Moor" ist noch rund 13 Hektar groß. Es ist anzunehmen, dass alle notwendigen Maßnahmen ergriffen werden, die diesen Schutz auch wirksam machen. Vielleicht ist es gut, dass ein Teil des Geländes mit Pappeln bepflanzt wurde, damit die Frostverwaltung nach dem Rechten sehen kann.
In unserer nach „Rentabilität" trachtenden Zeit, sollte doch der Mensch vor den letzten Reservaten der urwüchsigen Natur halt machen. „Heimat", so sagt schon E. Spranger, „gehört zum Subjektivsten des Menschen."

01. Oktober 1959

Kalkarer Moor hat kein Wasser mehr
Die „Rettungsquelle" versiegte – Noch ist es Zeit

Arloff – „Seit Menschengedenken ist die Quelle am Kalkarer Moor nicht versiegt", sagten die Bauern der umliegenden Höfe. Mit diesem Wasser hatte die Naturschutzbehörde versucht, das Moor vor dem Austrocknen zu bewahren, denn bei der Flurbereinigung 1953 war ein tiefer Flutgraben durch das nördliche Gebiet gezogen worden. Während nun in diesem Sommer die wertvollsten Pflanzen unter dem fehlenden Nass litten, floss im Flutgraben unvermindert der Meersbach davon. Vor 1953 durchzog er in einem natürlichen, flachen Bett das Moor.

Da die ins Moor geleitete Quelle bisher nie versiegte, befürchten die verantwortlichen Stellen, dass außer der allgemeinen Trockenheit auch andere Ursachen wirken.
Es wird vermutet, dass die Bohrungen bei Arloff, mit denen für Euskirchen neue Quellen gefasst wurden, hier einen schädlichen Einfluss ausübten. Wenn diese Brunnen auch aus rund 90 Meter tiefen Schichten ihr Wasser holen, so ist es doch sehr gut möglich, dass sie ebenfalls das Nass aus höheren Lagen absaugen.
Über das Versiegen der Quelle berichtet Oberstudienrat Dr. Teichmann (Münstereifel), der mit den Naturschutzstellen zusammenarbeitet und das Moor seit Jahren beobachtet.

Vegetation ging zurück

Im Frühling hatte sich die für das Moor typische Flora noch üppig entfaltet. Die Katastrophe begann, als gerade der „Kleine Wasserschlauch", eine der fleischfressenden Pflanzen, seine gelben Blüten über die Wasseroberfläche einiger Schlenken erhob. Rasch schwand in der Folgezeit der Sonnentau. Die seltene Orchidee „Liparis Loeselii" erschien nur in wenigen Exemplaren. Immerhin, sie kam, und ebenso, wenn auch spärlich, kamen die anderen charakteristischen Gewächse des Moorsommers, wie die Echte Sumpfwurz und das Sumpfherzblatt. Wollgräser, Seggen und Kopfriet gaben dem Moor nach wie vor sein Gepräge. Die Flora des Moores ist eben nicht tot, wartet aber darauf, das kostbare Nass zu erhalten, das sie nicht mehr lange entbehren kann.

Hat der Schutz einen Sinn?

Der Plan, das Kalkarer Moor zum Naturschutzgebiet zu erklären, liegt in den Schubladen der Behörden. Worauf wartet man noch? Die verschiedentlich geäußerte Ansicht, es lohne sich nicht, das Moor zu schützen, ist aufs schärfste abzulehnen, sagen die Fachleute. In Wirklichkeit hat das Kalkarer Moor einen ganz großen Seltenheitswert. Im linksrheinischen Nordrhein-Westfalen gibt es außer ihm naturgeschützte Sümpfe nur noch entlang der holländischen Grenze (Empter Bruch).

Das Besondere des Kalkarer Moores liegt vor allem darin, dass es gleichzeitig kalkfliehende und kalkliebende Pflanzenarten beherbergt. Die schon erwähnte Orchidee „Liparis Loeselii" kommt in einem großen Gebiet, das den Regierungsbezirk Köln, die ganze Eifel und das Hohe Venn umfasst, nur noch bei Kalkar vor. In der Eifel ist auch nur noch hier die Binsenschneide zu finden. Ganz abgesehen von weiteren Pflanzen, haben auch selten gewordene Vogelarten im Moor ihre Zufluchtstätten.

Endgültige Rettung möglich

Eine Rettung des Moores ist sehr gut möglich, und es ist erfreulich festzustellen, dass die zuständige Kreisbehörde die Sorgen der Wissenschaftler um die Zukunft dieses Gebietes teilt.

- Aus einer westlich Kalkar gelegenen Tongrube wird trotz der Trockenheit erstaunlich viel Wasser in den Flutgraben gepumpt. Vorläufige Untersuchungen haben ergeben, dass es sich, unter Beachtung bestimmter Maßnahmen,

sehr wohl zur Rettung der Moorflora benutzen lässt.
- Sollte die versiegte Quelle nach den nächsten Regenfällen nicht mehr zum Sprudeln kommen, ist der Zeitpunkt zu einer solchen Rettungsaktion gekommen.

11. November 1959

Kalkarer Moor liegt zu hoch
Wird für den Mersbach ein neues Bachbett gefunden?

Kalkar – Auch der Regen der letzten Wochen brachte für das Naturschutzgebiet des Kalkarer Moores keine Besserung. Die Quelle, die vor einigen Jahren in das geschützte Gebiet geleitet wurde, kam immer noch nicht wieder zum Vorschein. Die verantwortlichen Stellen müssen sich mit der Tatsache abfinden, dass eine andere Lösung gesucht werden muss.

Kreisinspektor Schmitz, Tiefbauingenieur Scholzen, der Naturschutzbeauftragte des Kreises, Revierförster Driever, Flechtenfoscher Theodor Müller aus Klein-Vernich und Studienrat Dr. Teichmann besichtigten das Gelände. Geplant war ursprünglich, den Mersbach, der heute in einen Flutgraben geleitet wird, wieder in das Moor einzuströmen zu lassen. Durch eine einfache Wehrmauer sollte das Wasser umgeleitet werden. Bei der Besichtigung stelle es sich heraus, dass diese Lösung nicht auszuführen ist. Das zu schützende Moorgebiet liegt höher als das Bachbett, so dass das Wasser den Hauptteil des Moores überhaupt nicht erreichen würde. Da die versiegte Quelle in der südlichen Ecke des Moores eindrang, müsste auch der Mersbach in diese Richtung geleitet werden. Das wäre ohne weiteres möglich, würde jedoch allerlei Geldmittel erfordern.

Angesichts der Bedeutung der Moorflora für die wissenschaftlichen Studien verschiedener Institute, ist zu hoffen, dass alles getan wird, um einer endgültigen Austrocknung des Kalkarer Moores entgegenzutreten. Allerdings müsste der Mersbach noch vor dem kommenden Frühjahr umgeleitet werden.

07. April 1960

Bohrungen bestätigen einen vermuteten Grundstom

Grundwasser wird Moor retten
In Schlenken versauert Regenwasser, bald wird gepumpt

Arloff/Kalkar – Der Bestand des Kalkarer Moores und seiner seltenen Flora scheint gerettet zu sein. Bohrungen bestätigen die Berechnungen der Geologen: Ein Grundstrom wird das fehlende Wasser liefern. Es wird höchste Zeit. Die geringen Niederschläge der Wintermonate hatten auf das Moor wenig Einfluss.

Oberstudienrat Dr. Teichmann vom Münstereifeler Gymnasium, selbst hervorragender Botaniker, beobachtet mit größter Sorge die fortschreitende Austrocknung des Naturschutzgebietes. Nachdem die Quelle, aus der das Moor gespeist wurde, im letzten Sommer austrocknete, war der Sumpf ganz von den Niederschlägen abhängig geworden.
In einem Gespräch teilte uns Dr. Teichmann mit, dass sich erst kurz vor Weihnachten Wasser in einzelnen Gräben und Schlenken (breite Mulden ohne Abfluss) zeigte. Obwohl sich der Schneefall günstig auswirkte, blieben dennoch viele Stellen trocken, die sonst im Januar nass waren.
Im ausgetrockneten Quellbecken zeigte sich zu dieser Zeit etwas Wasser. Nach der Schmelze lief es sogar in den Graben

zum Moor, erreichte dieses aber nicht. Der Druck aus der Tiefe reichte nicht aus: Die Quelle sprudelte nicht. Der Niederschlag war zu gering, um den Verlust an Wasser durch die Trockenheit aufzuholen. Im Quellbecken blieb bald nur eine Pfütze stickigen Wassers übrig.

Da das kalkhaltige Wasser, das aus der Tiefe ins Moor aufstieg, fehlte, versauerte das Regenwasser im Kern des Gebietes. Eine neue Gefahr entstand für die Pflanzenwelt.

Seit einem Jahr wurden verschiedene Lösungen erwogen, die das Dilemma des Moores beheben sollten. Der naheliegende Gedanke, das Wasser aus der Kalkarer Tongrube durch einen Graben dem Moor zuzuführen, konnte wegen verschiedener Dränanlagen nicht in die Tat umgesetzt werden.

Nun steht aber Dr. Teichmann vor der Erfüllung seiner Wünsche: Bald wird wieder kalkhaltiges Wasser in das Moor fließen.

- **Ein Geologe hatte das Gelände untersucht. Nach seinen Berechnungen wurden in der vergangenen Woche die Bohrungen angesetzt. Mit Erfolg: Während in rund zehn Meter Tiefe das erste sandige Wasser festgestellt wurde, drang man in 13,50 Meter in eine Kiesschicht mit klarem Wasser ein.**
- **Das gefundene Vorkommen ist reichhaltig und hängt unmittelbar mit der alten Quelle zusammen. Das Wasser stieg nach der Bohrung sofort bis auf 1,50 Meter unter der Erdoberfläche an. Beim ersten Anpumpen sank es zwar auf fünf bis sieben Meter, stieg aber beim Abbrechen wieder innerhalb von 1,5 Minuten auf den ersten Stand an.**
- **Bei konstantem Niveau konnte die provisorisch angebrachte Pumpe sechs bis sieben Kubikmeter je Stunde fördern. Bei größerem Brunnenquerschnitt lässt sich die Schüttung steigern.**

Damit sind die Voraussetzungen gegeben, den Plan des Kreises in die Tat umzusetzen, der die Rettung des Naturschutzgebietes zum Ziel hat. Eine Brunnenstube wird gemauert, eine elektrische Pumpe wird das Wasser durch den alten Graben zum Moor befördern.

Wissenschaft und Verwaltung

Es ist ein Trost, festzustellen, dass noch Kräfte da sind, welche letzte Spuren urwüchsiger Natur zu retten bereit sind. An erster Stelle sei Oberstudienrat Dr. Teichmann genannt, der nie ruhte, wenn es um das Schicksal des Kalkarer Moores ging. Seine detaillierten Tagebücher und wissenschaftlichen Aufzeichnungen gaben der Verwaltung wichtige Hinweise für ihr Eingreifen. Auch der Kreis tat sein möglichstes, um die fast unabwendbar erscheinende Austrocknung des Moores zu verhüten. Immer wieder bemühte sich Kreisdirektor Disse darum und regte das Thema im Kreisausschuss an. Dieser bewilligte die nötigen Mittel. Mit großem Verständnis für die Aufgabe der Verwaltung in wissenschaftlichen Dingen gingen Inspektor Schmitz und Tiefbau-Ingenieur Scholzen an die praktische Verwirklichung der Rettungsaktion heran. Die Arloffer Thonwerke zeigten Verständnis für das Anliegen des Naturschutzes: Sie bohrten die neue Quelle an.

24. Mai 1961

Dr. Teichmanns Bemühungen führten endlich zum Erfolg

Kreistag und Gemeinderat stellten Kalkarer Moor unter Naturschutz
Kalkarer Moor – Zwei wichtige Ziele hat Oberstudienrat Dr. Teichmann in den letzten Monaten erreicht: Ein Brunnen

wird die Flora des Kalkarer Moores retten; ein großer Teil des sumpfigen Geländes wird unter Naturschutz gestellt. Der Biologe des St.-Michael-Gymnasiums ruhte nicht, bis er einen der letzten Plätze des Rheinlandes, auf dem seltene Orchideen und Moorpflanzen wachsen, dem weiteren Zugriff unseres Zeitalters entzogen hatte.

Obwohl es in manchen Landkarten als „Naturschutzgebiet" ausgewiesen worden war, war das Kalkarer Moor bisher nur unter Landschaftsschutz gestellt. Viele Versuche wurden seit den zwanziger Jahren unternommen, um diesen ungenügenden Status zu ändern. Das Kalkarer Moor ist die Heimat äußerst seltener Pflanzen und wird von vielen Wissenschaftlern des In- und Auslandes besucht. Als in dem trockenen Jahr 1959 die Flora einging und die Wasserschlenken austrockneten, sann Dr. Teichmann auf eine endgültige Rettung des Moores.

Wasser musste her

Von der Tatsache, dass entlang des Moores ein tiefer Flutgraben gezogen wurde, der dem Sumpf Wasser zu entziehen drohte, hatte der Kölner Stadt-Anzeiger bereits berichtet. Ferner war berichtet worden, dass der Plan bestand, große Teile des Gebietes mit Pappeln zu bepflanzen.

Dr. Teichmanns Plan umfasste die beiden Ziele:

- Neues Wasser musste die Schlenken füllen,
- das Gelände musste Naturschutzgebiet werden.

Vor einigen Jahren war ein erster Versuch gemacht worden, eine Quelle zu fassen und deren Wasser ins Moor zu leiten. 1959 versiegte dieses „Mollpützchen", und der Graben, durch den das Wasser das Moor erreichte, blieb noch lange

Zeit trocken, nachdem im Brunnen schon wieder etwas Wasser hervortrat.
Der Biologe trug seine Bedenken und Befürchtungen dem Kreis als unterer Naturschutzbehörde vor. Mit Kreisdirektor Disse, Kreisinspektor Schmitz und Tiefbauingenieur Scholzen wurde ein Gremium gebildet. Neben dem „Mollpützchen" wurde ein Tiefbrunnen gebohrt. Aus 18 Metern Tiefe steigt nun so viel Wasser an die Oberfläche, dass noch nicht gepumpt werden brauchte.
Dr. Teichmann ließ das Wasser beim Hygienischen Institut untersuchen: Es war reich an Kalk, für die Moorflora demzufolge als ideal zu bezeichnen. Nicht nur der Kreis, auch die Regierung und das Land, deren Naturschutzbeauftragte Dr. Teichmann persönlich aufgesucht hat, hatten ein offenes Ohr. Die Geldmittel für den Brunnen wurden bereitgestellt.

- **Jetzt genehmigte die Gemeinde Arloff auch den Bau eines Grabens durch gemeindeeigenes Gelände. Dadurch sollen jene Teile des Moores bewässert werden, die bisher noch nicht erreicht wurden.**

„Das Wasser macht sich günstig bemerkbar", sagt uns Dr. Teichmann. Die Schlenken seien jetzt gut gefüllt. Die Flora lebt neu auf. Sogar der „Sonnentau", der 1960 ganz wegblieb, wurde wieder entdeckt. „Die letzten regenreichen Monate taten ein übriges", sagte der Biologe. Man könne hoffen, dass der Bestand des Moores und seiner Eigenarten gerettet sei.
„Die Erklärung des Kalkarer Moores zum „Naturschutzgebiet" ist nur noch eine Frage der Zeit", teilte uns Dr. Teichmann mit. Vor dem Kriege war dieses Kapitel in die Wege geleitet worden, auch nach 1945 wurde schon ein Versuch gemacht, diese Voraussetzung für das Gedeihen seltener Blumen zu schaffen. Immer wieder verzögerte sich die Angelegenheit.

Die Gemeinde Arloff brachte das Thema wieder zur Sprache. Sie wollte endlich wissen, welche Teile des Moores noch wirtschaftlich zu nutzen waren und welche nicht. Im vergangenen Herbst trafen sich Vertreter der Regierung, des Kreises und der Gemeinde, der Kreisbeauftragte des Naturschutzes Driever, Oberförster Herkendell, Amtsdirektor Hürholz und Dr. Teichmann im Moor. „Besonders Oberförster Herkendell verstand es, die Belange der Forstwirtschaft mit denen des Naturschutzes gut gegeneinander abzuwägen", freute sich Dr. Teichmann. Die Kommission einigte sich über den zukünftigen Status des Moores.

- **Nicht nur der wertvollste westliche Teil des Sumpfes, auch ein jenseits des Weges zum „Haus Broich" gelegener Streifen wird dem „Naturschutzgebiet" angehören. Der restliche Teil des Moores, der einige „Trockeninseln" aufweist, die mit Pappeln bepflanzt werden, bleibt nach wie vor unter Landschaftsschutz.**

Sowohl der Arloffer Gemeinderat als auch der Kreistag beschlossen, das Naturschutzgebiet auszuweisen. „Wir erwarten die Bestätigung dieser Beschlüsse von Tag zu Tag", sagte uns Dr. Teichmann. „Man darf wieder hoffen, dass das „Kalkarer Moor" neu belebt wird und lange erhalten bleibt", schrieb der Biologe in einem Aufsatz.

Hans-Dieter Graf:
Rückblick und aktuelle Situation im Kalkarer Moor

„Neue Sorgen um das Kalkarer Moor" und „Grundwasserschwund im Kalkarer Moor", so betitelte Dr. Albert Teichmann seine Artikel im „Nachrichtenblatt des Vereins Alter Münstereifler", während Armand Foxius im Lokalteil des Kölner Stadtanzeigers seine „Moor-Artikel" mit „Kalkarer Moor hat kein Wasser mehr" und „Kalkarer Moor liegt zu hoch" überschrieb.

Beide versuchten mit ihren Beiträgen ihre Leser für die Rettung des einzigen Kalkniedermoors unserer Region zu sensibilisieren. Dieses Moor, von dem es schon 1916 in einem Exkursionsbericht hieß: „Leider ist dies einzigartige Moor auf Kalkgrund (teils Wiesen- teils Sphagnummoor und Sumpf) auch dem Untergang geweiht. Von Gräben durchzogen, wird es auch von den Rändern aus mit jedem Jahr durch Urbarmachung mehr und mehr eingeengt." schien in den fünfziger Jahren nun endlich dieser Vorhersage recht zu geben (Hans Höppner, Berichte über die Versammlungen des Botanischen Vereins für Rheinland-Westfalen, Bonn 1918).

Was war nun so wichtig an diesem nassen, sumpfigen Fleckchen, dass diese zwei Männer, der eine bei Generationen von Schülern, der andere in der heimischen Presse auf es aufmerksam machten?

In diesem Moor kamen äußerst seltene Pflanzen wie z.B. Fettkraut (Pinguicula vulgaris), Sonnentau (Drosera rotundifolia), Glanzkraut (Liparis loeselii), Deutsche Schneide (Cladium mariscus), Kopfried (Schoenus nigricans), Wasserschlauch (Utricularis minor), seltene Vögel, wie z.B. der Teichrohrsänger (Acrocephalus scripatens), die Bekassine (Capella gallinago), das Braunkehlchen (Saxicola rubetra) und Amphibien wie die Geburtshelferkröte (Alytes obstetricans) vor. Einige, wie das Glanzkraut oder die Deutsche

Schneide hatten hier ihren einzigen Standort in ganz Nordrhein-Westfalen.

Und so hatte Dr. Teichmann nun sich dieses Moor als sein ureigenes Patenkind erkoren. Viele Münstereifeler kannten ihn nur dadurch, dass er mit grünen Gummistiefeln und Regencape, einen alten Brotbeutel umhängend an der Haltestelle des Busses stand, um an die Arloffer Kreuzung zu fahren und von dort ins Moor zu gehen. Und das galt für beinahe jeden Tag, das galt für in der Eifel sonst wichtige Feiertage ob nun Ostern oder Weihnachten.

Doch seit 1959 sank der Grundwasserspiegel im Moor langsam aber stetig ab und Dr. Teichmann veröffentlichte seinen ersten Artikel „Neue Sorgen um das Kalkarer Moor". In diesem Artikel schrieb er unter anderem „Die Trockenheit im Moor und im angrenzenden Gelände kann noch eine andere Ursache haben. [...] Nachteilige Folgen für die Quelle könnten unter Umständen von Brunnenbohrungen ausgehen" Da die Absenkung des Grundwasserspiegels anhielt und auch die artesische Quelle, das Mollpützchen versiegte, wurde schließlich im März 1960 damit begonnen, einen 14m tiefen Brunnen zu bohren. Und Armand Foxius schrieb „Grundwasser wird Moor retten".

Und dieser Brunnen versorgte dann mehr oder weniger schlecht auch noch in den 90ger Jahren das Moor mit Wasser. Und so verschwanden wegen der doch anhaltenden Trockenheit, die der Brunnen nur notdürftig lindern konnte, nach und nach die großen Seltenheiten im Pflanzenbewuchs. Vor ca. 10 Jahren wurde dann auch die Pumpe im Brunnen abgeschaltet.

Doch im Herbst 2009 zeigten sich die ersten Schlenken wieder im Moor. Mittlerweile ist das ganze Kalkarer Moor nicht nur wieder vernässt, nein, das Wasser steht höher als es in den vergangenen 50 Jahren je gestanden hat.

Wenn man nun nach den Ursachen forscht, fällt sofort auf, dass die wasserrechtliche Bewilligung zur Förderung von

Trinkwasser mit Hilfe der Brunnen des Wasserversorgungsverbandes Euskirchen-Swisttal vom September 1959 nach 50 Jahren mit Monat September 2009 ausgelaufen ist. Also wird seit diesem Monat kein Wasser mehr aus den Schichten der Sötenicher Kalkmulde entnommen. Um eine neue Genehmigung zur Wasserentnahme zu bekommen, muss nun laut den heutigen Naturschutzbestimmungen zuerst geprüft werden, ob die Entnahme Auswirkungen auf das NSG Kalkarer Moor hat.

Schon jetzt steht laut den ersten Messergebnissen eines neutralen Umweltbüros fest, „dass förderbedingte Grundwasserabsenkungen [...] im Umfeld des Schutzgebietes zu Grundwasserabsenkungen in ehemals grundwasserbürtigen Biotopen geführt haben." Und weiter: „Bei alleinigem Betrieb des Brunnens ergaben sich bereits nach dem relativ kurzen Förderbetrieb erste Hinweise auf eine Beeinflussung der Grundwasserstände im 2. Grundwasserstockwerk [...] im Umfeld des NSG Kalkarer Moor." (raskin, Umweltplanung und Umweltberatung GbR Aachen, Scoping-Unterlage, Vorinformation zum geplanten Langzeit-Pumpversuch an der WG Arloff, Seite 1)

Für alle, die mit Dr. Teichmann im Moor gearbeitet haben, ist es natürlich traurig, dass solche Sätze jetzt die Vermutung Teichmanns vom November 1959 zu bestätigen scheinen. Auch der Satz Dr. Teichmanns von November 1959 „Damals wurde im Rahmen der Flurbereinigung ein im Durchschnitt etwa 1,5m tiefer Flutgraben ausgehoben, [...]. Dieser Graben sollte [...] Wasser aus einer Tongrube aufnehmen, drohte aber auch dem Moore solches zu entziehen." klingt noch vorsichtig gegenüber dem jetzigen Satz „Das NSG Kalkarer Moor wird vom begradigten und vertieften Mersbach entwässert." (raskin, Seite 7)

Nun 50 Jahre nach dem Tod von Armand Foxius und 45 Jahre nach dem Tod von Dr. Teichmann sieht es so aus, dass man das Kalkarer Moor retten will. In einem Langzeitpumpversuch soll wissenschaftlich und nachweisbar getestet werden, ob die noch bestehenden Brunnen des Wasserversorgungsverbandes Euskirchen-Swisttal für die Grundwasserabsenkung im Kalkarer Moor verantwortlich sind. Sollte sich das herausstellen –und alles deutet darauf hin- so wird eine weitere Genehmigung zur Wasserentnahme nicht mehr erteilt werden.

Benutzte Quellen:
Nachrichtenblatt des Vereins Alter Münstereifeler, 34. Jahrgang, Nr. 2; 35. Jahrgang, Nr. 1,2; 36. Jahrgang, Nr. 1; 37. Jahrgang, Nr. 2; 41. Jahrgang, Nr. 2

Der alte Schlachthof

11. März 1959

<u>Münstereifeler Erft muss herhalten</u>

Abwässer und Abfälle des Schlachthofes fließen munter ab
– Der Kurstadt unwürdig

Münstereifel – An verschiedenen Tagen der Woche kann man an der Erftbrücke in Nähe des Werther Tores das für ein Kneippheilbad unglaublich wirkende Schauspiel erleben, wie aus einem Abflussrohr zusammen mit Reinigungswasser Blut, Därme und Fäkalien in die Erft gespült werden. Der damit verbundene „Duft" braucht hier wohl nicht beschrieben zu werden.
Wenn der Fluss wenig Wasser führt, was zur Zeit meistens der Fall ist, stauen sich die Reste des Schlachthofes an den Steinen und bilden große schwabbelige Kreise, aus denen sich die Abwässer nur sehr langsam mir dem fließenden Wasser vermischen. Ein unhaltbarer Zustand, besonders für eine Kurstadt.

Die Erft scheint es in sich zu haben. Im September vergangenen Jahres entdeckte ein Einwohner gleich hinter dem oben beschriebenen Kanalzufluss flussabwärts eine ganze Anzahl toter Fische. Kurz entschlossen schickte der Fischereipächter sechs Forellen, eine Schleie und ein Rotauge zum Staatlichen Veterinäruntersuchungsamt nach Bonn. Der Befund gab einen interessanten Hinweis: Bei den toten Fischen konnten organische Veränderungen nicht festgestellt werden, bakteriologische Untersuchungen fanden keine Krankheitserreger. Die Fische mussten also erstickt sein. Eine Bestätigung dieser Vermutung brachte eine Untersuchung des Wassers vom Hygiene-Institut der Universität in Bonn.

- Während das Erftwasser bis zur Höhe des Entenmarktes noch erträgliche Mengen alkalisierender Substanzen mit sich führte, stiegen diese in Höhe der Schleider Brücke so stark an, dass angenommen werden muss, dass hierdurch die Fische erstickten.

Mit Schuss über den Kanaltopf

Mit dem Flussbett der Erft sieht es sowieso nicht gerade rosig aus. Wer an den romantischen Einfassungsmauern entlang spaziert, kann vieles beobachten, was nicht in das Bett gehört. Vom Schlamm über Geäst und Abfälle bis zu Töpfen und alten Büchsen. Dieses Erftbett ist gewiss kein Aushängeschild für eine Stadt, die im Zeichen des Kur- und Fremdenverkehrs stehen will. Den Höhepunkt der Verschmutzungen erreicht die Erft allerdings an der oben bezeichneten Stelle. Wie kommt es aber dazu?
Der Hauptsammler führt von der Werther Straße in einen konischen Kanaltopf gegenüber der Sebastian-Kneipp-Straße und geht von da aus weiter zur kleinen Kläranlage in die Nähe der Steinsmühle. An eine Besserung dieser Anlage ist schon gedacht worden, und die Planung wird bald abgeschlossen sein. Vom Schlachthof aus mündet die Kanalisation nun auch in diesen Kanaltopf, der aber allem Anschein nach so voll ist, dass die Abwässer in ihrer Schussfahrt über die Senke hinweg sofort in den Überlauf schießen und dabei wahrscheinlich noch andere Abwässer aus dem Hauptsammler mit sich reißen. Diese ganze Brühe fließt dann in die Erft.

Abhilfe muss schnell kommen

Wenn auch das große Projekt einer neuen Kläranlage und weitere Verbesserungen am Kanalsystem geplant sind, so müsste doch versucht werden, an dieser Stelle jetzt schon eine Lösung zu finden. Mit den heißen Tagen wird auch der „Wohlgeruch" stärker.

Bei der Stadtverwaltung wurde versichert, dass der Schlachthof bereits vor einem Jahr den Auftrag erhalten habe, vor dem Kanalaustritt einen dichteren Rost einzubauen, um so die weggespülten Innereien aufzuhalten. Ob es geschehen ist, konnte nicht in Erfahrung gebracht werden.

Außerdem liegt bei der Stadt für diese Kreuzung im Kanalsystem der Plan einer neuen Überlaufleitung, eventuell mit größerem Kanaltopf, vor. Ein Ortstermin mit dem Wasserwirtschaftsamt hat bereits stattgefunden.

Wie dem auch sei, schnelle Hilfe tut not, und von verschiedenen Seiten wurde angeregt, es vielleicht doch einmal mit der regelmäßigen Leerung und Reinigung des bestehenden Kanaltopfes zu versuchen. Dann würde sich an dieser Stelle bestimmt schon manches trübe Wasser klären.

07. August 1959

Des Nachts blökt das Vieh
Kurgäste beschweren sich über den Schlachthof

Münstereifel – „Das Gebrüll des Viehs im Schlachthof nimmt uns die Nachtruhe". Jeden Dienstag kann der Mann, der von Amts wegen die Kurheime besucht, diese Klage der Kurgäste hören. Das ist schon seit Jahren so. Doch nicht nur die unglückliche Lage inmitten des Kurviertels, auch die sonstigen Einrichtungen des Schlachthofes lassen den Wunsch nach Abhilfe immer dringlicher werden.

Das Tauziehen um das Schlachthaus an der Sebastian-Kneipp-Straße ist nicht neu. Schon vor einigen Jahren hatte die Regierung erwogen, den Bau zu schließen. Es geschah aber nichts, da die Rechtslage anscheinend schwierig ist.

Argumente der Metzger

Die Metzger sagen: „Wir haben ein Recht auf einen Schlachthof".

- Die Metzger hätten nie den Wunsch geäußert, dass ein öffentlicher Schlachthof gebaut werden soll. Von der Stadt seien sie gezwungen worden, ihn nach seiner Erstellung 1888 zu benutzen und die eigenen Schlachträume aufzugeben. Also sei die Stadt moralisch auch jetzt dazu verpflichtet, die Anlage zu unterhalten und den neuzeitlichen Anforderungen anzupassen.
- Sollte der Münstereifeler Schlachthof geschlossen werden, so befürchten die Metzger, ihre seit Generationen gepflegten Beziehungen zu den Bauern des Hinterlandes, besonders im Kreis Schleiden, zu verlieren.

Die Fleischer bezweifeln, dass die Bauern, die zum Wiegen des Viehs nach Münstereifel kommen, auch bereit wären, bis Euskirchen zu fahren. „Wir können auch nicht gezwungen werden, in Euskirchen zu schlachten", sagte einer der Interessenten. „An Privatschlachthäusern kann der Stadt aber nichts gelegen sein, da dann das Blöken des Viehs in der Nacht zum Schlachttag an vielen Stellen zu hören sein würde. Durch den Bau der öffentlichen Einrichtungen wollte die Stadt seinerzeit ja auch die privaten Schlachthöfe verschwinden lassen."

Sanitäre Anlage?

Die Tierärzte beantworten die Schlachthoffrage klar und deutlich: So, wie es jetzt ist, kann es nicht bleiben. Praktisch bestehe das Schlachthaus nur aus einem hässlichen Gebäude mit Schlachtraum, Brühkessel, Winden und einem Schussapparat. Die dringend notwenige Kühlanlage fehle. An Platten im Schlachtraum sei nicht zu denken. Der Putz an den Wänden sei morsch, in der Schweinehalle hätte er abgeschlagen werden müssen. Die hygienischen Voraussetzungen seien längst schon nicht mehr erfüllt. In einem Schreiben lehnte schon 1952 der damalige Leiter des Schlachthofes jede Verantwortung ab.

„Letzten Endes werden Schlachthöfe als sanitäre Einrichtungen gebaut, die der Gesunderhaltung der Bevölkerung dienen sollen. Auch soll dadurch die Übersicht über die Art der Schlachtungen und die Qualität des Fleisches erleichtert werden." So die Tierärzte.

Die Lage im Kurviertel sei natürlich untragbar, der Schlachthof sei zu einer Zeit gebaut worden, da man noch nicht an den Kurbetrieb dachte, sagen die Tierärzte und plädieren für den Bau eines neuen Schlachthofes an anderer Stelle.

- **„Kein Schlachthof trägt sich aus eigenen Einnahmequellen", sagt Dr. Königs, und Dr. Bökels wies darauf hin, dass die Anzahl der geschlachteten Tiere von Jahr zu Jahr steigt. Beim Bau einer Kläranlage könne sich diese Zahl noch beträchtlich erhöhen.**

Die Schlachtziffern, der letzten Jahre: 1954: 1395: 1955: 1492; 1956: 1723; 1957: 1940; 1958: 1984 Tiere. 1950 wird die Zahl 2000 überschreiten.

Unrentabel

Stadtverwaltung und Stadtrat sind sich bewusst, dass mit dem Schlachthof etwas geschehen muss. Sie weisen darauf hin, dass Gemeinden unter 10 000 Einwohner nicht verpflichtet sind, eine solche Einrichtung zu halten. Auch sei der Amortisations- und Zinsdienst für einen Neubau nicht tragbar.
Ein neuzeitlicher Schlachthof kostet 250 000 bis 350 000 DM, und jetzt schon, so sagte Bürgermeister Frings, überschreiten im Haushaltsplan die nackten Betriebsunkosten die Gebühreneinnahmen. Es könne der Allgemeinheit nicht zugemutet werden, für einen einzigen Berufszweig Lasten zu tragen.
Zahlreiche Argumente stehen also gegeneinander. Was aber bleibt, ist die Tatsache, dass mitten in Kurviertel in den Nächten das Vieh brüllt, aus den Gebäuden nicht gerade Wohlgerüche auf Straße und Kurpromenade strömen, die Metzger unter Bedingungen schlachten, die den hygienischen Erfordernissen keine Rechnung tragen und dass der jetzige Schlachthof sowohl der Stadt als auch dem Kurbetrieb keinen guten Ruf einbringt.

30. Dezember 1959

Die Kurstadt schließt den alten Schlachthof
Hygienisch unhaltbar – Metzger wollen Ersatz

Münstereifel – Seit vielen Jahren schon hält das Hin und Her zwischen Stadtverwaltung und den Metzgern um den weiteren Bestand des Schlachthofes an. Das neue Jahr wird allem Anschein nach das Ende dieses Tauziehens bringen. Eins der hässlichsten Gebäude der Stadt, und das ausgerechnet im Kurviertel, soll verschwinden. Die Metzger allerdings denken nicht daran, die Angelegenheit ohne Protest hinzunehmen. Sie bestehen auf ihrem Recht, in Münstereifel einen Schlachthof zu besitzen und wollen über ihren Verband gegebenenfalls das Verwaltungsgericht anrufen. Noch haben die Metzger keine amtliche Mitteilung erhalten, dass der Schlachthof geschlossen wird. Anzeichen sprechen aber dafür, dass dieser Bescheid sofort zugestellt wird, wenn die letzten behördlichen Formalitäten erledigt sind. Jedenfalls wird die Frage in den Wurstküchen und Räucherkammern der kurstädtischen Metzgereien heftig diskutiert.

Die Metzger sind fest: „Wir gehen gegen die Schließung des Schlachthofes an. Wenn wir auch die Stadt nicht zwingen können, ein neues Schlachthaus zu bauen, so muss sie uns dennoch die durch die Fahrt zum Euskirchener Hof entstehenden Mehrkosten ersetzen. Der Verband ist bereit, die Klage vor das Verwaltungsgericht zu bringen. Wir haben ein Recht auf den Schlachthof".

1888: Benutzungszwang

Die Metzger wurden 1888 gezwungen, ihre eigenen Schlachthäuser zu schließen. In jenem Jahr wurde nämlich der städtische Schlachthof gebaut und durch Ratsbeschluss der „Benutzungszwang" eingeführt. „Der Schlachthof wurde damals gegen den Willen der Fleischermeister gebaut", sagte uns Metzgermeister Schäfer. Der Benutzungszwang wurde durch einen Ratsbeschluss im Jahre 1929 erneuert.
Seit sechs Jahren dauert nun das Spiel um den Schlachthof, sagen die Metzger. Zuerst hätte die Stadt die Unrentabilität dieser Einrichtung unterstrichen, und als Parallelfall sei Valendar angeführt worden. Dort habe die Gemeinde aber

das Gebäude an eine Wurstfabrik vermietet, während es in Münstereifel abgerissen werden soll. Vor zwei Jahren habe der Rat die Schließung des Schlachthofes beschlossen, ohne dass die Metzger darum gefragt worden seien. Die Regierung genehmigte diesen Beschluss damals nicht, da der Schlachthof außerhalb der 15-km-Zone des nächstgelegenen Schlachthofes liegt. Als Grund sei auch angegeben worden, das Gebäude an der Sebastian-Kneipp-Straße störe den Leitplan.

„Seit Jahren wird von der Stadt nichts mehr getan, um den Schlachthof in Ordnung zu halten", sagten die Metzger. So kam es, dass mit der Zeit die hygienischen Zustände immer unhaltbarer wurden, und sogar die Gesundheitsbehörden eingriffen.

„Was unseren Vätern befohlen wurde, nämlich das öffentliche Schlachthaus zu benutzen, wird jetzt wieder rückgängig gemacht", sagte Schäfer. Privatschlachthäuser seien längst abgerissen oder anders verwendet worden. Also bestehe heute, wenn der Schlachthof geschlossen werde, ein Anspruch auf Entschädigung. Fachleute beschäftigen sich schon seit einiger Zeit mit diesem Thema.

Die Metzger bedauern vor allen Dingen, dass durch die Abwanderung nach Euskirchen der enge Kontakt zu ihren ländlichen Lieferanten verlorenginge.

„Kein Bauer aus dem Kreise Schleiden wird sein Vieh bis Euskirchen bringen; während wir bisher den direkten Landeinkauf pflegten, werden wir jetzt auf Konzessionäre angewiesen sein", sagen sie.

Dem Beschluss zugestimmt

Bei der Stadtverwaltung war zu erfahren, dass die Regierung den Beschluss des Rates, den Schlachthof zum 1. Januar 1960 zu schließen, genehmigte. Als Termin wird jedoch jetzt der 1. Februar genannt. Wenn letzte Formalitäten erledigt sind, werden die Metzger benachrichtigt.

An den Bau eines anderen Schlachthofes an anderer Stelle - der Wunsch der Metzger - wird von Stadtseite nicht gedacht. Das alte Gebäude soll vielmehr abgerissen und das Gelände in eine Grünanlage umgewandelt werden. Der Schlachthof von Euskirchen sei bereit, die Münstereifeler Metzger aufzunehmen.
Während 1954 nur 1395 Stück Vieh in der Kneippstadt geschlachtet wurden, wird diese Zahl 1959 die 2000 überschreiten. „Dabei wäre noch mehr geschlachtet worden, wenn die nötigen Kühlräume vorhanden gewesen wären", sagten die Tierärzte zu diesem Thema.
Darüber, dass der Schlachthof, so wie er war und ist, an dieser Stelle nicht bleiben konnte, waren sich auch die Metzger klar. Sie sind jedoch darüber befremdet, dass man ihnen nur einige Wochen Zeit für die Umstellung vom Münstereifeler auf den Euskirchener Schlachthof lässt.

01. Februar 1960

Schlachthof geschlossen
Metzger unterschrieben nicht - Doch noch Nachspiel?

Münstereifel - Nach der Besprechung zwischen den Metzgern der Stadt und dem Kreis in der vergangenen Woche konnte angenommen werden, dass das Thema „Schließung des Schlachthofes" abgeschlossen sei.

Es war vereinbart worden, dass die Metzger auf jeden Ersatzanspruch an die Stadt verzichten sollten, falls der Schlachthof noch bis zum 1. März in Betrieb bleibe. Da seitens des Syndikus der Fleischerinnung jedoch bis zum Samstagmorgen noch kein endgültiger Bescheid über diese Regelung ergangen war, schritt die Stadtverwaltung zu einer Maßnahme, mit der sie sich sichern wollte.

Am Samstag wurde um die Mittagszeit ein Bote zu den Fleischern der Stadt geschickt. Er überbrachte ein Schreiben mit der Bitte zu unterschreiben. Mit diesem Revers sollten die Metzger ihre Unterschrift unter die Verzichtserklärung auf jeden Ersatzanspruch setzen. Hätten alle unterschrieben, wäre der Schlachthof noch vier Wochen auf geblieben.

- **Da nur ein Metzger unterschrieb, ordnete die Stadtverwaltung die Schließung des Schlachthofes mit dem heutigen Montag an. Die Metzger wurden darauf hingewiesen, dass sie in Euskirchen schlachten können.**

Die Metzger finden die Art und Weise, in der die Stadtverwaltung das Schreiben zustellen ließ, sehr eigenartig. Sie wiesen darauf hin, dass der Bote zu einer Zeit kam, wo in den Geschäften Hochbetrieb herrschte. Auch der Fleischer, der unterschrieb, hatte sich kaum die Zeit genommen den Passus zu lesen. „Man hat uns die Pistole auf die Brust gesetzt", sagte ein Metzger. Wie verlautet, erwarten die Fleischer für den heutigen Montag den Besuch von Herren der Innung und der Regierung.

Auf der Stadtverwaltung erfuhren wir, dass sie nur einen Beschluss des Stadtrats pflichtgemäß in die Tat umgesetzt hätte. Es wurde nicht ausgeschlossen, dass die ganze Sache noch ein Nachspiel erleben könnte.

03. Februar 1960

Nun doch am 1. März

Münstereifel – Nachdem die Metzger sich am Samstag geweigert hatten, eine Erklärung zu unterschreiben, mit der sie auf alle Ersatzansprüche verzichteten, gab die Stadtverwaltung die Schließung des Schlachthofes für den 1. Februar bekannt. Am Montagmorgen kam es dann doch noch zu erneuten Verhandlungen, in deren Verlauf die Fleischer ihre Unterschrift unter das Dokument setzten. Damit war die Bedingung erfüllt, durch die eine Verschiebung des Schlusstermins auf den 1. März erreicht werden konnte. Wie es heißt, wurden den Metzgern Übergangsdarlehen zugesagt. Mit diesem Geld sollen sie sich die erforderlichen Spezialfahrzeuge zum Vieh- und Fleischtransport anschaffen. Nach der nun endgültigen Schließung des Schlachthofes zum 1. März will die Stadt sofort mit den Abbrucharbeiten beginnen.

05.03.1960

Telegramm
ABBRUCH BEGONNEN

Münstereifel – Gleich in den Morgenstunden des Aschermittwochs wurde mit dem Abbruch des Schlachthofes begonnen.

31.01.1961

Mauer wurde gestützt

Münstereifel – Als der Schlachthof abgerissen wurde, war die Stadtmauer zwischen Langenhecke und Trappenturm freigelegt worden, an die sich das Gebäude anlehnte. Fachleute stellten fest, dass dieser Teil des Berings baufällig war. Während an der Außenseite der Mauer angeworfener Schutt den Einsturz verhindern sollte, wurden stadtwärts die Bogen neu ausgemauert und das Mauerwerk gestützt. Der kleine künstliche Hügel vor der Mauer, zum Wallgraben hin, wird mit Muttererde aufgefüllt und mit Rasen besät werden. Der Niveauunterschied zwischen der Langenhecke und dem Grundstück wird mit einer breiten Freitreppe überwunden werden. Diese soll den parkähnlichen Teil zur Wallgraben-Promenade vom Straßenverkehr auch optisch trennen.

Gerhard Fischer:
Die Erft und das Ende des Schlachthofes in Münstereifel

Am Ende ging es nur noch darum, wann der Schlachthof geschlossen wird. Die Gewähr für die Erzeugung eines sicheren Lebensmittels war nicht mehr gegeben. Der Schlachthof in Münstereifel war zu einer Gefahr für die Gesunderhaltung der Bevölkerung geworden, wie es damals hieß.

Ein Schlachthof war an der Mauer einer altehrwürdigen, mittelalterlichen Stadt nach der Zeitenwende 45 einfach nicht mehr zu betreiben. Er verursachte im wahrsten Sinne des Wortes Unannehmlichkeiten. Den Umweltfrevel, der mit dem Betrieb einherging, beschreibt Armand Foxius so detailgenau, dass man ihn sofort vor Augen bzw. in der Nase hat. Man liest sich förmlich den Duft der Erft in die eigene Nase. Ronda im Sommer fällt mir spontan dazu ein. In dieser andalusischen Stadt stinkt jeden Sommer der Rio Guadalevin wegen Wassermangels bis zur berühmten Brücke hinauf.
Empfindliche unter den Lesern des Kölner Stadtanzeigers werden wohl einen Brechreiz bekommen haben, so plastisch hat er die Situation des maroden Schlachthofes in Münstereifel und die Einleitung der Schlachtabfälle in die Erft beschrieben.
Wie werden die handelnden Akteure der Stadt das Ärgernis, die Gefahr beseitigen? Armand Foxius nahm sich dieses handfesten ökonomischen und ökologischen Problems in mehreren Artikeln engagiert an. Er ließ nicht mehr locker bei diesem anrüchigen Thema und gestaltete so die Entwicklung mit.

Es ging aber nicht nur um ein marodes Gebäude und dessen Auswirkungen auf die Umwelt. Betroffen waren auch das Interesse Einzelner, Wirtschaftsinteressen eines Berufszweigs,

Kommunal- und Kreispolitik, Politik auf Bezirksregierungsebene, Tierschutzbelange, Schlachthof- bzw. Schlachthygiene, Fleischhygiene, Einhaltung der Kühlkette. Kurz, es ging um den Schutz des Verbrauchers. Ohne ein Kühlhaus war dieser erst recht nicht zu garantieren. Er beschrieb aber auch, wie in der noch jungen demokratischen Republik kommunalpolitische Beschlüsse zustande kamen.
Armand Foxius ging selbst in die entscheidenden Ratssitzungen und sorgte durch seine Artikel für die nötige Transparenz. Den Verantwortlichen der Stadt war ohnehin klar, dass die Nachbarn aber auch die Kurgäste vor Ruhestörung und Gestank geschützt werden mussten und die Stadt die Verantwortung für die sichere Fleischgewinnung in ihrem städtischen Schlachthof hatte.

Schließlich ging es nur um den den Zeitpunkt der Schließung des Schlachthofes, um die Entschädigung der Metzger, um Übergangsdarlehen für diesen Berufszweig, Spezialfahrzeuge für Vieh- und Fleischtransporte. Den intensiven Kontakt zu ihren ländlichen Lieferanten möglicherweise zu verlieren, spielte am Ende für die Metzger keine so große Rolle mehr. Schon 1960 begann die Konzentration in der Fleischwirtschaft. Diese Entwicklung war nicht mehr aufzuhalten; auch 40 Jahre später schließen noch Schlachthöfe.

Im Rhein-Kreis Neuss mussten 2000 und 2004 die beiden vorhandenen Schlachthöfe schließen.
Als Amtstierarzt hatte ich die Verantwortung für diese Betriebe. Bei den Schlachthöfen handelte es sich einmal um einen Schaf- und Kälberschlachtbetrieb. In seinen Glanzzeiten wurden dort 50.000 Kälber und 100.000 Lämmer im Jahr geschlachtet.
Zum anderen handelte es sich um den alten Schlachthof der Stadt Neuss. Für diesen Schlachthof bestand für die Metzger

ebenfalls wie auch in Münstereifel Schlachthofzwang. In diesem Betrieb wurden Schweine, Rinder und Kälber, zuletzt nur noch Kälber, geschlachtet. Die Probleme rund um die Schlachthofschließungen, Argumente für und dagegen, Alternativen, Gewährung von Laufverlängerungen waren also Jahre später die gleichen, wie Armand Foxius sie 1960 aufgegriffen und eindrucksvoll beschrieben hatte.

Heute befindet sich auf dem ehemaligen Schlachthofgelände des Schaf- und Kälberschlachtbetriebes das neu gebaute Finanzamt der Stadt Grevenbroich. Im alten Schlachthof Neuss wird hoch spezialisiert Kalbfleisch zerlegt. Das Fleisch stammt von Kälbern, die in Legden geschlachtet werden. Wo liegt Legden? - Weit weg von Neuss, zwischen Münster und der Grenze zu Holland.

tempora mutantur et nos mutamur in illis

Hahnenköppen

18. Juli 1959

Hahnenköppen in Rodert

Rodert. Wenn am kommenden Sonntag und an den folgenden Tagen auf dem Radberg Kirmes gefeiert wird, werden wieder die alten Sitten gepflegt werden. Diesen Bräuchen nimmt sich besonders der Junggesellenverein von Rodert an. Schon am Kirmessamstag um 21 Uhr beginnt das lustige Treiben mit dem Herausholen des Kirmesknochens. Der Sonntag bringt dann den Kirmesbesuch, das feine Essen und den großen Kirmesball. Mit dem Hahnenköppen beginnt der Trubel des Junggesellenvereins am Dienstag um 18 Uhr. Anschließend finden sich jung und alt beim Hahnenkönigsball wieder zusammen.

23. Juli 1959

Diesmal „köpften" die Frauen
Einmaliges Ereignis in einem Eifeldorf

Eicherscheid – Auch in Rodert und Münstereifel wurde der „Hahn geköppt", dass aber die Frauen eines Dorfes mit dem Säbel nach des Gockels Hals zielen, dürfte wohl einmalig sein. So geschah es in Eicherscheid am Kirmesdienstag.

Die Junggesellen waren in den Streik getreten, als es kleine Differenzen um den Hahnenkönigsball am Abend gab. Sollte die Kirmes wirklich ohne das traditionelle Hahnenköpfen ausklingen?

Die das glaubten, kannten die „Erftmöhnen" schlecht. Im Fluge ging die Nachricht durch das Dorf: die Frauen „köppen" dieses Mal den Hahn!
Schnell war der Herr des Hühnerhofes herbeigeschafft, das Tambourkorps alarmiert, die „Arena" gerichtet. Mit verbundenen Augen und Schwung hieben die Frauen um die Wette. Diesem Eifer widerstand der Hahn nicht lange, bald konnte der Kopf als wertvolle Trophäe aufgespießt werden.

23. November 1959

Tierquälerei

Holzmülheim – Ein fast unglaublicher Vorfall von Tierquälerei hat sich, wie erst jetzt bekannt wird, vor einigen Wochen in Holzmülheim zugetragen. Unter dem Vorwand des „Hahnenköppens" wurde ein lebender Hahn zunächst von Wirtschaft zu Wirtschaft geschleift. Da das Tier sich flügelschlagend heftig wehrte, gab ihm ab und zu einer der jungen Burschen „eins über den Kopf". Einer der Burschen schnitt später den Kamm des Hahns mit einem Taschenmesser durch, so dass das Tier abscheulich blutete. Dann begann das eigentliche Hahnenköppen, wobei der Hahn immer noch lebte, mit dem Kopf nach unten hing und wild um sich schlug. Jetzt erst erbarmte sich einer und tötete das Tier durch einen Schnitt mit dem Messer. Alles das geschah vor den Augen zahlreicher Kinder. Ein Ortsfremder war darüber so empört, dass er Anzeige bei der Polizei erstattete. Vermutlich wird die Staatsanwaltschaft Anklage wegen Tierquälerei erheben.

10. August 1960

(Un-)Sitte, Brauch oder Tierquälerei?

„Hahnenköppen" vor Gericht – „Zungenstich" betäubt nur Blankenheim – Im November 1959 brachte der Kölner Stadt-Anzeiger die Meldung, dass beim „Hahnenköppen" in Holzmühlheim der Hahn noch lebte, als er bereits im Korb hing und die jungen Männer versuchten, ihm den Kopf abzuschlagen. Vor dem Blankenheimer Amtsgericht wurde der Fall verhandelt. Der Tatbestand der Tierquälerei wurde als erwiesen betrachtet. Dem Angeklagten konnte aber nicht nachgewiesen werden, dass er vorsätzlich handelte: Er wurde freigesprochen. Die Oberstaatsanwaltschaft legte gegen das Urteil Einspruch ein. In Kürze soll der Fall neu aufgerollt werden.

Es ist anzunehmen, dass dieser Prozess nicht nur im Kreis Schleiden, sondern auch in der übrigen Eifel leidenschaftlich diskutiert wird. Da sich auch das Kultusministerium inzwischen mit der Sitte des „Hahnenköppens" befasst und das Aachener Urteil ein Präzedenzurteil werden dürfte, ist es interessant, sich mit der Blankenheimer Verhandlung zu beschäftigen.

Blutete aus

Der Angeklagte hatte das Tier so getöte, wie es für solche Gelegenheiten immer üblich gewesen war: Er führte den „Zungenstich" aus. Mit einem Messer trennte er also die Zunge von den übrigen Weichteilen. Der Angeklagte war überzeugt, dass das Tier ausblutete.

- Als der Hahn jedoch eine halbe Stunde später „geköppt" werden sollte und im Korb hing, schlug er wieder um sich und gab sogar Laute von sich. Vorher hatte das Tier auf dem Rost, auf dem es ausbluten sollte, sogar noch die Augen auf- und zugemacht.

Zeugen bestätigten diese Beobachtungen. Erst später wurde dann mit einem Messer der Hals des Tieres aufgeschnitten.

- Mit dem Zungenstich könnte man weder einen Hahn noch ein anderes Lebewesen zum Ausbluten bringen, sagten die Sachverständigen, Kreistierarzt Dr. Smitmanns und der Vorsitzende des Kreises Schleidener Tierschutzvereins, Dr. Schmitz. Dieser Stich trenne nur die Zungenschlagadern durch, deren Durchmesser zu klein sei. Es bleibe im Körper genug Blut übrig, um ein Weiterleben zu ermöglichen.

Vor dem Schlachten betäuben

In einem Informationsgespräch wies uns Dr. Schmitz auch auf die „Verordnung über das Schlachten von Tieren" hin. Diese verfügt, dass Tiere vor dem Töten betäubt werden müssen. Sie dürfen nur in geschlossenen Räumen geschlachtet werden. Der Vorgang muss den Blicken der Öffentlichkeit entzogen werden, Kinder unter 14 Jahren dürfen nicht dabei sein. Auch muss die Betäubung so vorgenommen werden, dass eine unnötige Aufregung und sinnlose Schmerzen beim Tier vermieden werden. Bei Geflügel ist ein Betäuben nicht erforderlich, wenn der Kopf schnell und vollständig vom Rumpf abgetrennt wird.

- Betäubt werden muss Geflügel, wenn der „innere Halsschnitt" gemacht wird. Der „innere Halsschnitt" wird

auch oft (genau wie der Zungenstich) vor dem „Hahnenköppen" beim Tier ausgeführt, da der Kopf am Rumpf bleiben muss.
- Sowohl Dr. Schmitz als auch Dr. Smittmanns waren sich darin einig, dass nur ganz geübte Geflügelschlachter diesen Schnitt beherrschen, der sehr große Routine verlange. Sogar viele Tierärzte könnten ihn nicht sachgemäß ausführen. Bei diesem „inneren Halsschnitt" werden alle Halsweichteile so durchgetrennt, dass das Tier richtig ausbluten kann, ohne dass der Kopf abgetrennt werden muss.

Zum oft geübten „Genickschlag", der das Tier betäuben soll, sagte uns Dr. Schmitz, dieser Schlag rufe zwar eine „Querschnittslähmung" hervor, das Bewusstsein aber bliebe erhalten.

Vorsatz nicht nachgewiesen

Das Blankenheimer Gericht hielt nach der Beweisaufnahme den Tatbestand der Tierquälerei für erwiesen. „Wer ein Tier unnötig quält oder roh misshandelt, wird mit Gefängnis bis zu zwei Jahren und mit Geldstrafe oder mit einer dieser Strafen bestraft", sagt dazu das Strafgesetzbuch.
Das „Hahnenköppen" ist noch heute in vielen Dörfern ein Kirmesbrauch. Das Gericht konnte dem Angeklagten nicht nachweisen, dass er den Hahn vorsätzlich gequält habe. Nur deswegen wurde er freigesprochen. Die Oberstaatsanwaltschaft erhob gegen das Urteil Einspruch. In den nächsten Wochen wird sich die Kleine Strafkammer des Landgerichtes Aachen noch einmal mit dem Fall und damit mit dem „Hahnenköppen" im allgemeinen befassen.

16. September 1960

Tierquälerei oder altes Brauchtum?

Vor Gericht: Die Sitte des „Hahnenköppens"
Der Angeklagte freigesprochen, die Tat verurteilt

Aachen – Wegen Tierquälerei stand in Aachen ein Mann vor Gericht, der im Oktober vorigen Jahres einen Hahn getötet hatte, der zu dem in verschiedenen Gegenden als „althergebrachtes Brauchtum" gepflegten „Hahnenköppens" bestimmt war. Der Angeklagte wurde zwar freigesprochen, weil ihm weder vorsätzliche noch fahrlässige Tierquälerei nachgewiesen werden konnte – indes bestätigte die Kleine Strafkammer Aachen ein Urteil des Blankenheimer Amtsgerichtes, wonach die Tötungsart objektiv als Tierquälerei anzusehen ist.

Das „Hahnenköppen" – die einen führen den Brauch auf eine frühere Mannbarkeitssitte zurück, die anderen auf vorchristliche Tieropfer – wird hauptsächlich in der Eifel am Kirmesdienstag geübt. Ein Hahn, der vorher mit dem „Zungenstich" getötet wurde, wird in einen Korb ohne Boden gelegt und mit den Füßen nach oben an ein gespanntes Seil gebunden. Kopf und Hals schauen dabei aus dem Korb heraus. Die Junggesellen des Dorfes versuchen mit verbundenen Augen den Kopf mit Hilfe einer Hiebwaffe abzuschlagen. Wer es schafft, wird Hahnenkönig.
Von einem Zeugen, der dem Hahnenköppen im Oktober 1959 in Holzmülheim zugesehen hatte, war Anzeige erstattet worden. Das Gericht musste untersuchen, ob das Tier tatsächlich tot war, als es im Korb hing. Wie der Angeklagte aussagte, war das Tier so getötet worden, wie es üblich gewesen sei. Mit einem Messer hatte er die Zunge von den üb-

rigen Weichteilen im Schnabel getrennt. Er war überzeugt, dass das Tier restlos ausgeblutet war, insbesondere weil er aus Sicherheitsgründen den Hahn noch ein zweites Mal gestochen hatte. Als der Hahn jedoch etwa eine halbe Stunde später im Korb hing, um „geköppt" zu werden, schlug er wieder um sich, zwinkerte mit den Augen und krähte. Zeugen bestätigten die Beobachtungen.

„Zungenstich" genügt nicht

In Blankenheim wie in Aachen traten als Sachverständige der Kreisveterinär-Rat Dr. Smitmann (Schleiden) und der Vorsitzende des Kreis-Schleidener Tierschutzvereins, Dr. med. Schmitz (Schmidtheim), auf. Beide bestätigten, dass ein Hahn mit dem überall üblichen Zungenstich nicht getötet werden kann. Der Stich trenne lediglich die Zungenschlagader auf, deren Durchschnitt zu klein sei, um ein restloses Ausbluten zu gewährleisten. Es bleibe im Körper genug Blut übrig, um ein Weiterleben zu ermöglichen. Außerdem bestimme die Verordnung über das Schlachten, dass Tiere vor dem Töten zu betäuben seien. Das könne nur durch einen Schlag auf den Kopf, aber nicht, wie es ebenfalls gebräuchlich sei, mit einem Schlag ins Genick geschehen. Sie hielten es auch für unmöglich, dass das Tier zwanzig bis dreißig Minuten nach der Betäubung noch Reflexbewegungen machen kann.

Blankenheimer Urteil bestätigt

In der ersten Instanz hatte das Amtsgericht Blankenheim den Tatbestand der Tierquälerei für erwiesen erklärt. Der Angeklagte aber wurde freigesprochen, weil kein Vorsatz nachgewiesen werden konnte. Gegen diese Urteil hatte die Staatsanwaltschaft Berufung eingelegt. Sie wollte die Bestrafung des Angeklagten erreichen. Nach der Beweisaufnahme

in Aachen hat sich jedoch der Staatsanwalt dem Urteil der ersten Instanz angeschlossen. Das Gericht wies in seinem Urteil noch einmal darauf hin, dass objektiv der Tatbestand der Tierquälerei gegeben sei.
Inzwischen hat der Deutsche Tierschutzbund den Kampf gegen die rohe Sitte des „Hahnenköppens" aufgenommen. Auch Kultusminister Schütz verurteilte in einer Antwort an den Tierschutzbund diese Unsitte. Schütz bedauerte vor allem, dass die Lehrerschaft es nicht unterbinden könne, Kinder von derartigen Darbietungen fernzuhalten.
Der Ernährungsminister teilte dem Tierschutzbund mit, dass das Hahnenköppen nicht zu den förderungswürdigen Volksbräuchen gehöre.
Überhaupt erscheint zweifelhaft, dass das „Hahneköppen" ein alter Brauch ist. Heute ist es jedenfalls nur noch eine rohe „Kirmesgaudi", bei der Hahnenfedern fliegen und der abgetrennte Kopf hinterher auf eine Säbelspitze aufgespießt wird.
Sagte Dr. Schmitz aus Schmidtheim während der Verhandlung: „Der Tierschutzverein steht auf dem Standpunkt, dass die Tötung eines Tieres unsittlich ist, wenn kein zwingender Grund vorliegt. Eine Tötung um des Spaßes Willen aber ist kein zwingender Grund".

17. August 1961

<u>Der Attrappen-Kopf fiel nach Wunsch –
der Spaß wurde größer</u>

Den Hahn unblutig geköpft

Es geht auch ohne echten Hahn – Sonderspende des Tierschutzes für die Jugend

Schmidtheim – Die Kirmes erreichte am Dienstag ihren Höhepunkt: Der Hahnenkönig wurde ermittelt. Mit Musik und Gesang wurde Hans Wolf gekrönt. Er war ein ganz besonderer König: Zum ersten Mal war darauf verzichtet worden, einen echten Hahn zu köpfen. Mit der gebastelten Nachbildung eines Hahnes ging es ebenso gut; die Sitte erlitt durch diese Veränderung keine Einbuße.

Seit einigen Monaten stand das „Hahnenköppen" oft im Brennpunkt der Öffentlichkeit. In einem Eifeldorf war im Herbst 1959 beobachtet worden, dass ein angeblich toter Hahn noch lebte, als die Burschen mit einem alten Säbel nach seinem Kopf zielten. Der Zwischenfall hatte ein gerichtliches Nachspiel. Sowohl das Amtsgericht Blankenheim, als auch das Landgericht in Aachen verurteilte die Tötungsart vor dem Hahnenköppen. Der Tierschutzverein hatte sich eingeschaltet, das Innenministerium nahm gegen die Sitte Stellung. Schulkindern wurde verboten, beim Hahnenköppen zuzuschauen. Manche Eifeler befürchteten, der alte Brauch könne Schaden erleiden.
Die jungen Männer von Schmidtheim hatten sich schon im vergangenen Jahr vorgenommen, alles zu vermeiden, was dem Tier Qualen beibringen könnte. Der sogenannte „Zungenstich", mit dem der Hahn vor dem Fest „ins Jenseits" befördert werden solle, hatte sich als unzureichend erwiesen. Die Männer im Schmidtheimer „Kirmes-Geloog" beschlossen daher 1960, den Hahn vorher zu köpfen und den Kopf wieder anzunähen, wenn das Tier in den Korb gehängt würde. 1960 fiel das Hahnenköppen in Schmidtheim aber aus, ihren Entschluss hatten die Männer 1961 noch nicht vergessen.

- Schon bei seiner ersten Kirmes-Besprechung wurde sich das „Kirmes-Geloog" einig, die Sitte „unblutig" zu gestalten und statt eines richtigen Hahnes nur eine Attrappe in den Korb zu hängen. Frau Maria Mattes stellte sich zur Verfügung: Aus Holz, sechs alten Nylonstrümpfen, zwei Glasaugen, rotem Filz und Federn wurde ein großer Hahnenkopf gebastelt, der wie „echt" aussah.

Die Schmidtheimer Kirmes erlitt durch diese Veränderung der Sitte beileibe keinen Abbruch. Im Gegenteil, die ganze Bevölkerung war mit dem Beschluss ihres „Kirmes-Geloogs" einverstanden. Das bewies sie schon am Montag, als 15 Häuser mit viel Schnaps und lustigen Worten getauft wurden. Als die Jugend des Dorfes am Dienstag im Festzelt über den Hahn „zu Gericht" saß und ihn zum Tode verurteilte, hatten sich viele Schaulustige eingefunden. Trotz des Regens war das Zelt voll, als der „falsche" Hahn geköpft wurde und Hans Wolf zum entscheidenden Schlag ausholte. Im Festwagen wurde er durch das Dorf geleitet, dazu spielten die Burgschwalben aus Reifferscheidt.

Bevor es zum „Hahnenkönig-Ball" ging, brachte die fröhliche Gesellschaft dem Pastor, dem Grafen Beissel, dem Amtsdirektor und dem Bürgermeister ein Ständchen. Während des Balls wurde dann ein richtiger Hahn versteigert, und der war ordnungsgemäß getötet worden.

Jetzt sei die Sitte wieder zu einem richtigen Spaß geworden, freuten sich einige Schmidtheimer. Die Kinder dürfen bei diesem unblutigen Spiel wieder dabei sein, und auch der Tierschutzverein sei zufrieden. Und ob! Als der Beschluss des „Kirmes-Geloogs" bekanntgegeben worden war, erhielt die Dorfjugend vom Tierschutz-Vorsitzenden sogar eine Sonderspende; und die war verdient.

Gerhard Fischer:
Hahnenköppen im Juli 1959 in Münstereifel/
Hahnenköppen im August 2003 im Rhein-Kreis Neuss

Wie bitte, das gibt es noch? Staunen kann allerdings nur, wer noch weiß, was das ist: Hahnenköppen. Es ist ein alter Kirmesbrauch. Einem Hahn wird am Kirmesdienstag mit verbundenen Augen der Kopf abgeschlagen. Anschließend wird der Hahnenkönig proklamiert, und nach dem Hahnenkönigsball endet die Kirmes.

Der alte Brauch hat tatsächlich überlebt. Es gibt ihn heute noch in der Eifel, aber auch noch im Rhein-Kreis Neuss. Und mit über 40jähriger Verspätung wird nun auch am Niederrhein mit kunstvoll herstellten Attrappen das Brauchtum des Hahnenköppens an Kirmes gepflegt.
Es kommen also keine toten Hähne bzw. extra dafür getötete Hähne zum Einsatz.
Das Bemerkenswerte an den Artikeln von Armand Foxius über das Hahnenköppen ist, sich mit diesem Thema überhaupt beschäftigt zu haben. Es zeigt damals schon sein Interesse für den Tierschutz, aber auch für das heimische Brauchtum. Dies ist bemerkenswert, denn 1960 war die Sensibilität für den Tierschutz innerhalb der Bevölkerung noch wenig ausgeprägt.
Allein mit der Überschrift vom 10.08.1960 bringt er sein Anliegen auf den Punkt: „(Un-)Sitte, Brauch oder Tierquälerei?"

Als Amtstierarzt des Rhein-Kreises Neuss wurde ich 2003 mit dem Brauchtum des Hahnenköppens dienstlich konfrontiert. Die hiesige Kreispolizeibehörde in Grevenbroich hatte eine Ermittlungsakte bei der Staatsanwaltschaft Mönchengladbach mit der Bitte um Stellungnahme eingesandt. Es handelte sich um eine Anzeige wegen des Verstoßes gegen das Tierschutzgesetz. Sie betraf eine Veranstaltung in Grevenbroich-Münchrath, also in einer Gemeinde, für die ich zuständig bin.

Hier mein Schreiben sowie der Lösungsvorschlag an einen der Vereinsvorsitzenden:

Sehr geehrter Herr Vorsitzender,

bezugnehmend auf unser heutiges Telefongespräch übersende ich Ihnen beiliegend wie versprochen die Kopie einer Anzeigebegründung, wie sie gleichlautend gegen eine Vielzahl von Kirmesvereinen, die noch das Hahnenköppen praktizieren, erhoben wurde.
Ich schließe mich der dortigen Argumentation im Hinblick auf den Tierschutz im Wesentlichen an. Es ist beabsichtigt, alle infrage kommenden Vorsitzenden der Kirmes- und Schützenvereine zu einem Gespräch zu laden, um die Problematik des Hahnenköppens zu erörtern und für die Zukunft Alternativen wie z.B. die Verwendung von Attrappen vorzuschlagen.
Um den Bezug zum Brauchtum aufrecht zu erhalten, wird von Seiten des Veterinär- und Lebensmittelüberwachungsamtes angeregt, dem „König" des Hahnenköppens einen in Klarsichtfolie eingeschlagenen küchenfertigen Hahn (der natürlich tierschutzgerecht geschlachtet bzw. „geköppt" wurde) zu überreichen. Dies wäre gleichzeitig auch eine Werbung für ein schmackhaftes heimisches Produkt.

Mein Vorschlag wurde aufgegriffen, damit war die Angelegenheit dann auch schon erledigt!
Die Eifeler Lösung im Rhein-Kreis Neuss!

Wäre mein Interesse Anfang der sechziger Jahre bereits über den Sportteil des Kölner Stadtanzeigers hinausgegangen, hätte bereits der Zeitpunkt meiner Einschulung auf dem St. Michael Gymnasium durch intensives Lesen des Lokalteils mein entfernt liegendes Berufsleben erleichtern können.

Ich hätte in der Antwort an den Staatsanwalt in Mönchengladbach auf Armand Foxius' Artikel aus den Jahren 1959 und 1960 verweisen können.

Heute hat der Tierschutz in der gesamten Bevölkerung einen sehr hohen Stellenwert. Seit Mitte 2002 ist der Schutz der Tiere in das Grundgesetz, Artikel 20a, aufgenommen. Heute geht es um Käfighaltung, das Kürzen der Schwänze bei Ferkeln, das Verbot der Ferkelkastration ohne Betäubung, um den Schenkelbrand der Fohlen, Kampfhundehaltung, Haltung exotischer Tiere und um viele andere, die Bevölkerung interessierende und aufwühlende Tierschutzbelange.

Auch engagierte Journalisten wie Armand Foxius haben mit ihren kleinen, feinen Artikeln dazu beigetragen, die Bevölkerung schon damals für den Tierschutz zu sensibilisieren.

Gerberei

25. Februar 1959

In der Eifel standen einst Familiengerbereien in Blüte

Wälder lieferten die Lohe
Ein einziger Betrieb in Münstereifel wahrt noch die alte Gerbertradition

Münstereifel – Als die Einfuhr von Häuten aus Übersee immer stärker wurde und die Schuhfabrikation das Handwerk verdrängte, schlug für die zahlreichen Lohgerbereien der Eifel eine schwere Stunde. In der Nähe der Hafenstädte wuchs eine neue Lederindustrie aus dem Boden. Damit war in unserer waldreichen Heimat, die den Rohstoff „Lohe" lieferte, eine bodengewachsene Kleinindustrie dem Untergang geweiht.
Von Euskirchen über Stotzheim bis hinüber nach Monschau und Hillesheim hatte der Eifelwald die wertvolle Lohe geliefert, die die in vielen Arbeitsgängen bearbeiteten Felle zu einem Bodenleder anerkannter Qualität heranreifen ließ. Eine der weit über die engere Heimat hinaus bekannten Gerberstädte war Münstereifel. Noch nach dem ersten Weltkrieg zählte die Erftstadt elf Betriebe in dieser Art. Die fabrikmäßige Herstellung der Schuhe verlangte jedoch billigeres Leder, das nicht mehr 12 bis 13 Monate in den Lohgruben lag, sondern mit extrahierten und chemischen Gerbstoffen nach ein bis drei Monaten auf dem Markt geworfen werden konnte.

Mit Planwagen nach Leipzig

Wer kennt nicht den typischen Eifelniederwald, aus dessen Eichenstockausschlägen die Waldbauern die Lohe gewan-

nen? Vor einigen Jahrzehnten konnte ein Dorf wie Schönau 700 bis 800 Zentner Eichenrinde an die Lohmühle im Goldenen Tal liefern, von wo sie an die Gerbereien weiterging. Wenn die Zeit der Verkaufsmesse herannahte, wurden große Planwagen hoch mit den fertig gegerbten Fellen beladen und durch erfahrene Fuhrleute zu den Handelszentren Frankfurt und Leipzig gebracht.
Viele Wochen waren Männer und Pferde damals unterwegs. Später übernahm zwar die Eisenbahn diese Transporte, doch auch sie konnte diesen ehedem blühenden Industriezweig der Eifel nicht vor dem Untergang retten.

Meist Familienbetriebe

Heute verdrängen Fichtenwälder den Eichenwald; Lohe ist kein lohnendes Nutzungsprodukt mehr. Die kleinen Familiengerbereien stellten nach und nach ihren Betrieb ein, der fachliche Nachwuchs fehlte, in die Industrie war der Chemiker eingezogen. Alle modernen Gerbverfahren jedoch vermochten es nicht, die alte Lohgerbung gänzlich zu verdrängen. Das durch sie erzeugte Leder hat Eigenschaften, auf die der Verbraucher nicht verzichten will. Nicht nur, dass es dauerhafter ist, auch seine Wasserfestigkeit und Unempfindlichkeit gegen viele Säuren machen es begehrenswert. Noch heute ziehen zahllose Bauern ein Paar handgearbeitete Schuhe aus Fahl- oder Rindsleder den Gummistiefeln oder anderen Industrieerzeugnissen vor – und sie haben ihre Gründe dazu!
Wer Gerberei sagt, der denkt an Wasser. An den Eifelflüssen schlugen die Gerber ihre Werkstätten auf.
Wässern und immer wieder Wässern ist nämlich eines der Grundgeheimnisse für die Lederherstellung. So ragten in früheren Jahren aus der Erft Pfähle, an denen die Häute der Einfachheit halber gleich im fließenden Wasser des Baches angebunden wurden.

In der letzten noch bestehenden Gerberei Hoever ist heute noch die Tür zu sehen, durch die die Arbeiter unmittelbar an das Bachbett gelangten. Mit 80 anderen Betrieben der Bundesrepublik ist die Lohgerberei Hoever dem Altgerberverband angeschlossen. In unserer näheren Heimat bestehen gleichgeartete Betriebe nur noch in Trier und Waxweiler. Der Schwerpunkt liegt nach wie vor in Süddeutschland, das bekanntlich auch die besten Felle liefert.

Drei Wochen Vorgerbung

Vom konservierenden Salz in zahlreichen Wasserbädern befreit, werden Haare und Oberhaut von den Fellen in Weißkalk gelöst und von gelernten Gerbern abgeschabt. Die unterste Fetthaut wird maschinell entfernt, bevor wiederum Wasser das Fell entkälkt. Drei Wochen hängen die Häute in der Vorgerbung, bei der in zehn Abschnitten die Dichte der Lohbrühe gesteigert wird.
In zahlreichen Gruben werden die vorgerbten Felle gelagert, abwechselnd eine Schicht Leder, eine Schicht gemahlene Eichenrinde. Danach wird Lohbrühe aufgegossen und das Ganze mit Brettern und Steinen beschwert.
Dreimal wird dieser Arbeitsprozess wiederholt, in zwölf Monaten reift so festes Bodenleder heran. Nach dem Trocknen, Recken und Walzen gehen die fertigen Felle heute meist an die Schuhmacher. Lohgegerbtes Leder wird nur noch für Reparaturen gebraucht. Hermann Hoever ist mit seinem Beruf schon von der Familientradition her eng verwachsen. Er weiß manches zu erzählen, so von jenen Lohkuchen, die früher aus verbrauchter Eichenrinde gepresst wurden und die zu Tausenden an die Schulen und Universitäten zu Heizungszwecken geliefert wurden.
Mit Körben und Eimern besorgten sich die Hausfrauen in den Gerbereien Lohe. Gab es damals ein besseres Staubbindemittel beim Kehren? Wohl kaum.

Viele Gerbereien verschwanden in den letzten Jahrzenten, mit ihnen bodenständige Handwerksbetriebe der industriell verwaisten Eifel. Wer aber die Hoeversche Gerberei in Münstereifel betritt, dem weht der anheimelnde Geruch der Lohe noch entgegen, der früher einmal so vielen Eifelstädtchen und Gemeinden eigen war.

28. April 1961

Sie bearbeiten täglich über 100 Felle
Die Arbeitsplätze sollen von 70 auf 200 erhöht werden

Münstereifel – Wenn die Stadt ihr ein geeignetes Grundstück anbieten kann, wird die Leder- und Sportbekleidungs-Fabrik M. Flues und Co. noch in diesem Jahr einen neuen Betrieb bauen. Die Zahl der Arbeitsplätze würde dann von 70 auf 200 erhöht. 1956 begann die Wuppertaler Firma in ihrer Münstereifeler „Konfektionsabteilung" mit 18 Männern und Mädchen.

Durch Bekannte hatte die Firma Flues 1956 erfahren, dass in der Otterbachstraße drei Baracken leer wurden, die früher eine Zeltplanenfabrik beherbergten. In Wuppertal-Sonnborn stand die mehr als 100 Jahre alte Gerberei. Durch den Mangel an Arbeitskräften, besonders in der Konfektionsbranche, wurde die Abteilung am Nordrand der Eifel neu aufgebaut.

50 Prozent aus Kurstadt

Betriebsleiter Arentz kam mit zwei Meistern nach Münstereifel. Sie fanden sofort eine gute Kraft aus Eschweiler, die beim Aufbau des Betriebes tatkräftig mithalf. 18 ungelern-

te Kräfte wurden eingestellt. „Sie hatten ihre Arbeit sehr schnell erfasst", lobte der Betriebsleiter.
Heute arbeiten 63 Mädchen und sieben Männer in den terrassenförmig übereinanderliegenden Baracken.

- 50 Prozent der Belegschaft stammen aus der Kurstadt, 5 Prozent aus dem Raum nördlich und 45 Prozent aus dem Gebiet südlich Münstereifels.
- Sogar das Pendeln über kurze Strecken bot Schwierigkeiten. Die Textilindustrie arbeitet 43 Stunden in der Woche. Da die Autobusse zu ungünstigen Zeiten verkehren, muss in einer Woche 45 Stunden gearbeitet werden, dafür wird der Betrieb in der darauffolgenden Woche schon am Freitagmittag geschlossen. „Wenn wir jede Woche 43 Stunden arbeiten würden, müssten die Mädchen freitags zwei Stunden warten, ehe ihre Busse abfahren", erklärte Arentz.

Verantwortungsvolle Arbeit

Durch die Finger der Zuschneiderinnen und Näherinnen gehen täglich Rohstoffe von hohem Wert. Jede Zuschneiderin muss pro Tag rund 120 Felle vorbereiten, die je Stück durchschnittlich 15 DM kosten. „Es ist eine verantwortungsvolle und schwierige Arbeit, den bei Tierfellen ohnehin großen „Verschnitt" auf ein Mindestmaß zu beschränken", versicherte der Betriebsleiter. Fertig gegerbt und gefärbt kommen die Kalb-, Moreto-, Gazellen-, Bastard- oder auch Schafsfelle nach Münstereifel. Sie stammen aus Ostindien, Südamerika, Südafrika und anderen ausländischen Gebieten. Eine wichtige Schlüsselstellung des Betriebes hat die Vorsortiererin: Sie muss die 20 bis 30 Farbnuancen genau unterscheiden können.
An einen automatischen Zuschnitt durch Maschinen ist bei Fellen nicht zu denken, jedes kleinste Teil der zukünftigen Jacken oder Mäntel muss einzeln geschnitten werden.

Auf dem Fließband laufen dann die Kästen mit den zugeschnittenen Teilen, den Zutaten oder auch Garnen zu den einzelnen Näherinnen. Männer sind nur in der Bügelei zu finden. Sie bedienen die großen Dampfbügelmaschinen, die durch einen Hochdruckkessel gespeist werden.

„Die Arbeit ist schwer", sagt der Betriebsleiter. „Außerdem würde den Dauerwellen unserer Mädchen durch den Dampf der Garaus gemacht."

In der Abnahme-Abteilung sind Schneider und Schneiderinnen am Werk. Nur ganz qualifizierte Arbeitskräfte können prüfen, ob Passform und Arbeit „kundengerecht" sind.

Jeden Tag werden in der Otterbach 600 bis 700 Felle zu 100 bis 150 Herren- sowie Damenjacken und Mänteln verarbeitet. Sie wandern von der Erft in die größten und bekanntesten Textilhäuser der Bundesrepublik.

Auch ein Aufenthaltsraum

Der Betrieb in der Kurstadt ist gut angelaufen. Die Firma Flues möchte ihn vergrößern. Sobald ein geeignetes Grundstück gefunden ist, soll der Bau abschnittweise sofort in Angriff genommen werden.

Die Firma Flues und Co. möchte nicht nur in ein festes Steingebäude einziehen, sie will auch die Zahl der Arbeitsplätze auf 200 erhöhen und für die Belegschaft einen Aufenthaltsraum mit Kantine schaffen.

„Wir bauen in diesem Jahr auf jeden Fall", sagt dazu Arentz. Falls die Stadt kein geeignetes Grundstück anbieten könne, würde sich vielleicht etwas in einer Nachbargemeinde finden lassen. Wenn auch das schief gehen sollte, wird in der Otterbach auf engem Raum ein Neubau entstehen. „Natürlich können wir dann keine 200 Arbeitsplätze schaffen", schloss der Betriebsleiter.

Aus Stadtrat und Verwaltung

11. März 1959

Architekt hat seine Kostenanschläge nicht einhalten können

Wer A, sagt muss auch B sagen
Stadtrat bewilligt ein weiteres Darlehen für den Ausbau der Burggaststätten

Münstereifel – Die Burgangelegenheit brachte viel Erregung in die Debatte des Stadtrates. Gleich zu Beginn der Sitzung hatte Vertreter Lethert den Antrag gestellt, den Punkt „Darlehen für die Burg" nicht in der nichtöffentlichen, sondern in der öffentlichen Sitzung zu beraten. Der Vorschlag wurde angenommen.

Lethert zeichnete an Hand von Protokollen die Entwicklung des heiß umstrittenen Projektes auf. Von dem Bedürfnis, für Stadt und Vereine einen Saal zu schaffen, sei man ausgegangen. Dem Wunsch, das „Unternehmen Burg" wirtschaftlich zu gestalten, sei dann der Plan des heutigen Gaststättenbetriebes entsprungen. Nur, dass jetzt die Frage auftauche, wie eine Rentabilität so günstig wie möglich erreicht werden könne. In den zuerst bewilligten 200 000 DM waren 70 000 DM für die Einrichtung enthalten. Zu dieser Summe habe dann der Rat zusätzlich ein Darlehen von 20 000 DM bewilligt. Nun aber müssten abermals 25 000 DM aufgenommen werden. Was den Sprecher befremdete, war die Tatsache, dass der Burgausschuss den Stadtrat über diese Überschreitungen nicht informierte. „Ist dieses Projekt so sicher, dass wir immer wieder Geld hineinpumpen können?" fragte er.

Preise wurden gedrückt

Die zusätzlichen Kosten seien durch den Ausbau einer Wohnung für den Hausmeister im Dachgeschoss, den Einbau eines Turmzimmers und die nicht im voraus zu berechnenden Reparaturen entstanden, erklärte Bürgermeister Frings. Vertreter Pauli betonte die undankbare Aufgabe des Burgausschusses. Es sei gewiss nicht leicht gewesen, einen richtigen Pächter zu finden, auch habe es sich nach Abschluss des Vertrages ergeben, dass viele wesentliche Punkte bei der Planung außer acht gelassen wurden. Telefon und Garage zum Beispiel. Auch hätte man dem Pächter die Möglichkeit geben müssen, Personal unterzubringen. Über den gefundenen Pächter dürften die Stadträte wohl beruhigt sein, immerhin investiere er an Reklame und Beleuchtung 6000 DM und an Dekorationen 7000 DM. Es bestehe also die beste Hoffnung, dass die Burg zu einem Anziehungspunkt Münstereifels würde. Durch geschäftlich bald nicht mehr zu verantwortende Preisdrückerei habe der Burgausschuss 10 000 DM gespart. Er habe auch weitgehende Vollmachten besessen, sagten Vertreter Pauli und Schneider. Nur der Architekt hätte seine Kostenanschläge nie einhalten können, doch sei noch kein Bau mit den vorher veranschlagten Summen ausgekommen.

Stadtdirektor Derkum lobte die unermüdliche Arbeit des Burgausschusses. Jede Anschaffung sei reiflich überlegt worden, und dem Ausschuss einen Vorwurf zu machen, sei ungerecht. Man solle die Werterhöhung nicht vergessen, zum Beis piel die neue Dachgeschosswohnung. Die Endzahlen über die Kosten des Burgausbaus würden in öffentlicher Sitzung, wenn erforderlich, bis in die kleinen Details hinein, bekanntgegeben.

Darlehen schnell abtragen

„Wer A sagt, muss auch B sagen", meinte Eicks und bat doch zu versuchen, die 25 000 DM aus Holz- und Grundstücksverkäufen flüssig zu machen. Da dies aber zu lange Zeit in Anspruch nähme, wurde vorgeschlagen, das Darlehen von 25 000 DM aufzunehmen und zu versuchen, es so schnell wie möglich durch Grundstücksverkäufe abzudecken. Gegen eine Stimme nahm der Rat den Vorschlag an, das Geld auf diesem Weg zu besorgen.

Aus der Diskussion

Vertreter Lethert: „Dass der Stadtrat bei der Überschreitung der Summe von 90 000 DM nicht berücksichtigt wurde, betrachte ich als eine Brüskierung. Wenn eine andere Kommission sich so etwas erlaubt hätte, wäre der Teufel losgewesen."
Stadtdirektor Derkum: „Zu Gerüchten, die im Umlauf sind, möchte ich feststellen, dass die Stadt auf keinen Fall total verschuldet ist."
Vertreter Pauli: „Wir (der Burgausschuss) haben 10 000 DM gespart. Dass der Architekt seinen Kostenanschlag nicht einhält, dafür kann ich nicht".
Vertreter Lethert: „Man hört, dass die Pächterin, jedes Mal wenn sie kommt, etwas Neues will. Ich habe gehört, ich sage: gehört, dass sie vorn Bleiverglasung haben will." (Zuruf: Abgelehnt.)
Vertreter Claus: „Die Summe wird gebraucht, um die Burg fertigzustellen. Es muss schnell gehen, und ich kann den zähen Kampf des Burgausschusses nur bestätigen."
Vertreter Schneider: „Es war nicht richtig, den Burgausschuss anzugreifen. Was uns an Kenntnissen fehlte, haben wir durch Einsatz gutgemacht. Viele Wünsche sind sofort

abgelehnt worden. Was aber nicht übersehen werden konnte, das waren die Kosten für die Neugestaltung der Wohnung und die Anschaffung der Geräte".

11. Juni 1959

Durcheinander auf dem Bausektor soll beendet werden

Ein Architekt soll ins Rathaus
Neue Aufgaben sind zu lösen, und das Bestehende ist
zu erhalten

Münstereifel – Das Hin und Her um die Einstellung eines Stadtarchitekten fand in der letzten Stadtratssitzung ein vorläufiges Ende. Mit 11 Ja-Stimmen beschlossen die Ratsmitglieder, der Stadt einen Baufachmann zu geben. Eine Aufstellung der Verwaltung schätzte die jährlichen Kosten für diesen Zweck auf rund 20 000 Mark. Alle Vertreter waren sich einig, dass dem derzeitigen Zustand in Planung, Aufsicht und Durchführung von städtischen Bauvorhaben ein Ende gemacht werden soll.

Stadtvertreter Eicks gab zu bedenken, in der Hauptsache käme es darauf an, dem Stadtdirektor einen Mann zur Seite zu stellen, der ihn bei Ortsterminen mit überörtlichen Behörden beraten könne. Dazu würde schließlich ein freier Architekt genügen, der von der Stadt für seine regelmäßigen, aber nicht hauptberuflichen Dienste bezahlt würde. Die Aufstellung der Verwaltung führe zwar die Abgaben der Stadt an freie Architekten in den vergangenen Jahren mit rund 50 000 DM an, berücksichtige aber nicht die zum Teil hohen Beihilfen. Diese würden bei der Einstellung eines Stadtarchitekten wegfallen. Daher müssten die angesetzten 20 000 DM vom Stadtsäckel getragen werden.

Wieso die Frage des Bauingenieurs immer noch durch das Rathaus „geisterte", wollte Studiendirektor Schumacher wissen. Seit Jahren hätten sich Ausschüsse und Rat schon damit befasst, und man sei sich über die finanzielle Untragbarkeit des jetzigen Systems klar gewesen, und von den elf Bewerbungen habe der Bauausschuss vier in die engere Wahl gezogen. Plötzlich sei es um diese Frage wieder still geworden.

- Außerdem hätten die letzten Jahre deutlich gezeigt, dass eine strengere Aufsicht der Bauvorhaben in der Stadt nötig sei. Dies könne aber nur durch einen unabhängigen Architekten gewährleistet werden. „Ich darf daran erinnern", sagte Schumacher, „dass in puncto Wege, Wasserleitung, Kanalisation und öffentliche Bauten ein großes Durcheinander herrscht."

Der Bauausschuss habe sich der Eingabe eines seiner Mitglieder angeschlossen, dass der fortschreitenden Verschandelung des Stadtbildes ein Ende gesetzt werden müsse. Dies sei ein wesentlicher Punkt.

Kleinod der Eifel

Vertreter Zeyen schloss sich im wesentlichen dieser Meinung an. Wenn schon Münstereifel mit seiner eigenartigen Struktur als ein „Kleinod der Eifel" bezeichnet würde, so müsste diese anerkannte Eigenschaft allein schon die Anstellung einer hauptberuflichen Aufsichtsperson wert sein. „Hier darf man nicht mehr rein rechnerisch vorgehen", schloss er.
Erich Claus hob hervor, dass ein Stadtarchitekt stündlich für die Aufsicht der städtischen Bauvorhaben zur Verfügung stünde, was von einem freien Fachmann nicht verlangt werden könne. Auch würde durch eine solche unabhängige Kraft eine gerechte allgemeine Bauaufsicht gewährleistet.

Im Hinblick auf das äußere Stadtbild sagte Lethert: „Es wird Zeit, sich auf die Erhaltung des noch Bestehenden zu besinnen."

Stadtdirektor Derkum schloss sich der Ansicht an, dass ein Fachmann zur Stelle sein müsse. Neue Aufgaben, besonders im Tiefbau, stünden bevor. Man solle zunächst die finanzielle Seite zurückstellen.

Mit oder ohne Schreibkraft?

Eingangs der Diskussion hatte Ratsmitglied Schneider darauf hingewiesen, dass es unmöglich sei, von einem Stadtarchitekten zu verlangen, auch noch die Schreibarbeit selbst durchzuführen. Wie in der Aufstellung vorgesehen, müsse daher eine Schreibkraft hinzukommen.

Lethert dazu: „Ist vor ein paar Jahren, als wir einen Stadtarchitekten hatten, jemals eine Schreibkraft eingestellt worden?"

Vertreter Schumacher meinte, dass die Schreibkraft gespart werden und dass Obersekretär Schleiermacher als Kenner der Materie einen Teil dieser Arbeit übernehmen könne. Somit könnten von den angesetzten 20 000 DM 4 000 DM abgezogen werden.

Von verschiedenen Seiten wurden Bedenken über die Höhe des geplanten Gehalts laut. Ob sich für diese Summe wohl ein versierter Fachmann finden würde?

Die finanzielle Frage rückte während der Debatte immer mehr in den Hintergrund.

- **Zum Schluss meinte Zeyen: „Die Struktur Münstereifel bedingt einen versierten Mann, den es vielleicht noch gar nicht gibt, wie man ihn sich erträumt."**

Mit 11 Ja- gegen vier Nein-Stimmen und zwei Enthaltungen beschloss der Rat, einen Baufachmann einzustellen.

17. Juli 1959

Münstereifels Haushaltspläne sind ausgeglichen

Etat wurde zu spät geboren
Stadtdirektor Derkum erklärt: „Es ist richtig gearbeitet worden"

Münstereifel – Einstimmig verabschiedete der Stadtrat den Haushaltplan für das Jahr 1959. Der ordentliche Haushaltsplan schließt mit 1 250 897 DM in Einnahmen und Ausgaben, der außerordentliche Haushaltsplan mit 214 361 DM auf beiden Seiten ausgeglichen ab.

„Unser Etat ist wieder eine Spätgeburt", sagte Stadtvertreter Martin Schumacher, nachdem Stadtrentmeister Dick allgemeine Erläuterungen gegeben hatte. Schumacher räumte ein, dass die große Haushaltsprüfung viel Zeit in Anspruch genommen habe. Er hofft, dass der kommende Plan vorschriftsmäßig im März vorgelegt würde.
Als einziger Sprecher kommentierte Schumacher anschließend verschiedene Positionen des Etats, da „es gut sei, mit einiger Skepsis an die Sache heranzugehen". Dass der Posten „Höhere Schulen" in den Ausgaben von 2530 DM auf 9814 DM gestiegen sei, läge an den neuen Schulgesetzen und dürfte nicht weiter erschrecken. Dass der Ansatz von 2400 DM für die Berufsschule wegfalle (der Kreis übernahm die Trägerschaft), höre sich ganz nett an, dafür habe sich aber die Kreisumlage erhöht.

Mehr fürs Museum

Beim Einzelplan Kultur monierte Schumacher den knappen Raum, der dem Museum zur Verfügung steht, und die bestehenden Besuchszeiten. Der Rückgang der Einnahmen von 800 auf 700 DM sei hierauf zurückzuführen. Das Heimatmuseum sei gut bestückt. Es sei bedauerlich, dass das in den wenigen Räumen nicht zur Geltung gebracht werden könne. Schumacher schlug vor, ein noch freies Zimmer in das Museum mit einzubeziehen. Es sei nicht richtig, dass verschiedene Ausstellungsstücke im Archiv der Stadt aufbewahrt würden.

Erfreulich sei, dass der Plan 2000 DM für Instandsetzungen alter Giebel in der Stadt vorsähe. Die Stadt müsse bereit sein, für die Erhaltung ihres mittelalterlichen Charakters finanzielle Opfer zu bringen. Dabei wies Schumacher auf das Beispiel des Freiluftmuseums in Kommern hin.

Der Sprecher begrüßte es, dass bald ein Bauingenieur ins Rathaus einziehe, bedauerte aber, dass für die Instandsetzung der Straßen, Wege und Brücken nur 6700 DM veranschlagt wurden. Der Straße in der Otterbach sei so schlecht, dass sich die Anwohner als „Stiefbürger" vorkämen. Mit dem Ausbau könne höchstens noch bis zur Fertigstellung des neuen Internats im Schafstall gewartet werden, dann müsse aber etwas geschehen.

Dem Vorwurf Schumachers, dass der Ansatz von 4000 DM für die Straßenbeleuchtung zu niedrig sei, hielt Stadtdirektor Derkum entgegen, dass noch ein Haushaltsrest von 58 in Höhe von 5600 DM verfügbar ist.

Privilegien abschalten

Schumacher kritisierte, dass der Ansatz der Einnahmen aus der Müllabfuhr um 1000 DM niedriger liegt als im Vorjahr. Ähnlich wie beim Wasserwerk möge man auch bei der Müllabfuhr verschiedene Privilegien abschaffen. Der alte Müllwagen müsse abgestoßen werden. Dass der Erlös aus den Holzverkäufen um 30 000 DM gesunken sei, müsse als normal bezeichnet werden.

Zum Schluss seiner Ausführungen bat Ratsherr Schumacher, in der Darlehnspolitik nun auf der Stelle zu treten. Der Schuldendienst sei im neuen Haushaltsplan nur dadurch aufgefangen worden, dass andere Positionen mit zu geringen Summen veranschlagt worden seien.
Erfreulich sei die „gute Nachricht von der Burg", die besage, dass die Gaststätten mehr abwerfen als zuerst vorgesehen. (Der Nachtragshaushaltsplan sieht für die Burggaststätten Mehreinnahmen in Höhe von 4250 DM vor.)

Der Schuldendienst

Die Gesamtschuld der Stadt betrug am 1. April 1959: 1 071 210 DM (je Kopf der Bevölkerung also 255 DM). Der jährliche Schuldendienst beläuft sich auf 117 759 DM (je Einwohner 28 DM). Stadtdirektor Derkum sagte dazu, dass es wichtig sei, zwischen rentablen und unrentablen Darlehen zu unterscheiden. Die Darlehen für das Wasserwerk hätten sich als nutzbringend erwiesen.
Die gesamte Darlehnsschuld Münstereifels, sagte Derkum, liege seiner Meinung nach noch unter der Verschuldung anderer Städte. Das Jahr 1958 habe gezeigt, dass richtig gearbeitet worden sei. Es schließe mit einem Überschuss von 19 000 DM ab. Für 1959 seien einige größere Maßnahmen vorgesehen, die mit Mitteln des Haushaltsplanes finanziert werden könnten.

24. Juli 1959

Feuerwehr schnitt gut ab
Ratsherren zeigten sich beschlussfreudig

Münstereifel – Überraschend schnell haben die Ratsherren die einzelnen Beratungspunkte durchgesprochen. Sie waren beschlussfreudig und stimmten dem Neubau des Feuerwehrgerätehauses am Klosterplatz zu, waren einverstanden, dass in der Nähe der Badeanstalt ein Zeltplatz angelegt wird und genehmigten drei Anträge der Schulpflegschaft.

Ausflügler kritisierten in Zuschriften an die Verwaltung, dass das Zelten in der Nähe der Badeanstalt verboten sei. Während Stadtdirektor Derkum in der Einrichtung eines Zeltplatzes keinen Vorteil für die Stadt sieht, sind die meisten Stadtverordneten gegenteiliger Ansicht. Vertreter Claus wies auf den Hochbetrieb auf anderen Zeltplätzen hin. Die Stadt könne, wenn sie einen Campingplatz anlege, nur Geld verdienen.
Vertreter Pauli stellte den Antrag, den Beschluss zu vertagen, da die Reisesaison bald zu Ende sei. Stadtverordneter Schneider sagte, der Bademeister habe in der Saison nicht die Zeit, auch noch den Zeltplatz zu überwachen. Er schlug vor, einem Privatmann die Aufsicht anzuvertrauen. „Dann hat die Stadt keine Übersicht mehr", meinte Ratsherr Schumacher. Der Bademeister sei bereit, die Platzaufsicht zu übernehmen.
Gegen zwei Nein-Stimmen beschloss der Stadtrat, den Zeltplatz anzulegen. Toiletten und Waschräume sollen gebaut werden.
Bürgermeister Frings sagte, die Stadt wolle keinen Campingplatz, sondern nur einen einfachen Zeltplatz anlegen. Die Kosten von etwa 1500 DM können durch Einnahmen gedeckt werden.
Auf Wunsch der Schulpflegschaft wird das hinter der Marienschule brachliegende Gelände in eine Spielwiese umgewandelt, die auch als Sportplatz benutzt werden kann, so dass den Schulkindern der lange Weg zur Anlage an der Kölner Straße erspart bleibt. Eine Firma ist bereit, die Arbeiten für 600 bis 1000 DM auszuführen.

„Das Gerätehaus „geistert" schon lange durch die Sitzungen der letzten Jahre", sagte Stadtverordneter Zeyen und bat darum, ohne Zögern mit dem Bau des beschlossenen Gerätehauses zu beginnen. Ohne Diskussion wurde beschlossen, das Gerätehaus am Klosterplatz zwischen dem alten Rathaus und der evangelischen Schule zu errichten. Es wird mit Wohnung und Heizung 104 360 DM kosten. Ein Fahrzeug für 21 000 DM, eine Motorspritze für 2900 DM, eine Feuerwehrleiter für 4000 DM und weitere Ausrüstungsgegenstände für den Wagen für 2500 DM sollen angeschafft werden.

21. Mai 1960

Wer die Musik bestellt, der muss sie auch bezahlen

FDP: Steuersenkung prüfen – CDU: Steuer senken – Der Rat: Steuersätze bleiben

Münstereifel – Wer glaubt, Finanzpolitik sei eine trockene Sache, sah sich durch einen ausgezeichneten Vortrag von Oberregierungsrat Birkenheuer von der Kommunal-Aufsicht angenehm überrascht. Er sprach über das Verhältnis zwischen Gemeindesteuern und bewilligten Zuschüssen. Der Rat musste über zwei Anträge der FDP und der CDU beraten, die Gewerbesteuer zu senken. Mit elf gegen vier Stimmen lehnte das Plenum jedoch eine Senkung ab.

Zu Eingang der Sitzung bat Bürgermeister Frings um eine sachliche und ruhige Debatte, ein Wunsch, der im großen und ganzen auch erfüllt wurde. Sowohl die FDP als auch die CDU hatten Anträge auf Steuersenkung eingebracht, die sich in ihrer Formulierung allerdings unterschieden.

- Der FDP-Antrag vom 10. April wies auf die günstige Entwicklung der städtischen Finanzen hin und bat zu prüfen, ob eine Senkung der Steuern möglich sei. Dazu Ratsmitglied Lethert: „Der Antrag wurde zwar als „pflaumenweich" bezeichnet, er war jedoch vielmehr verantwortungsbewusst."

- Der CDU-Antrag vom 3. Mai war direkter und konkreter: Senkung der Gewerbesteuer von 275 Prozent auf 220 Prozent wie vor 1956. Dazu Ratsmitglied Eicks: „Da ein höheres Aufkommen zu erwarten ist, glaubt die CDU, dass eine Senkung möglich ist."

„Ehrempfinden noch gültig"

In einem Vortrag, der auch dann noch brillant war, wenn volkstümliche und hausbackene Beispiele angeführt wurden, nahm Oberregierungsrat Birkenheuer Stellung. Grundsätzlich seien Zuschüsse des Staates nicht von den sogenannten Höchstsätzen der Gemeindesteuern abhängig. Das hänge von der wirtschaftlichen Lage der Bevölkerung der jeweiligen Gemeinden ab.
Könne eine Gemeinde ohne eigene Schuld dringende Aufgaben nicht erfüllen, trete der Staat mit seinen Hilfsmaßnahmen immer ein. Wolle ein Rat jedoch eine schöne Anlage schaffen, so müsse er auch bereit sein, das möglichste zu tun, um sie aus eigener Kraft zu finanzieren. „Wer Musik bestellt, muss sie auch bezahlen."
Birkenheuer erinnerte an die Pflicht, Rücklagen zu bilden und meinte, Staatszuschüsse könnten vom moralischen Standpunkt aus von einer Gemeinde nur dann erfragt werden, wenn sie selbst ihr Bestes geleistet habe. „Das Ehrempfinden ist doch noch da, dass ich nicht zu Dritten gehe, ohne selbst das Äußerste getan zu haben."

Dipl. Volkswirt Müller von der Industrie- und Handelskammer erinnerte an verschiedene Stellungnahmen der Ministerien. Sie sagen aus, dass auch dann Zuschüsse gewährt werden können, wenn Höchstsätze in der Kommune nicht erhoben werden. Nur zur Aufnahme in den Ausgleichsstock sei dies Bedingung. Er erinnerte daran, dass der Haushaltsplan 1956/57 von Münstereifel hätte ausgeglichen werden können, wenn die Gebührenhaushalte (z.B. Wasser) richtig gestaltet worden wären. Viele Städte hätten die Gewerbesteuersätze bereits gesenkt. (1956 war für die Kurstadt eine Zwangsetatisierung angeordnet worden.)

Aufgaben über Aufgaben

Stadtdirektor Derkum verglich zunächst Münstereifel mit strukturell ähnlich gelagerten Orten. Sie alle erheben Höchstsätze von 275 Prozent: Zülpich, Lechenich, Euskirchen, Schleiden, Heimbach, Gemünd, Blankenheim. Neben dem Straßenbau (850 000 DM) müsse die Stadt an die Kanalisation, die Kläranlage und weitere Aufgaben denken. In der Sitzung des Kur- und Verkehrsvereins habe man hören können, was von der Stadt noch erwartet würde. Auch eine kleine Senkung der Gewerbesteuer sei daher nicht zu verantworten. „Wir müssen aus Münstereifel ein Kneippheilbad machen", sagte er.

Wer greift in die Kasse?

Vertreter Eicks meinte, man solle sich auch einmal nach der Decke strecken. An Derkum gerichtet sagte Eicks, er könne verstehen, dass der Stadtdirektor gern aus vollen Kassen schöpfe. Dazu Ratsmitglied Lethert: „Damit haben Sie den Rat blamiert, er greift nämlich in die Kasse und nicht der Stadtdirektor."

- Pauli stellte den Antrag, die Gewerbesteuer auf 250 Prozent zu senken und bot somit eine Kompromiss-Lösung an.

Vertreter Schneider sagte, auch diese Lösung sei nicht zu vertreten. Der Haushalt 1959 sei nur auf Kosten vieler dringender Aufgaben ausgeglichen worden. „Wir müssen jetzt versuchen, mit größeren finanziellen Mitteln die Stadt in den erforderlichen äußeren Zustand zu bringen", sagte er. Dann ginge es auch allen Bürgern besser.
Die Vertreter Claus und Zeyen wiesen genauso auf die großen Aufgaben hin, die zu erfüllen bleiben; „für rund 2 000 000 DM", sagte Zeyen. „Nach den Wahlen wird der neue Stadtrat bestimmt wieder die Steuersätze erhöhen müssen". Es sei populär, vor den Wahlen von Senkungen zu sprechen, sagte er, unterstellte jedoch keinem der beiden Antragsteller Propaganda-Absichten.

- Ratsherr Martin Schumacher, der sich als bisher Unabhängiger der FDP-Fraktion anschloss, hatte den Verlust durch eine Senkung der Grundsteuer A um 10 Prozent, der Grundsteuer B um 25 Prozent, und der Gewerbesteuer um 25 Prozent errechnet: 28 900 DM würden die Gemeindekasse weniger zufließen. Kernfrage: Sollte die Stadt wegen dieser geringen Summe Beihilfen des Staates aufs Spiel setzen?

Um diese Frage ging es schließlich. Eine präzise Antwort konnten auch die Vertreter der Regierung nicht geben.
Im Namen der FDP beantragte Martin Schumacher schließlich den Schluss der Debatte und formulierte folgenden Antrag, über den der Rat anschließend namentlich abstimmte: Die FDP hält den Zeitpunkt für eine Senkung nicht gegeben, diese soll zurückgestellt werden bis die Grundlagen zu einer kommunalen Finanzreform gegeben sind.

Für den Antrag und damit gegen die Steuersenkung stimmten ab: die Vertreter Klaus, Lethert, Nücken, Reetz, Schneider, Schumacher, F. Zingel und Bürgermeister Frings. Gegen den Antrag waren die Ratsmitglieder Brück, Eicks, Ohlert und Pauli (11:4).

27. Oktober 1960

Wasserbau erbrachte neues Gelände für den Wohnbau
Dringlichkeitsbeschluss von großer Mehrheit des
Stadtrates gutgeheißen

Münstereifel – Nach der Wasserkatastrophe am 3. September wurde die Erftquelle gesperrt. Neues Wasser musste schnell von dem Hauptstrang der Kuchenheim-Ollheimer Leitung oberirdisch ins Stadtnetz geleitet werden. Die Grundstückseigentümer wurden um die Genehmigung gebeten, die Rohre über ihren Besitz zu verlegen. Alle stimmten zu, einer machte eine Bedingung: Sein Land im Leitplan als Baugelände auszuweisen. Ein Dringlichkeitsbeschluss der Stadt befürwortete diesen Wunsch. Der Rat bestätigte den damaligen Entscheid in seiner jüngsten Sitzung mit 13:2 Stimmen.

Bürgermeister Frings las den Ratsmitgliedern noch einmal den Brief vor, nach dem die Eheleute Sch. als Grundbesitzer sich bereit erklärten, der Stadt die gewünschte Genehmigung zu erteilen – nämlich Rohre über ihr Grundstück zu legen -, wenn Münstereifel sich auch mit dem Pächter einigen könnte. Damit verbunden stellten die Eigentümer den Antrag, das im Leitplan als Industriegelände ausgewiesene Gebiet auch für den Bau von Wohnhäusern und zu Siedlungszwecken freizugeben.

Zu Verhandlungen über die Bedingung des Grundstückseigentümers kam es damals nicht. „Es musste schnell gehandelt werden", erläuterte Bürgermeister Frings einen Dringlichkeitsbeschluss, mit dem ohne weiteres der Antrag des Grundstückseigentümers erfüllt wurde.

„Wer hat den Dringlichkeitsbeschluss gefasst?" fragte Vertreter Peter Schumacher.

Dazu Frings: „Der Ratsvorsitzende mit dem Ratsherrn Schneider."

Vertreter Schneider wehrte sich gegen den Vorwurf, damals „unter Einfluss gehandelt" zu haben; wohl habe ein gewisser Zeitdruck bestanden.

Nach einem Entschließungsentwurf wollte Peter Schumacher festgestellt wissen: „Es ist für mich eine Selbstverständlichkeit, dass die Wasserversorgung einer ganzen Gemeinde so lebenswichtig ist, dass sie nicht von den privaten Interessen eines einzelnen abhängig gemacht werden kann." Ratsmitglied Klaus Schumacher schloss sich dieser Ansicht an und meinte, er hätte der Umwandlung des Geländes in Bauland leichter zugestimmt, wenn dieser Antrag nicht im Zusammenhang mit der Wasserkatastrophe gestellt worden wäre.

Namentliche Abstimmung

Warum die Notleitung dann nicht, wie ursprünglich vorgesehen, entlang der Eisenbahnschienen verlegt worden sei, wollte Vertreter Pauli wissen. Die Fachleute seien anderer Meinung gewesen, antwortete Stadtdirektor Derkum. Man habe befürchtet, mit dem vorhandenen Druck nicht die Hochbehälter zu erreichen, verteidigte Frings die Bauleitung.

Peter Schumacher bat um eine namentliche Abstimmung.

Ratsmitglied Zeyen, Vorsitzender des Wasserausschusses, gab zu, beim Lesen des Briefes „einen komischen Geschmack im Mund" gehabt zu haben. Vielleicht hätten auch andere in einer solchen Lage so gehandelt, wie der Grundstückseigentümer. Er habe sich zum Dringlichkeitsbeschluss bekannt, weil dieser unbedingt notwendig war. Viele hätten damals schon gesagt: „Koste es was es wolle, Wasser muss her." Außerdem sei es durchaus möglich, dass auf Antrag dieses Land sowieso als Bauland ausgewiesen worden wäre.

Von den 15 anwesenden Stadtvertretern stimmten für die Genehmigung des Dringlichkeitsbeschlusses die Ratsmitglieder Brück, Eicks, Falkenberg, Nücken, Ohlert, Pauli, Schneider, Schumacher Franz. Schumacher Martin, Dr. Temming, Zeyen, Zingel und Frings; dagegen war die Ratsmitglieder Klaus und Peter Schumacher.

Alles fließt und zerfließt ohne Plan

Wieder entzündete sich im Stadtrat eine heftige Debatte um Leitplan und Durchführungspläne. Wieder einmal gaben Bauanträge den Zündstoff dazu. „Wir müssen warten, bis die Durchführungspläne da sind," warnte Vertreter Schneider. Ein Antrag wurde zurückgestellt, drei weitere wurden genehmigt.

Zunächst ging es um eine „Bebauungs-Genehmigung" im Nöthener Berg. Der Bauausschuss schlug vor, „ja" zu sagen, falls ein Aufschließungsvertrag vorläge. „Er liegt vor", sagte Stadtdirektor Derkum, „Wieder geht es um Ausnahmegenehmigungen, obwohl noch keine Durchführungsplan vorliegt", begann Vertreter Klaus die Diskussion. Der Plan sei doch beschlossen, warum er noch nicht vorläge, wolle er wissen.

Liegt schon vor

Ratsmitglied Zingel wies auf einen Durchführungsplan hin, der schon beim Bauamt der Stadt sei. Warum dieser denn noch dem Rat zur Genehmigung vorgelegt würde, fragte er. Der Bauherr wolle in diesem Fall doch die Aufschließung selbst bezahlen, also solle man ihm das Bauen nicht länger verwehren. Stadtdirektor Derkum warnte vor Ausnahmegenehmigungen und nachträglichen Folgen für den Stadtsäckel bei der Aufschließung.

Hinterher gebe es wieder Kalamitäten mit den Bauherren, sagte Klaus. Baufluchtlinien könnten nicht eingehalten werden, wenn keine festgelegt seien. „Es ist befremdend, dass wir in Münstereifel immer so weitermachen. Ich möchte hier nicht der Stadtplaner sein. Immer werden wieder persönliche Wünsche berücksichtigt", sagte er weiter. Endlich müsse eine klare Linie geschaffen werden.

Keine Durchführungspläne, keine Genehmigungen, unterstrich Ratsherr Schneider. „Warten wir auf den Durchführungsplan." Der Plan, der vorläge, sei nicht zu gebrauchen, sagte Schneider weiter, weil nur große Siedlungen eingeplant seien und er sich nicht an die wirklichen Gegebenheiten halte.

Dazu Obersekretär Schleiermacher vom Bauamt: „Die Umgehungsstraßen liegen noch nicht fest." Bis zum ersten November solle ein Termin mit dem Landesstraßenbauamt stattfinden, berichtete Stadtdirektor Derkum. Auch die Verhandlungen wegen der Vorschläge des Kur- und Verkehrsvereins seien noch in Fluss, versicherte er.

Er habe mehr den Eindruck, dass alles „fließe und zerfließe", zweifelte Vertreter Martin Schumacher. Er bat darum, sich mit dem Projekt „Umgehungsstraße" doch etwas zu beeilen.

Nach dieser allgemeinen Diskussion über die Durchführungspläne und alle Dinge, die damit zusammenspielen, stellte der Rat den Antrag des Bauherrn auf dem Nöthener Berg zurück. „Bis die Pläne fertig sind."

Der zweite Bauantrag befasst sich mit einem Grundstück in der Nähe der Roderter Kapelle. Ohne Diskussion wurde er

genehmigt, genau wie ein Bau in der Eicherscheider Trift.
Beim dritten Antrag kam das Thema „Flaches Feld" wieder auf.
Ein Handwerker möchte im Flachen Feld eine Schreinerwerkstatt bauen. In seinen Erläuterungen zur Tagesordnung hatte der Stadtdirektor darauf aufmerksam gemacht, dass dieses Gelände schwer aufzuschließen sei und eine teure Sickergrube gebaut werden müsste. Vertreter Klaus sprach von „Beeinflussung", man mache dem Bauherrn eine Auflage und vermute gleich, dass er diese aus finanziellen Gründen nicht erfüllen könnte. Andere Vertreter machten auf die Gefahr aufmerksam, dass durch eine Sickergrube die neue Wasserleitung gefährdet werden könnte.
Obwohl das fragliche Grundstück nicht im Baugelände liegt, beschloss der Rat die Baugenehmigung zu erteilen, allerdings nur dann, „wenn Fachleute feststellen, dass für die Wasserleitung keine Gefahr besteht".

07. Februar 1961

Nicht vor der Wahl erhöhen
Nach Bonner Muster: Heiße Eisen ruhen lassen

Münstereifel – „Wenn wir nicht vor der Wahl stünden, müssten wir jetzt schon davon sprechen", sagte mit seltener Offenheit Ratsherr Pauli, als Stadtdirektor Derkum ankündigte, das Wassergeld müsste erhöht werden. Der Stadtrat konnte noch mehr erfahren: Die Ämter Münstereifel-Stadt und -Land wollen zusammen mit dem Amt Zingsheim ein „Gutachten" für das Nöthener Gebiet ausarbeiten lassen.

Das Gewissen der Ratsherren schlägt besonders laut, wenn es um die leidige Wasserfrage geht. Die Katastrophe des Septem-

bers liegt allen noch in den Knochen. „Wie steht es eigentlich mit dem Gutachten und den sonstigen Maßnahmen?", wollte Ratsherr Martin Schumacher vom Stadtdirektor wissen und meinte, der Rat würde nur mangelhaft unterrichtet. „Was sollen wir den Bürgern sagen, wenn wir immer wieder wegen des Wassers angesprochen werden", sagte auch Vertreter Eicks.
Die Wasserfrage wurde durch Ratsherr Zeyen aufgegriffen: „Wie kam es zum schmutzigen Wasser am Mittwochmorgen?" Eine Antwort darauf konnte keiner geben.
Die Stadt könne das Kuchenheim-Ollheimer Wasser auf die Dauer nicht bezahlen, mahnte Vertreter Zingel zur Eile, eine endgültige Lösung zu finden.
Stadtdirektor Derkum teilte mit: Die Geologen seien sich einig gewesen, im „Münstereifeler Busch" keine Quelle anzubohren. Bei dem Schieferboden würde man höchstens 160 Kubikmeter täglich auffangen.
Im Raum Holzmülheim-Buir wollten die Geologen abwarten, bis die Koli-Bakterien-Funde im Bohrloch des Wasserwerks Mutscheid geklärt seien (s. auch Kölner Stadt-Anzeiger vom 31.01. und 2.2.). Zur Zeit würde ein genaues Gutachten für einen endgültigen Anschluss an den Wasserverband Kuchenheim-Ollheim ausgearbeitet, fügte Bürgermeister Frings hinzu.

- Wie ist es mit Nöthen-Pesch? fragte Ratsherr Eicks. Vertreter der Wasserwirtschaftsämter Bonn und Aachen sowie Amtsdirektor Völsgen (Zingsheim) seien bei ihm gewesen, erklärte der Stadtdirektor. Zur Zeit könne das Amts Zingsheim nur 300 bis 400 Kubikmeter liefern.
- Zusammen mit den Ämtern Münstereifel-Land und Zingsheim würde die Stadt ein Gutachten ausarbeiten lassen, das sich mit neuen Quellfassungen beschäftigen soll.

„Womit werden denn alle diese Mehrausgaben gedeckt?" ging Ratsherr Pauli auf den wundesten Punkt der Wassergeschichte ein. Das Wassergeld werde eben erhöht werden müssen, folgerte logisch der Stadtdirektor.

04. Februar 1961

Warum wird jetzt der Kanal gebaut?
Der Stadtdirektor löste Erregung im Stadtrat aus

Münstereifel – Einem unerwarteten „Intermezzo" wohnten die Zuhörer der letzten Stadtratssitzung bei, als Stadtdirektor Derkum den Antrag stellte, die Arbeiten an der Kanalisation im Hubertusweg in öffentlicher Sitzung zu vergeben. „Verwaltungs- und Ratsmitglieder sind kein Freiwild", sagte er zu Gerüchten, dass der Kanal nur deswegen gebaut würde, weil Bürgermeister Frings dort baue.

Derkum erinnerte daran, dass der Kanalisationsstrang vom Hubertusweg schon seit Jahren geplant sei. Dass er noch nicht gebaut wurde, habe nur daran gelegen, dass die „technische Seite" nicht vollkommen geplant war. Die Anlieger seien sich auch nicht einig gewesen, wie sie sich finanziell beteiligen wollten. „Bürgermeister Frings bezahlte seinen Anliegerbeitrag schon 1958", sagte Derkum. Die Behauptungen, der Kanal würde nur deswegen gebaut, weil Frings jetzt baue, seien aus der Luft gegriffen. (Die meisten Leute monieren allerdings die Tatsache, dass das Haus des Bürgermeisters nicht in einer Flucht mit den anderen Neubauten stehen wird. d.V.)

Ich war Turner...

Ratsmitglied Klaus erinnerte sich an seine Jugendjahre, als er sagte: „Ich war früher einmal Turner, und an die Geräte

wurde immer ein Mann gestellt, der Hilfestellung leistete."
So ähnlich sähe es im Fall „Kanal Hubertusweg" auch aus. Schon vor zwei Jahren seien die Darlehen für den Kanalbau am Flachen Feld, am Alten Gericht und auf dem Hubertusweg vom Rat bewilligt worden. Bisher sei jedoch nicht gebaut worden. Das alles wüsste auch die Bevölkerung. Sie wisse auch, dass ein städtisches Grundstück auf dem Flachen Feld, das als Baugebiet ausgewiesen war, an ein Ratsmitglied als Bauplatz verkauft wurde. Der Beschluss sei zu einer Zeit gefasst worden, da viele Ratsherren in Urlaub waren.
Vertreter Eicks wehrte sich heftig gegen diesen versteckten Vorwurf. Das fragliche Gelände läge im Überschwemmungsgebiet und sei außerdem als Industriegelände eingeplant gewesen.
Da die ganze Debatte recht laut wurde, baten mehrere Ratsmitglieder zur Geschäftsordnung zurückzukehren. Der Rat beschloss, die Kanalarbeiten am Hubertusweg nicht öffentlich zu vergeben.

04. Februar 1961

<u>Plan festgelegt – Ausnahme genehmigt</u>

Stadtrat ruft nach dem Durchführungsplan – Fremdenheime, die keine sind

Münstereifel – Kaum hatte der Stadtrat die von ihm beschlossene Leitplanänderung „förmlich festgestellt", da kam es auch schon wieder zu einer erregten Debatte über beantragte „Bauausnahmegenehmigungen". „Wo bleiben eigentlich die Durchführungspläne", fragte etwas ungehalten Ratsmitglied Schneider. Die Verwaltung wurde beauftragt, „unverzüglich" die Städteplaner zu mahnen. „Wir wollen einen Termin haben", bekräftigte Ratsherr Eicks.

Am 5. Mai 1959 hatte der Rat beschlossen, den Leitplan der Stadt zu ändern. Ende 1960 wurde die Änderung vom Regierungspräsidenten genehmigt. Dieser erinnerte an die Auflagen: Die Kanalisation für die neuen Baugebiete müsste in einem Nachtragsentwurf dem Wasserwirtschaftsamt vorgelegt und für Eicherscheid und Rodert Kläranlagen vorgesehen werden. Die Regierung empfahl, die Verkehrsverhältnisse durch Parktaschen und andere Maßnahmen zu bessern, das in Eicherscheid vorgesehene Staubecken im Plan einzuzeichnen und der Trasse der Ortsumgehung der B 51 vorläufig nur nachrichtlichen Charakter beizumessen. Der Leitplan wurde vom Rat in der neuen Form einstimmig „förmlich" festgestellt.

Es gibt doch Härten

Der Leitplan war also wieder „gesichert". Eine Bausperre und manch anderer Beschluss sollten schon früher dafür sorgen, dass die „wilde Bauerei" außerhalb der bewohnten Gebiete aufhöre. „Es sei jedoch problematisch, überhaupt keine Ausnahmegenehmigung mehr zu erteilen", meinte der Vorsitzende des Bauausschusses, Lethert. Es gebe Härtefälle, besonders dann, wenn das neue Haus zwischen bereits bestehenden Häusergruppen gebaut werden solle. Er dachte dabei an den Antrag eines Mannes für den Bau eines Wohnhauses am Schönauer Berg in Eicherscheid. Der Bauausschuss habe dann auch die „Ausnahmegenehmigung" befürwortet, sagte Lethert.
Stadtdirektor Derkum bat den Rat eindringlich, nicht erneut einen Präzedenzfall zu schaffen und den Antrag abzulehnen. „Wo jetzt der Leitplan da ist, müssen wir uns streng an die gefassten Beschlüsse halten", erinnerte er. Der Rat würde sich alles verbauen, wenn er wieder mit Ausnahmegenehmigungen anfinge. Er erinnerte an die „enormen" Kosten,

die auf die Stadt zukommen. Die Auflagen des Regierungspräsidenten zum Leitplan könnte die Stadt so schon nicht verkraften. „Und was bringen diese Häuser schon der Stadt ein", fragte der Stadtdirektor. „Nichts". Die Aufschließung der vorgesehenen Baugebiete würden einige „Milliönchen" kosten. Außerdem würde durch die vielen Bauten im freien Gelände Münstereifel für den Kurgast uninteressant.

Wie den anderen erklären?

Dieses Haus in Eicherscheid liege aber zwischen zwei bestehenden Häusergruppen, lenkte Bürgermeister Frings ein.
Wie wolle man einen solchen Fall aber anderen Antragstellern erklären, erwiderte Derkum.
Vertreter Klaus holte weiter aus: „Wir hätten eben früher schon Durchführungspläne beschließen müssen."
Auch Vertreter Zingel drängte: „Viele Bauanträge warten seit einem Jahr auf eine Antwort."
Erich Eicks bat die Verwaltung, sofort die Städteplaner anzurufen und von ihnen Termine zu verlangen.
Während der Rat den Ausnahmegenehmigungs-Antrag des ersten Hauses auf dem Schönauer Berg genehmigte, sagte er zum zweiten Haus, das etwas weiter abliegend gebaut werden sollte, einstimmig nein. Grundstücke, die durch die Leitplanänderung jetzt innerhalb des Baugebietes liegen, wurden für die Bebauung frei gegeben. Allerdings müssten die Durchführungspläne abgewartet werden.

Fremdenheim oder nicht?

„Da sind wir getäuscht worden", gab Ratsmitglied Lethert zu, als die Ausnahmegenehmigung für ein Haus am Hennesweg besprochen wurde. Der Bauherr hatte in seinem ersten Antrag angegeben, er wolle ein „Fremdenheim" bauen. Da das Projekt sich mit den Belangen des Kneippheilbades gut vereinbaren ließ, wurde es zunächst genehmigt. Später stellte es sich heraus, dass nur einige Zimmer „für Hausgäste" mitgebaut werden sollten. Dennoch wurde der Antrag noch nicht abgelehnt; der Bauausschuss soll sich noch einmal mit diesem Thema beschäftigen.

07. Februar 1961

Ratsmitglied Lethert: Der Ton der Behörden...
OKD: Bis zur Reisesaison Halte- und Parkverbot

Münstereifel – Der Ton der Behörden würde immer rigoroser, stellte Ratsmitglied Lethert in der letzten Ratssitzung fest. Der Oberkreisdirektor hatte die Stadt gebeten, für die linke Seite der Orchheimer und der Werther Straße ein Halteverbot, für die rechte Seite ein Parkverbot zu erlassen. Ein Ausschuss der Stadt wird sich in Zukunft mit diesen Verkehrsproblemen befassen.

Das Schreiben des Oberkreisdirektors war durch eine Empfehlung des Verkehrsamtes in Zusammenarbeit mit der Polizei ausgelöst worden. Die Sache dränge, wurde der Stadt mitgeteilt, die Verstopfungen in den Hauptstraßen (Verlauf der B 51) würden immer unerträglicher. Bis zu Beginn der Reisesaison müsse sich die Stadt entschieden haben.

Einschränkung für Geschäfte

Stadtdirektor Derkum, der den Brief des Kreises vorgelesen hatte, sagte sofort, dass die gewünschten Verbote „ziemliche Einschränkungen für die Geschäfte bedeuten würden".

Mit den Jahren käme man nicht an einer harten Verfügung vorbei, meinte Ratsmitglied Pauli, man solle eine Kompromisslösung finden, um jetzt dem OKD entgegenzukommen. „Damit er nicht meint, wir wollten ihn schneiden", fügte er hinzu.

Lethert monierte, der OKD könne nicht so einfach in die Belange einer Stadt eingreifen. Der Ton der Behörden würde immer rigoroser. Vertreter Klaus vertrat die Ansicht, man könne auch werktags den Verkehr von Köln in Richtung Trier über die Langenhecke am Krankenhaus vorbeileiten. „Man hat die Kranken auch nicht um die Samstag/Sonntag-Regelung gefragt", hielt er denen entgegen, die eine Störung des Krankenhauses durch den Lärm verhindern wollten.

Der Vorschlag zu einer Kompromisslösung wurde von Ratsherr Eicks vorgebracht: Halte- und Parkverbot in den Hauptverkehrsstunden zwischen 17 und 19 Uhr. Ein „Verkehrsausschuss" wurde gebildet. Er soll das Problem mit Kreis und Polizei besprechen. Der Forderung des Ratsherrn Klaus, auch „Verkehrsteilnehmer" (gemeint waren Autofahrer!!) in den Ausschuss zu berufen, wurde Genüge getan. Bestimmt wurden die Vertreter Nücken, Eicks, Zingel und Klaus.

15. März 1961

Interview mit den Parteien kurz vor der Wahl

Im sozialen Wohnungsbau versagt?
Wohnungen am Uhlenbergweg – Gelände für Bauwillige am „Flachen Feld"

Münstereifel – Bis zur Wahl unserer Gemeindeparlamente sind es nur noch vier Tage. Dann hat sich der Wähler zu entscheiden. Der „Kölner Stadt-Anzeiger" hat in den vier Städten unseres Kreises, in Zülpich, Münstereifel, Lechenich und Euskirchen, den Sprechern der Parteien Fragen vorgelegt, die spezielle kommunalpolitische Probleme berühren. Zu diesen Interviews sind wir durch die Erfahrung veranlasst worden, dass in den Wahlversammlungen die Kommunalpolitik, um die es bei dieser Wahl vor allem geht, gegenüber der „großen" Politik oft zu kurz zu kommen pflegt, weil die auswärtigen Redner meist die Besonderheiten des Ortes nicht kennen. Gestern berichteten wir von den Vorhaben der Parteien in Zülpich; heute unser Interview aus Münstereifel:

1. Frage: In den letzten Jahren hat sich der Kurbetrieb stark entwickelt. Neue Kurheime sind entstanden. Wie kann nach Ihrer Meinung die Stadt dieser Entwicklung eine feste Grundlage geben?
Laurenz Frings (CDU): „Durch Straßen- und Spazierwegbau. Die Auslandswerbung muss verstärkt werden, eventuell durch Vorträge von Kneippärzten, welche die Kneippkur in anderen Ländern bekannt machen."
Erich Klaus (SPD): „Damit die nötige Ruhe hergestellt wird, muss endlich mit der Umgehungsstraße Ernst gemacht werden. Dabei sollte die Streitfrage, ob die Straße rechts oder

links an der Stadt vorbeiführen soll, zurückgestellt werden. Unter Kostenbeteiligung aller vom Kurbetrieb lebenden Gewerbetreibenden sollte die Stadt eine größere Breitenwerbung starten."

Ferdinand Lethert (FDP): „Die Werbung muss verstärkt werden. Es darf aber nicht bei einer „Anlockung" der Gäste bleiben. Die Stadt muss alles tun, dem Gast ein Verweilen bei uns angenehm zu machen. Dazu muss das äußere Bild der Stadt umgestellt werden und einer Kurstadt würdig gemacht werden. Die Mittel aus der Kurtaxe sollen streng für die im Gesetz vorgesehenen Zwecke verwandt werden".

Josef Zingel (Zentrum): „Mehr als bisher müssten aller kurstädtischen Fragen vor dem ganzen Rat behandelt werden. Das Verkehrsamt sollte in regemäßigen Abständen dem Rat die Belange und Wünsche des Kurbetriebes vortragen."

Peter Schumacher (UWG): „Die Stadt muss sofort die durch die Privatwirtschaft erstellten Millionenobjekte durch anständige Straßen zugänglich machen. Nicht nur mehr Grünanlagen müssen wir bauen, auch für eine bessere Unterhaltung der Gäste muss gesorgt werden. Die Stadt muss einen Ordnungsbeamten einstellen, der für die Sauberkeit und die Ordnung in unseren Straßen, Anlagen und besonders auch für die des Erftbettes zu sorgen hat."

2. Frage: Münstereifel ist Kurstadt geworden. Glauben Sie, dass trotzdem Industrie angesiedelt werden sollte? Wenn ja, was könnte die Stadt dazu beitragen, den einen oder anderen Betrieb nach hier zu holen?

CDU: „An der Peripherie der Stadt könnten wir eine rauch- und lärmlose Industrie ansiedeln, um den Pendlern zu helfen. Die Stadt steht dabei allen eventuellen Bewerbern beratend und helfend zur Verfügung. Eigene Grundstücke hat sie leider nicht anzubieten."

SPD: „Nach der Behördenbesprechung 1949 war vorgesehen, unterhalb des Siedlungsgeländes im „Flachen Feld"

Industriegrundstücke bis an die Iversheimer Gemeindegrenze auszuweisen. Es wäre möglich, ohne jede Beeinträchtigung des Kurbetriebes, dort das eine oder andere Werk anzusiedeln."

FDP: „Die Stadt hat genügend Gelände, um eine leichte Industrie nach hier zu holen. Sie wäre eine glückliche Ergänzung zum Kurbetrieb. Die Stadt sollte durch Tausch Land bereitstellen und mit führenden Stellen der Industrie in Verbindung treten."

Zentrum: „Die Stadt hat es bisher versäumt, eine rauchlose Industrie anzusiedeln. Die Möglichkeit, derartige Werke nach hier zu holen, besteht heute noch. Ein entsprechendes Gebiet ist ausgewiesen. Die Stadt sollte endlich in dieser Frage aktiv werden."

UWG: „Wir brauchen rauchlose Industrie, damit unsere Arbeiter nicht bis nach Köln fahren müssen, um Arbeit zu finden. Die Stadt sollte einem Betrieb sogar ein bis drei Jahre lang Steuerfreiheit gewähren, da sie selbst kein eigenes Land zur Verfügung stellen kann."

3. Frage: In den letzten Jahren wurden rund um den Stadtkern viele Häuser gebaut. Dabei kam der soziale Wohnungsbau zu kurz. Sollte die Stadt in dieser Richtung nicht selbst etwas unternehmen? Was könnte sie zum Beispiel gegen die überhöhten Grundstückspreise machen?

CDU: „Die Stadt hat bereits beschlossen, am Uhlenbergsweg acht Wohnungen zu bauen. Es ist geplant, das Gelände am „Flachen Feld" an Bauwillige abzugeben."

SPD: „Bei der angespannten Wohnungslage für arbeitnehmende Gruppen der Bevölkerung kann Münstereifel nur mit Sorge auf die künftigen Jahre schauen. Während in anderen Gemeinden ganze Wohnsiedlungen entstanden, geschah bei uns nichts. Das Gelände am „Flachen Feld" sollte so schnell wie möglich einer Wohnungsbaugesellschaft zur Verfügung gestellt werden."

FDP: „Da entsprechender Wohnungsraum nicht zur Verfügung steht, muss die Stadt für minderbemittelte Bürger sofort neue Wohnungen bauen. In dieser Hinsicht hat Münstereifel bisher vollkommen versagt. Die FDP hatte vor längerer Zeit schon dem Rat einen Finanzierungsplan für Neubauten vorgelegt. Als öffentliche Institution braucht die Stadt mit ihren Grundstückspreisen nicht unbedingt an die Höchstgrenze zu gehen."

Zentrum: „Den Grundfehler machte die Stadt, als sie es 1945/46 unterließ, eine „kleine Umlegung" zu beschließen. Ich habe damals persönlich vom Kauf des Grundstückes am „Flachen Feld" abgesehen unter der Bedingung, dass es dem sozialen Wohnungsbau zur Verfügung gestellt wird. Eine Aufschließungsbewilligung für dieses Gelände liegt bereits vor. Wenn es zu angemessenen Preisen angeboten wird, werden sich genug private Bauwillige bereitfinden, dort Häuser zu bauen."

UWG: „Auf den Höhenzügen rund um die Stadt kann der Normalbürger nicht bauen. Dort gehen die Preise ins Unermessliche. Nachdem das Grundstück am „Flachen Feld" wieder in städtischem Besitz ist, sollte die Stadt endlich eine aktive Wohnungsbaupolitik betreiben."

23. März 1961

Münstereifels neue Stadtvertretung

Münstereifel – Die neue Münstereifeler Stadtvertretung weist erstmalig keinen Vertreter des Zentrums auf. Sie ist – nach dem Willen des Wählers – wie folgt zusammengesetzt:

CDU: Aus der Direktwahl Josef Pauli, Erich Eicks, Karl Müller, Horst Büttgenbach, Stefan Schmitz; aus der Reserveliste Laurenz Frings, Josef Kesseler, Theo Heuel.

FDP: Aus der Direktwahl Karl Koll, Ferdinand Lethert, Martin Schumacher, Herbert Jonas; aus der Reserveliste Jakob Nücken, Hubert Reetz.
SPD: Aus der Reserveliste Erich Klaus, Karl Weber, Josef Eberius.
UWG: Aus der Reserveliste Peter Schumacher.

07. April 1961

Bürgermeister Heuel

Münstereifel – Im vollbesetzten Burgsaal wählte der neue Stadtrat Theo Heuel (CDU) mit 10 Stimmen gegen 8 für Ferdinand Lethert (FDP) zum Bürgermeister.

13. April 1961

Arbeitsvergaben will die Vertretung wieder in öffentlicher Sitzung beraten

Stadtrat begann seine Arbeit
Zuerst werden die Kanäle gelegt:
Otterbach, Windhecke und Kölner Straße

Münstereifel – In seiner ersten Arbeitssitzung vergab der neue Stadtrat die Arbeiten für den Ausbau der Kanäle in der Otterbach, auf der Windhecke und in der Kölner Straße. Nach Ausführung dieser Arbeiten wird die Otterbachstraße befestigt.

Der alte Rat hatte einmal einen Beschluss gefasst, wonach die Vergabe von Arbeiten in nichtöffentlicher Sitzung zu beraten waren. Ratsherr Peter Schumacher (UWG) beantragte, diesen Beschluss zu ändern. Vertreter Eicks (CDU) unterstützte den Vorschlag. Der Rat wird sich mit dem Thema grundsätzlich noch einmal befassen, beschloss jedoch, die in der Tagesordnung vorgesehenen Arbeitsvergaben diesmal schon öffentlich zu beraten.

Erst Kanal, dann Straßen

Der Stadtdirektor erläuterte, zunächst sei nur der Ausbau der Otterbach-, der Windheckenstraße und des Lingscheider Weges vorgesehen gewesen. Als die Arbeiten vorbereitet wurden, hätte es sich herausgestellt, dass in Otterbach und Windhecke neue Kanäle verlegt werden mussten. Zum Teil waren die Rohrdurchmesser viel zu klein. Das vorhandene Geld (350 000 DM) hätte nicht mehr ausgereicht, der Rat müsse über ein zusätzliches Darlehen von 50 000 DM beschließen.

In der Diskussion stellte es sich heraus, dass noch nicht alle Vorbereitungen für den Ausbau der Straßen abgeschlossen sind. Weder Windhecke noch Lingscheider Weg sind bisher vermessen worden. In der Otterbach fehlt noch die Zusage eines Grundstückeigentümers, einige zum Straßenbau erforderliche Quadratmeter an die Stadt abzutreten. „Ich gebe meine Zustimmung zu den Arbeiten nicht, bis die Grundstücksangelegenheiten klipp und klar geregelt sind", sagte dazu Ratsherr Nücken (FDP). „Keiner weiß, in welcher Breite der Lingscheider Weg der Stadt gehört", stimmte Erich Eicks diesem Einwurf bei.

Zunächst nur Unterbau

Peter Schumacher mahnte, die Kanalarbeiten an der Otterbach zu vergeben, bevor die Baufirma abzieht, die am Hubertusweg die Abwasserleitung verlegt. Die Leiter des städtischen Bauamtes, Ingenieur Gallert, gab einen Überblick über die Vorbereitungen. Er schlug vor, die Otterbachstraße noch nicht ganz fertig auszubauen, solange noch „in der Heide" das Internat gebaut wird und schwere Lastwagen die Straße benutzen. Zunächst solle man sich daher darauf beschränken, den Unterbau fertigzustellen und die Oberfläche später aufzutragen.

- Der Rat beschloss, mit dem Ausbau von Windhecke, Otterbach und Lingscheider Weg so lange zu warten, bis alle Grundstücksangelegenheiten erledigt sind. Sofort soll allerdings damit begonnen werden, in Otterbach und Windhecke den neuen Kanal zu verlegen.
- Die Arbeiten wurden an eine Brühler Firma vergeben. Gleichzeitig vergab der Rat auch schon die Arbeiten für den Ausbau der Otterbachstraße. Es wird erwartet, dass die Grundstücksangelegenheiten abgeschlossen sind, wenn der Kanal liegt. Die Gesamtkosten belaufen sich auf rund 215 000 DM.

Keller voll Wasser

Seit vielen Jahren schon beklagen sich die Anwohner der Kölner Straße darüber, dass bei starken Regenfällen ihre Keller voll Wasser laufen. Schuld daran ist ein Regenüberlauf im Kanal vor dem Werther Tor, der es nicht schafft, überstarke Wassermengen abzuleiten.
Der Rat stimmte dem Vorschlag der Verwaltung zu, einen neuen Regenüberlauf zu bauen. Durch eine Schwelle soll das anfallende Oberflächenwasser zu 80 Prozent unmittelbar in die Erft abgeführt werden. Die Anlage wird von einer Brühler Firma für 26 000 DM gebaut. Diese Lösung gilt als „vorläufig". Grundsätzlich soll der Kanal auch in der Kölner Straße später mit 60er Rohren neu verlegt werden.

21. April 1961

Bad „rutschte" auf fremdes Gelände
Stadt kann aufatmen: Fehler wieder ausgebügelt

Münstereifel – Die Stadtverwaltung kann aufatmen. Gäste und Bürger werden in der kommenden Saison ungehindert die Badeanstalt aufsuchen können. Nachdem es nach zähen Verhandlungen gelungen ist, einen Fehler auszubügeln, der beim Bau der Anlage begangen wurde und geradezu grotesk anmutet: Die Stadt ließ einen Teil des Bades auf einem Gelände bauen, das ihr nicht gehört. Es bestand die Gefahr, dass die Pforten dieser Anlage durch einstweilige Verfügung geschlossen wurden.

Die Geschichte der Badeanstalt ist recht amüsant. Als die Stadt im Jahr 1951 das Gelände im Goldenen Tal kaufte, um ein Schwimmbad mit Liegewiesen zu bauen, vergaß man, die Grundstücke im Grundbuch auf den neuen Eigentümer zu übertragen. Später wurde dann festgestellt, dass die ganze Anlage nicht dort gebaut worden war, wo man ursprünglich geplant hatte. Die Stadt hatte sich aus dem vorhandenen Gelände ein anderes Stück ausgesucht, als es vertraglich mit den Verkäufern einer Erbengemeinschaft vereinbart worden war. Die Stadt nahm Kontakt mit den Erben auf, zwei waren mit der „Verschiebung" einverstanden, den dritten vergaß sie anzuschreiben. Als sich vor einem Jahr die Erbengemeinschaft auflöste und eine Teilung vornahm, wollte es der Zufall, dass dem Dritten das Gelände im Goldenen Tal zuerkannt wurde. Erst jetzt erfuhr er von der „Verschiebung" der Badeanstalt. Da zudem noch die Eintragung im Grundbuch fehlte, ließ der Erbe das Gelände vermessen. Das Ergebnis war staunenswert. Die Stadt hatte das Schwimmbad nicht nur auf einem anderen Gelände gebaut als vorgesehen, sie hatte außerdem ein viel größeres Areal benutzt, als ihr durch den Kaufvertrag zustand.

- Nicht nur der gesamte Zeltplatz, auch mehr als die Hälfte des Verwaltungsgebäudes mit den Umkleidekabinen für die Damen sowie dem Verkaufsbüdchen standen auf dem Grundstück des einen Erben. Hinzu kamen noch ein Stück Weg, das die Stadt bereits ausgebaut hatte, und einige Quadratmeter Erftböschung.
- Da die Verhandlungen zum Teil sehr hart geführt wurden, soll der Rechtsvertreter des Erben sogar mit einer „einstweiligen Verfügung" gedroht haben: Zeltplatz, Zugang und Kassenraum des Schwimmbades wären dadurch gesperrt worden.

Viele Monate verhandelte die Stadt mit dem Erben, Ausschüsse tagten, Gelände wurde vermessen, Quadratmeterpreise geschätzt. Vor wenigen Wochen erst kam die Geschichte ins reine: Die Stadt musste sich bereit erklären, das von ihr zu viel beanspruchte Gelände (rund 9000 Quadratmeter) zu kaufen.

Der neue Badesaison dürfte die Stadt nunmehr mit Ruhe entgegensehen. Ihr Schwimmbad steht endlich auf eigenem Gelände.

Inzwischen begann Bademeister Schlierff damit, die Saison vorzubereiten. Die Einstiegsleitern zum Becken, bisher aus Holz, werde durch Metallstufen ersetzt, die Sprungbretter erneuert, der Beckenrand wird angestrichen. Die Rutschbahn, an dessen Unterkannte viele Kinder schon mit dem Kopf anstießen, wird in diesem Jahr nicht benutzt werden können. Die Gefahr ist zu groß. Die Krümmung der Bahn muss geändert werden.

Sorgen bereitet der Stadt das Füllen des Beckens. Da das Erftwasser nicht benutzt werden darf, werden die Badenden in

Leitungswasser schwimmen. Um das Becken aber füllen zu können, muss die Stadt dem Wasserlieferanten aus Kuchenheim-Olheim 1500 DM Wassergeld bezahlen. Das Nachfüllen des Beckens kostet außerdem noch 75 DM je Tag.
„Wir müssen nach ein anderen Lösung Ausschau halten", sagte dazu Bürgermeister Heuel. Das wird nicht leicht sein, obwohl die Erft unmittelbar neben dem Schwimmbad vorüberrauscht.

David Lanzerath:
Grundzüge des kommunalen Verwaltungsaufbaus in Nordrhein-Westfalen nach 1945

Eine kurze Abhandlung mit verwaltungsgeschichtlichem Bezug für einen Band zu verfassen, der sich vordergründig mit dem Leben und Wirken des Lokaljournalisten Armand Foxius auseinandersetzt, mag dem Leser auf den ersten Blick außergewöhnlich erscheinen. Dennoch haben lokale Pressearbeit und der Neuaufbau kommunaler bzw. demokratischer Strukturen in Deutschland nach Beendigung des Zweiten Weltkriegs durchaus viel gemein. Als politisches Informationsmedium spielten die Tages- und Wochenzeitungen sowie Zeitschriften eine große Rolle bei der Beschleunigung des Demokratisierungsprozesses innerhalb der Bevölkerung (MÜNKEL 2005, S. 50 f.). Die (neue) deutsche Presse, in der Regel von den Alliierten eingesetzt, agierte sozusagen als steter Wegbegleiter einer gesellschaftlichen, demokratischen Neustrukturierung in Deutschland, die nach 1945 in besonderem Maße die Organisation des kommunalen Verwaltungswesens betraf und federführend von den alliierten Siegermächten übernommen wurde.

Ein erster grundlegender Schritt bei der politischen Reorganisation der kommunalen Selbstverwaltung auf dem Gebiet des heutigen Nordrhein-Westfalens war dabei bereits vor Kriegsende getroffen worden. Auf der Konferenz von Jalta im Februar 1945 hatten sich die alliierten Staatschefs darauf verständigt, Deutschland in vier Besatzungszonen aufzuteilen und diese jeweils unter das Kommando einer Militärregierung zu stellen. Gemäß dieser Abmachung wurden Großbritannien die nordwestlichen deutschen Landesteile zugesprochen. Die Einrichtung der britischen Militärverwaltungsorgane erfolgte in den Monaten nach dem Ende der Kriegshandlungen.

Neben der Beseitigung der ersten Kriegsschäden besaß die Aufrechterhaltung eines Minimums an ziviler Ordnung zunächst höchste Priorität für die Alliierten (AREND 2010, S. 23). Aus diesem Grund dachte die britische Militärregierung den deutschen Kommunen die Einübung einer demokratischen Selbstverwaltung zu. Der Tenor lautete: wenn die Deutschen demokratische Methoden lernen sollten, dann war damit auf lokaler Ebene zu beginnen (BALFOUR 1959, S. 284). Die Gemeinden sollten als „Keimzellen der Demokratie" (SCHMIDT-JORTZIG 1982, S. 43) dienen. Dabei war jedoch die Frage zu klären, wie diese kommunale Selbstverwaltung im Einzelnen aussehen sollte.

Im Potsdamer Abkommen vom August 1945 hatten sich die Besatzungsmächte für eine Wiederherstellung der deutschen Selbstverwaltungsformen ausgesprochen, wie sie bereits vor der Machtergreifung der Nationalsozialisten bestanden hatten. Doch in Großbritannien entbrannte eine Diskussion darüber, ob eine Restauration der kommunalen Strukturen in Deutschland der richtige Schritt sei (AREND 2010, S. 45). Zum einen bemängelten die Briten den hohen Personalaufwand, den die Besatzungsmächte dafür aufwenden mussten, zum anderen widersprachen die vorherrschenden Zustände in ihrer Besatzungszone den britischen Vorstellungen, was eine verantwortungsbewusste Beteiligung des Bürgers am Kommunalwesen anbetraf (AREND 2010, S. 48).

Mit dem Erlass der sogenannten „Septemberdirektive" von 1945 brachten die Briten schließlich ein Reformprogramm für ihre Kontrollzone auf den Weg, das als „Norddeutsche Ratsverfassung" bekannt werden sollte (RUDZIO 1968, S. 49). In einer ersten Phase wurden auf lokaler Ebene „Ernannte Räte", in denen Vertreter der Bürgerschaft saßen, als einziges souveränes und zentrales Organ der Gemeindeverwaltung eingerichtet. Die Räte erhielten neben der Beratung das Recht, Beschlüsse fassen zu können, zu deren Durchführung es allerdings der Zustimmung der Militärregierung bedurfte. Gleichzeitig bedeutete dies, dass die bislang eingesetzten (Ober-)Bürgermeister, die in den Augen der britischen Führung eine zu große Machtfülle besaßen, in ihrem Recht beschnitten wurden, alleinig Entscheidungen treffen zu dürfen (AREND 2010, S. 48).

Die zweite wichtige Vorgabe des britischen Reformprogramms wurde mit Beginn des Jahres 1946 umgesetzt, als die noch aus der Rheinischen Städteordnung von 1856 herstammende Regelung der Personalunion von Ratsvorsitzenden und Verwaltungsleiter aufgehoben wurde. Stattdessen trennten die Briten die Aufgabenbereiche auf und installierten auf höchster kommunaler Verwaltungsebene eine Doppelspitze mit (Ober-)Bürgermeister und (Ober-)Stadtdirektor. Hinter diesem Konzept verbarg sich die von den Briten favorisierte Idee der strikten Auftrennung von „politisch-parlamentarischer Führung und einer unpolitisch-loyalen Verwaltung" (WEHLING 2006, S. 36). Dem (Ober-)Bürgermeister, der vom Rat zu wählen war, kam lediglich die Funktion des Ratsvorsitzenden und des Repräsentanten der Gemeinde zu. Die Verwaltungsgeschäfte nahm hingegen der ebenfalls vom Rat gewählte (Ober-)Stadtdirektor als Hauptverwaltungsbeamter und Rechtsvertreter der Kommune wahr. Hintergrund der „Zweigleisigkeit" war die Ansicht der Briten, dass eine personelle Einheit des (Ober-)Bürgermeisters und des (Ober-)Stadtdirektors eine „wesentliche Ursache für die Gleichschaltung von Rat und Verwaltung nach 1933" (AREND 2010, S. 62) gewesen sei.

Zu einem vorläufigen Abschluss des Aufbaus einer funktionsfähigen Verwaltung in Nachkriegsdeutschland gelangten die Briten 1946. Mit Wirkung vom 1. April setzten sie eine abgeänderte Fassung der 1935 aufgestellten Deutschen Gemeindeordnung (DGO) für die britische Kommandozone in Kraft (Vgl.: NIESERT 1947). In ihr übertrug die Militärregierung den Kommunen die Selbstverwaltung des Gemeindegebiets als Pflichtaufgabe. Darüber hinaus sollten alle autoritären Züge, die aus der Zeit des Nationalsozialismus herrührten und eine demokratische Ordnung beeinträchtigen konnten, durch die neue DGO beseitigt werden. Gleichzeitig wurde auch eine größere Beteiligung der Bürger an der Kommunalpolitik angeregt, um die Demokratie zu stärken. Dies setzte eine vermehrte Unterrichtung der Bürger über die Abläufe in Rat und Verwaltung voraus (KNEMEYER 1997, S. 89). Gemäß der DGO von 1946 hatten alle volljährigen Einwohner einer Gemeinde und die Vertreter der Presse daher das Recht, an ordentlichen Versammlungen teilnehmen und darüber berichten zu dürfen, allerdings ohne dabei berechtigt zu sein, sich direkt an den Verhandlungen mit eigenen Beiträgen zu beteiligen (NIESERT 1947, S. 265).

Nachdem die Organisation der Verwaltung auf lokaler Ebene abgeschlossen war, wendeten sich die Briten der Ordnung ihrer Besatzungszone auf Landesebene zu und bildeten aufgrund der Militärverordnung Nr. 46 (FÖRST 1986, S. 31) vom 23. August 1946 das Land Nordrhein-Westfalen (AREND 2010, S. 71) Dort konnten am 20. April 1947 die ersten Landtagswahlen stattfinden. Nach der Konstitution der Landesregierung übertrugen die Briten mit der Verordnung Nr. 57 die Verantwortung für das Kommunalwesen auf die deutschen Institutionen.

Sechs Jahre nach der revidierten DGO beschloss der nordrhein-westfälische Landtag am 21. Oktober 1952 die Einführung der „Gemeindeordnung für das Land Nordrhein-Westfalen" (GO NRW), die nur in wenigen Punkten von der Gemeindeordnung 1946 abwich und in wesentlichen Teilen die britischen Vorstellungen eines repräsentativen Demokratieverständnisses übernahm (AREND 2010, S. 82). Ihre Gültigkeit behielt die GO NRW in ihrer Form über 40 Jahre lang, bis schließlich 1994 mit einer neu gefasste Gemeindeordnung eine entscheidende Änderung des Kommunalverwaltungssystems durchgeführt wurde (Vgl.: POSSEMEYER 1991). Die entscheidende Umgestaltung lag in der Streichung des (Ober-)Stadtdirektorspostens, an dessen Stelle ein gewählter hauptamtlicher (Ober-)Bürgermeister die Leitung der Verwaltung übernahm und zugleich das Amt des Ratsvorsitzenden bekleidete. Damit war man in Nordrhein-Westfalen vom britischen Modell der „Norddeutschen Ratsverfassung" abgewichen und hatte sich der „Süddeutschen Ratsverfassung", die im Wesentlichen von den US-Amerikanern nach dem Zweiten Weltkrieg in ihrer Besatzungszone geprägt worden war, angenommen. Eines der grundlegendes Ergebnisse dieser Umgestaltung der Gemeindeverfassung lag letztendlich auch in einer stärken Beteiligung der Bürger an der kommunalen Selbstverwaltung. Hatte es im alten Gemeindeorganisationsprinzip nicht selten an direkter Bürgerbeteiligung gemangelt, wodurch die intendierte Stärkung der Selbstverwaltung nicht erzielt worden war, so fanden nach 1994 Elemente von unmittelbarer Demokratie – beispielsweise die Urwahl des (Ober-)Bürgermeisters oder die Einführung von Bürgerbegehren und Bürgerbescheide – ihre Aufnahme in die Gemeindeordnung des Landes Nordrhein-Westfalen (AREND 2010, S. 191). Ein großer Schritt zu mehr Bürgernähe und demokratischer Teilhabe auf (kommunal-)politischer Ebene war damit getan worden.

Verwendete Literatur

AREND, Rudolf: Bürger und kommunale Selbstverwaltung in Nordrhein-Westfalen seit 1945. Ein Beitrag zur Landesgeschichte, (Europäische Hochschulschriften, Reihe III: Geschichte und Hilfswissenschaften, Band 1074), Frankfurt am Main [u. a.] 2010.

BALFOUR, Michael: Vier-Mächte-Kontrolle in Deutschland 1945-1946, Düsseldorf 1959.

FÖRST, Walter: Kleine Geschichte Nordrhein-Westfalens, herausgegeben von der Landeszentrale für politische Bildung in NRW, Düsseldorf 1986.

KNEMEYER, Franz-Ludwig: Bürgerbeteiligung und Kommunalpolitik, 2. Auflage, Landsberg am Lech 1997.

MÜNKEL, Daniela: Willy Brandt und die „Vierte Gewalt". Politik und Massenmedien in den 50er bis 70er Jahren, (Campus Historische Studien 41), Frankfurt am Main 2005.

NIESERT, Felix (Hg.): Die Deutsche Gemeindeordnung in der im britischen Kontrollgebiet geltenden Fassung nebst Amtsanordnung und Kreisordnung, Band 3, 3. und 4. erweiterte Auflage, Münster 1947.

POSSEMEYER, Friedhelm: Die Reform der Kommunalverfassung in Nordrhein-Westfalen und Niedersachsen, (Studien zur Politikwissenschaft 68), Münster [u. a.] 1991.

RUDZIO, Wolfgang: Die Neuordnung des Kommunalwesens in der Britischen Zone, Stuttgart 1968.

SCHMIDT-JORTZIG, Edzard: Kommunalrecht, Stuttgart 1982.

WEHLING, Hans-Georg: Unterschiedliche Verfassungsmodelle, in: Bundeszentrale für politische Bildung (Hg.): Informationen zur politischen Bildung, Heft 242: Kommunalpolitik, überarbeitete Neuauflage 2006, Bonn 2006, S. 28-45.

„Michael Kohlhaas"

25. August 1960

Fliegender Obsthändler hält Stadtverwaltung in Atem
Kontrollen und Verkehrsschilder nützen nichts

Münstereifel – Am Markt wurde ein neues Verkehrsschild aufgestellt: Parkverbot für Lastkraftwagen. Auf dem breiten Bürgersteig wurden Parkstreifen aufgemalt. Das sind die vorläufig letzten Maßnahmen, die den „Michael Kohlhaas", den fliegenden Obsthändler, dazu bewegen sollen, diesen Verkaufsplatz zu räumen, den ihm die Stadt nicht geben will.

Das Spiel um den Mann mit seinen Obstkisten dauert nun schon ein ganzes Jahr. Harmlos fing es an einem Tage des heißen Monats Juli 1959 an. Mit einer Fuhre Pfirsiche, so erzählt der Obsthändler, musste er auf der Fahrt nach Trier in Münstereifel plötzlich bremsen. Einige Kisten flogen um, ihr Inhalt wurde beschädigt und musste sofort umgesetzt werden. Mit seinem Lastkraftwagen stellte er sich am Markt auf und verkaufte.

Papiere in Ordnung

Schon zehn Minuten später fing der Versuch der Stadt an, den Obsthändler von der Verkaufsstelle zu verjagen. Die Papiere wurden kontrolliert, sie waren in Ordnung. Am Tag darauf erschien der Obsthändler wieder. Als er merkte, dass er mit dem von ihm erwählten Verkaufsplatz Schwierigkeiten hatte, wanderte er ans andere Ufer der Erft und stellte seinen Wagen in der Delle auf.

Wieder wurde er scharf kontrolliert, seine Waage auf ihre Richtigkeit überprüft. Sechsmal am Tage sei das geschehen, behauptet der Obsthändler. Wie es sich gehört, nur einmal, sagte das Ordnungsamt der Stadt. Durch eine Einstweilige Verfügung wurde der Mann gezwungen, seinen neuen Verkaufsstand in der Delle zu verlassen. Weil er auf städtischem Eigentum stehe. Heute behauptet der Händler, der Richter hätte nie diese Verfügung erlassen, wenn er die Ortslage genau gekannt hätte. Die Verfügung wäre rechtlich nicht fundiert gewesen.

Wurde zum „Kohlhaas"

Der Wagen verließ die Delle und wurde wieder am Markt aufgestellt. Pfirsiche, Kirschen, Erdbeeren, je nach Saison, wurden weiter verkauft. Auf dem Bürgersteig stapelten sich die Kisten. Da erließ die Stadt eine Verwaltungsverfügung mit einer Ordnungsstrafe über 100 DM. Der Mann mit dem Obst bezahlte nicht. Auch nicht nach einer Mahnung. Er fühlte sich nach den Gesetzen des freien Wettbewerbs im Recht. Die hundert Mark wurden zwangsweise eingetrieben. „Die Kasse wurde von einem städtischen Angestellten eigenmächtig vom Sitz meines Fahrzeugs geholt", sagte der Mann dazu. Es gab gehörigen Krach auf der Straße, genau wie schon vorher innerhalb des Rathauses manches harte Wort gefallen war.
„Größere Benutzung des Gemeingebrauchs, als normalerweise Bürgern zusteht", sagte das Ordnungsamt zu den Kisten auf dem Bürgersteig, Neue Ordnungsstrafen wurden verhängt: wieder einmal 100 DM, dann zweimal 200 DM und schließlich 500 DM. Der Obsthändler erhob dagegen Einspruch und verkaufte Pfirsiche, Kirschen und Erdbeeren je nach Saison weiter. Seine Einsprüche hatten aufschiebende Wirkung.

Aufs Urteil wird gewartet

Die Urteile müssen erst abgewartet werden. Der Mann sorgte vor: Er beantragte, sehr spät, wie das Ordnungsamt sagt, einen Stadtgewerbeschein. Dazu der Händler: „Bei mir dauert das nun schon sechs Monate, solche Scheine werden sonst innerhalb 14 Tagen ausgehändigt." Da beanstandet wurde, dass sein Betriebssitz nicht Münstereifel sei, mietete sich der Händler einen Raum in der Stadt.

Vom Bürgersteig verschwanden aber die Kisten wieder auf den Lastwagen. Von hier aus und an alter Stelle verkaufte der Händler weiter.

Parkverbot

Dann entdeckte man bei der Stadt den Paragraphen 42 Absatz b der Verkehrsordnung: „Das Anbieten gewerblicher Leistungen, von Waren und dergleichen auf den Straßen ist verboten." Zu den Straßen gehören auch Parkplätze. Um dem Lastwagen zu Leibe rücken zu können, stellte man am Wochenanfang am Markt ein Parkverbots-Schild „für LKW" auf, auf dem breiten Bürgersteig wurden Parkstreifen aufgemalt. Der Obsthändler packte seine Obstkisten wieder vom Wagen herunter und stellte diesen auf der anderen Straßenseite ab. Unter einem breiten Sonnenschirm stapelte er seine Kisten am Pfahl mit dem Parkverbots-Schild auf und verkaufte weiter: Pfirsiche in der Hauptsache. Die Kirschen- und Erdbeer-Saison war inzwischen vorbei.

Geld abgelehnt

Der Mann mit dem Obst, dessen „Kohlhaasiade" mit Interesse verfolgt wird, wird mit Verfügungen und Anordnungen immer mehr eingekreist. Wird er sich noch lange behaupten können? Er selbst ist zuversichtlich... Zehn Mark pro Tag habe er der Stadt für einen Standplatz geboten. „Wir wollen Ihr Geld nicht", habe man ihm geantwortet. Er hofft, auch im nächsten Jahr Pfirsiche, Kirschen und Erdbeeren, je nach Saison, zu verkaufen.

Etwas Gutes hat diese ganze Geschichte doch hervorgebracht: Münstereifel wird endlich seine Ortssatzung erhalten. Anstoß dazu war der Obsthändler. Schon vor einigen Monaten vom Rat beschlossen, wartet die Stadt auf ihre Bestätigung durch den Regierungspräsidenten. Hätten wir eine Ortssatzung gehabt, sagt dazu die Polizei, hätten wir sofort entscheidend gegen den Händler vorgehen können. Aber Münstereifel hatte keine.

01. September 1960

**Stadtverwaltung beteuert:
Obsthändler wurde sofort frech**

Mit Gewalt zur Polizeiwache gebracht

Münstereifel – Auf der Ecke am Markt steht nach wie vor der „Michael Kohlhaas", der Obsthändler, dessen Geschichte der Kölner Stadt-Anzeiger am vergangenen Donnerstag, 25. August, ausführlich schilderte. In einem Gespräch nahm das Ordnungsamt Stellung zu dieser Schilderung des Kölner Stadt-Anzeigers.

Als der Vertreter des Ordnungsamtes im vergangenen Jahr nach den Papieren fragte, sei der Obsthändler sofort „frech" geworden, erklärte man uns auf der Stadtverwaltung. Daraufhin sei am nächsten Tag eine Ordnungsverfügung erlassen worden. Ganz entschieden wies der Vertreter des Ordnungsamtes den Vorwurf von sich, die Waage des Mannes mehrmals kontrolliert zu haben. Wohl sei die zweite „Ordnungsverfügung" zugestellt worden.

Der „Angestellte der Stadt", der die Strafe von 100 DM eingetrieben hätte, sei der ordnungsgemäße Vollstreckungsbeamte gewesen. Das Ordnungsamt schilderte den Zwischenfall wie folgt: „Die 100 DM Ordnungsstrafe waren ordnungsgemäß angedroht, festgesetzt und beigetrieben worden." Als der fliegende Obsthändler das Geld nicht freiwillig herausrücken wollte, hätte die Polizei eingegriffen und den „persönlichen Schutz" des Vollstreckungsbeamten übernommen.

Der „Michael Kohlhaas" wurde aufgefordert, die Kasse zu nehmen und zur Polizeiwache zu kommen. Als er in der Nähe seines Privatwagens vorbei kam, habe der Obsthändler versucht, den Schlag aufzumachen und die Kasse auf den Sitz zu werfen. Der Vollstreckungsbeamte habe dies gemerkt und die Kassette festgehalten. Als der „Kohlhaas" um sich schlug, führte ihn die Polizei mit Gewalt zur Station. Dort wurden die 100 DM ordnungsgemäß eingetrieben.

Sofort weitergegeben

Zum Vorwurf des fliegenden Obsthändlers, sein Antrag auf einen Ortshausierschein (Stadtgewerbeschein, wie er es nannte) liefe schon seit vielen Monaten, sagte der Vertreter des Ordnungsamtes: Der Antrag wurde erst im März eingereicht. Fälschlicherweise zuerst beim Amt Münstereifel-Land. Als endlich die Stadt deswegen angeschrieben wurde, sei der Antrag unverzüglich an die Kreisverwaltung weitergegeben worden. Allerdings mit der Bitte, ihn zu verweigern, „da der Antragsteller weder Betriebs- noch Wohnsitz in Münstereifel habe". Es stimmte, dass der „Kohlhaas" inzwischen im Felsenkeller, gegenüber dem Konvikt, ein Großhandels-Gewerbe eingerichtet habe. Auch der folgende formelle Antrag sei an die zuständigen Stellen weitergegeben worden.

Das Ordnungsamt legt Wert darauf hinzuweisen, es sei unwahr, dass der Obsthändler ein Angebot für einen Standplatz gemacht habe. Erst am 10. August dieses Jahres sei ein entsprechender Antrag bei der Stadt eingegangen. Allerdings ohne jede gewünschte Ortsangabe.

Stadtdirektor Derkum sagte zu diesem Thema, es sei eine bekannte Tatsache, dass der Obsthändler bei verschiedenen Behörden mit Drohungen und Beleidigungen vorgehe. Die Stadtverwaltung sei nicht bereit, sich das bieten zu lassen. Zum kommenden Prozess vor dem Landesverwaltungsgericht in Köln sagte Derkum: „Wenn der Obsthändler den Prozess gewinnt, dann wollen wir jedem Münstereifeler Geschäftsmann vorschlagen, an dieser Stelle der Stadt seine Zelte aufzuschlagen".

Bekanntlich hat der Obsthändler gegen die Ordnungsverfügung der Stadt Einspruch eingelegt, diese hat aufschiebende Wirkung. Die Verfügung wurde erlassen, weil die „Beanspruchung des Bürgersteiges weit über den Gemeingebrauch hinausgeht und einer besonderen Nutzungserlaubnis bedarf". Der Gemeingebrauch, so wurde uns versichert, finde aber in dem gleichgerichteten Recht jedes anderen seine Grenzen.

Inzwischen tat sich aber nichts Weiteres. Auch das Parkverbotsschild für LKW zeitigte noch keinerlei Wirkungen. Der Obststand wird Morgen für Morgen neu aufgebaut, die Kisten hochgestapelt. Da der Obsthändler seinen Lastwagen an der Burgauffahrt in der Delle abstellte, sollen an dieser Stelle die Parkplätze eingezeichnet worden sein. So behaupten es wenigstens die Gerüchte. Das stimme nicht, sagt uns die Stadt. Diese Parkboxen seien sowieso geplant gewesen. Wie dem auch sei, der Rechtsstreit geht weiter. Weiter geht auch der Verkauf von Pfirsichen, Kirschen und Erdbeeren, je nach Saison.

24. Oktober 1960

ÜBER DEN RECHTSSTREIT zwischen der Stadt Münstereifel und dem „Michael Kohlhaas", dem fliegenden Obsthändler, berichteten wir bereits. Da die Stadt den hartnäckigen Händler von seinem selbstgewählten Standplatz nicht vertreiben konnte und auch Ordnungsstrafen bisher nichts nützen, wird das Verwaltungsgericht Köln über den Sachverhalt entscheiden. Unser Bild zeigt den Lokaltermin. Links das „Streitobjekt", der Verkaufsstand. In der Mitte sprechen der Verwaltungsrichter und sein Sekretär (Rücken zum Beschauer) mit dem Obsthändler. Rechts ist die andere Partei, die Stadtverwaltung, vertreten. Im November soll die Sache vor dem Verwaltungsgericht Köln verhandelt werden.

19. November 1960

Stadt gewann gegen Händler
Der Obststand überschreitet den „Gemeingebrauch"

Münstereifel – Das Hin und Her um den fliegenden Obsthändler, der seit Monaten die Stadtverwaltung in Atem hält, hat eine vorläufige Lösung gefunden.

Die Stadt wollte nicht, dass der Händler an der Ecke Markt/Marktstraße seinen Verkaufsstand aufstellte und setzte Zwangsmittel ein. Vier Ordnungsstrafen von zweimal 100 DM, je einmal 150 DM und 200 DM wurden verhängt. Nur einmal wurde bezahlt. Gegen die Zwangsmittel erhob der Obsthändler Einspruch.
Jetzt kam es zur Verhandlung vor dem Kölner Verwaltungsgericht. Das Gericht setzte den Streitwert auf 3000 DM fest. Es ging von dem Standpunkt aus, dass sich der Händler ein Lokal hätte mieten können. Diese Miete nahm das Gericht

mit monatlich 250 DM an und multiplizierte diese Zahl mit den zwölf Monaten eines Jahres.

Das Gericht wies die Klage des Obsthändlers ab. In der Urteilsbegründung wurde festgestellt, dass das Aufstellen eines Obststandes an der Kreuzung von zwei Hauptverkehrsstraßen über den „Gemeingebrauch" hinausgehe. Außerdem nehme der Händler mit seinem Stand aufgezeichnete Parkstreifen in Anspruch.

Das Urteil tritt in einem Monat in Kraft, wenn der Obsthändler keinen Einspruch erhebt. Sollte er es tun, so wird die Sache beim Oberverwaltungsgericht in Münster neu verhandelt.

19. Mai 1961

Dritter Akt des Dramas „Michael Kohlhaas"
Fliegender Händler musste wieder räumen

Münstereifel – Der fliegende Blumenhändler, der an der Ecke Marktstraße seinen Stand aufgebaut hatte, wurde von der Stadtverwaltung aufgefordert, den Platz zu räumen. Handhabe war die soeben von der Regierung genehmigte neue Straßenordnung. Die Verwaltung musste Gewalt anwenden. Dabei kam es zu scharfen Auseinandersetzungen. Die Polizei griff ein.

Der „fliegende Blumenhändler" von 1961 ist derselbe Mann, den der Kölner Stadt-Anzeiger im vergangenen Jahr mehrmals als „Michael Kohlhaas" vorgestellt hatte. 1959 und 1960 verkaufte er allerdings noch Obst. Der Händler hatte sich 1959 einfach an der Ecke Marktstraße niedergelassen, obwohl er von der Stadt keine Genehmigung besaß. Er pochte auf das Recht, dass jeder den Beruf ausüben könne, den er für gut halte. Es kam sofort zu harten Auseinandersetzungen zwischen dem „Kohlhaas" und dem Ordnungsamt sowie dem Stadtdirektor. Alle Maßnahmen nutzten nichts: An jedem Morgen war der Händler wieder an Ort und Stelle.

Verlor den Prozess

Die Angelegenheit musste vom Verwaltungsgericht in Köln geklärt werden. Der Händler wurde dazu verurteilt, den Platz zu räumen und kein Obst mehr in Münstereifel zu verkaufen. Der erste Akt war zu Ende.
Nach einiger Zeit war „Michael Kohlhaas" wieder zur Stelle. Er hatte gegen das in Köln gefällte Urteil Einspruch erhoben. Er verkaufte weiter. Als der Winter kam, blieb der Händler weg.
Vor einigen Wochen begann der „dritte Akt" der Tragödie: Diesmal bekam es die Stadt mit einem „Blumenhändler" zu tun. „Kohlhaas" hatte sich umgestellt und erschien Morgen für Morgen mit vielen Kisten voller Blumentöpfe, auch Schnittblumen bot er feil. Die Kurgäste hatten sich an den ansprechenden Anblick des großen Standes an der Marktecke schnell gewöhnt und nannten diese Stelle der Stadt schon „Am Blumenmarkt". Sie konnten ja nicht ahnen, welches Drama sich wieder vorbereitete.

Die Straßenordnung

Wie bitter notwendig die Stadt eine „Straßenordnung" brauchte, hatten Verwaltung und Rat im ersten Akt des Falles „Kohlhaas" gemerkt. Eine richtige Handhabe, ihn vom Platz zu entfernen, ohne andere Bundes- oder Verkehrsgesetze zu bemühen, hatte man im Rathaus nicht. Der Rat beschloss denn auch bald eine „Straßenordnung". Zunächst wurde ihr Wortlaut von der Regierung verworfen, er musste abgeändert werden. Dadurch verzögerte sich die Angelegenheit. Endlich traf vor etwa zehn Tagen die Genehmigung der Regierung ein.

- Die „Straßenordnung" trat am Samstag in Kraft. „Kohlhaas" wurde aufgefordert, bis Dienstag 11 Uhr den Platz zu räumen.
- Als am Dienstagmorgen um 11 Uhr die Blumenkästen nach wie vor an der Marktecke standen, zogen Ordnungsamt, Stadtarbeiter und Polizisten zum Stand, luden Blumentöpfe und Pflanzen auf einen Lastwagen und fuhren sie in den ehemaligen Feuerwehrgeräteschuppen in der Sebastian-Kneipp-Straße.

Die Ordnungshüter hatten leichte Arbeit. Der Händler war um 11 Uhr in Bonn, wo er etwas zu erledigen hatte. Nur die neunjährige Tochter überwachte die ausgestellte Ware.

Zog zum Hubertusweg

Als „Kohlhaas" aus Bonn zurückkam, zog er sofort wutentbrannt zum Hubertusweg und stellte seinen Lastwagen vor des Stadtdirektors Haus. Er forderte Stadtdirektor Derkum auf, auf der Straße zu erscheinen, schrie beleidigende Ausdrücke und drohte mit dem Schlimmsten. Die Polizei wurde alarmiert.

- „Kohlhaas" war nicht zu beruhigen. Schließlich rückte Verstärkung heran. Als der Händler auch die Frau des Stadtdirektors beleidigte, griffen die Polizisten nach dreimaliger Verwarnung zu, verfrachteten den Mann in den Wagen und fuhren ihn zur Wache. Dort wurde er nochmals ermahnt, er versprach, nicht mehr zum Hubertusweg zu gehen, und wurde freigelassen.

- Nun machte der Blumenhändler den Markt rebellisch, holte seinen Lastwagen und lud einige ihm verbliebene Kisten an seinem „Stammplatz" ab. Dazu malte er ein Bild: „Verkauf geht morgen weiter. Betzen."

Abermals alarmiert, erschien wieder der Leiter des Ordnungsamtes, diesmal brachte er eine Handkarre mit, um die restlichen Kisten zu verladen. Mit dem Beamten der Stadt war auch die aus Euskirchen herbeigerufene Funkstreife dabei.

- Betzen, wie unser „Kohlhaas" in Wirklichkeit heißt, griff den Stadtbeamten an und schlug ihn; ein Schlag, der nicht „unbeantwortet" blieb. Die Euskirchener Polizisten griffen ein; es kam zu einem Handgemenge, bei dem ein Ordnungshüter seine Uhr verlor.

Endlich konnte Betzen nach Euskirchen gebracht werden. Auf dem Weg zur Zelle - „Kohlhaas" sollte inhaftiert werden - wurde er auf Befehl der vorgesetzten Stelle wieder freigelassen. Eine Klage wegen Beleidigung, Widerstandes und anderen Delikten gegen die Obrigkeit wurde schon eingereicht.

Nach wie vor: Mein Recht

Betzen wird nach wie vor ein Michael „Kohlhaas" bleiben, wenn er bei dem bleibt, was er uns sagte: Er stehe zu Recht auf der Ecke Marktstraße. Die Stadt habe immer mit dem Wort „Bürgersteig" operiert, obwohl er auf einem Parkplatz stünde. „Ich werde weiter Blumen verkaufen, morgen früh bin ich um sechs Uhr wieder zur Stelle", sagte er uns. Betzen will auch gegen die neue Maßnahme der Stadt vorgehen und das Verwaltungsgericht anrufen.

14. Juli 1961

Für "Fliegende Händler" und ansässige Geschäfte gilt das gleiche Recht

Das Ordnungsamt griff ein

Ausstellungskisten sollen von den Bürgersteigen der Kurstadt verschwinden

Münstereifel – "Wo bleibt die sonst so rührige Presse?" So stand es auf dem Schaufenster eines Münstereifeler Geschäftes geschrieben. Daneben wurde ein Schreiben des Ordnungsamtes ausgehängt, das die Geschäftsleute aufforderte, ihre Obst- und Gemüsekisten von den Bürgersteigen zu entfernen. Acht dieser Briefe waren vom Amt abgeschickt worden, nur zwei Empfänger kümmerten sich um ihren Inhalt.

Der Paragraph 14 des Ordnungsbehördengesetzes, so war auf der Stadtverwaltung zu erfahren, gibt die Möglichkeit, "Anordnungen zu treffen, um Gefahren abzuwehren, die die öffentliche Sicherheit und Ordnung bedrohen." Das Ordnungsamt kann auch im Interesse der Sicherheit und der Leichtigkeit des Verkehrs die "Grenzen des Gemeingebrauchs auf öffentlichen Wegen und Straßen im einzelnen festlegen" und eine unangemessene Inanspruchnahme des Gemeingebrauchs dadurch verhindern.
Seit geraumer Zeit sprachen beim Ordnungsamt immer wieder Bürger und Kurgäste vor, die sich darüber beschweren, dass Obst- und Gemüsekisten auf den Bürgersteigen stünden und die Fußgänger behinderten.

- Manche Bürger beklagten sich über die unmöglichen hygienischen Verhältnisse. Der Inhalt der Kisten sei dem

Staub der Straße und des starken Verkehrs ausgesetzt. Nicht selten wurde auch darüber geschimpft, dass Hunde ihr „Beinchen" an den fraglichen Kisten hoben.
- „Wenn ich heute unter einem Auto gelegen hätte, wären Sie dran gewesen", drohte eines Tages ein Kurgast dem Ordnungsbeamten. Wegen eines Stapels Kisten, der bis über die Hälfte des Bürgersteiges hinausragte, musste er auf die Fahrbahn hinunter treten. Dieses Ausweichen kam so plötzlich, dass ein Autofahrer nur mit Mühe dem Kurgast ausweichen konnte.

In erster Linie diene der Bürgersteig dem Fußgängerverkehr; die Ordnungsbehörde müsse außerdem zuerst den Interessen der Allgemeinheit dienen.

Gleiches Recht für alle

Das Ordnungsamt schrieb zunächst den acht Geschäften, die dafür in Frage kamen, ein „allgemeines Schreiben". Den Inhabern wurde aufgegeben, die störenden Kisten zu entfernen.
Zunächst folgte nur ein Geschäftsmann der Aufforderung. Ein zweiter setzte seine Kisten wieder vor die Türe, als er merkte, dass die restlichen sechs keine Anstalten machten, sich dem Brief des Ordnungsamtes zu fügen. Der erste Kaufmann machte seiner Unlust Luft stellte die Frage nach dem „Gleichheitsrecht" und nach der „sonst so rührigen Presse". Einige Tage später erließ das Amt eine „Ordnungsverfügung mit Zwangsgeldandrohung". Der diesmal gewiss erwartete Erfolg blieb jedoch abermals aus. „Gleiches Recht gilt für alle", sagte Ordnungsamtsleiter Berens zu den Einwänden einzelner Kaufleute, auf ihrem Bürgersteig sei genügend Platz vorhanden, oder ihre Kisten ständen auf hohen Böcken.

Als vor einigen Wochen der „Fliegende Händler" von der Marktheke vertrieben wurde, war auch der Paragraph 14 des Ordnungsbehördengesetzes über die „unangemessene Inanspruchnahme des Gemeingebrauchs" angewandt worden. Ein Richter musste dem „Fliegenden Händler" recht geben, als dieser die Einwendung machte, dann müssten auch alle anderen Kisten von den Bürgersteigen verschwinden.

Die Feuerwehrfahne

02. Januar 1961

Gestickte Feuerwehrfahne

Münstereifel – Wenn das neue Feuerwehrgerätehaus im März oder April eingeweiht wird, soll die kurstädtische Wehr auch ihre erste Fahne erhalten. Sie wurde bei einer Paramenten-Stickerin in Auftrag gegeben. Die Vorderseite wird den hl. Florian zeigen, der mit seinem Mantel das Münstereifeler Rathaus beschützt. Die Rückseite zeigt das Stadtwappen und die Inschriften „Freiwillige Feuerwehr Münstereifel" und „1879 – 1959".

05. Mai 1961

Die Kunst der 100 000 Stiche
Großes Können und Geduld erforderlich

Münstereifel – An einem der nächsten Samstage wird die Freiwillige Feuerwehr ihren „Tag der Einweihung" feiern. Was jahrzehntelang im argen lag, wurde endlich geschafft: Die Wehr erhielt eine eigene Bleibe. Mehr noch: Am Tag, an dem das Gerätehaus seiner Bestimmung übergeben wird, weiht Oberpfarrer Rothkranz die erste Fahne der Feuerwehr.

Derweil im Feuerwehrgerätehaus am Klosterplatz noch eifrig gearbeitet wird, sitzt an einem großen Stickrahmen die Paramentenmeisterin Maria Ockenfels. Auf das rote Fahnentuch setzt sie Stich neben Stich. Die erste Fahne der Feuerwehr wird einen besonderen Wert haben: Jeder einzelne Buchstabe, das Wappen der Stadt, der St. Florian und das Rathaus werden mit der Hand gestickt.

„Die Maschinenstickerei verdrängt immer mehr die althergebrachte Paramentenarbeit", erzählt Maria Ockenfels, die in Köln den Domschatz instand setzte und unter vielen anderen Fahnen auch die der „Großen Kölner Karnevals-Gesellschaft" stickte. Sie hält es mit ihren 70 Jahren noch mit der alten Stickkunst. „Mit der Handstickerei können Schattierungen viel plastischer herausgearbeitet werden", sagte sie. Was sie uns zeigte, bewies ihre Behauptung.

Arbeitstisch und Stickrahmen der Paramentenmeisterin sind übersät mit Garnen aller Farbschattierungen. „Wir malen mit Garn", erklärte Frau Ockenfels. In den Flammen der Fackeln an den vier Ecken der Fahne vermischen sich verschiedene Gelbtöne mit roten Fäden zu einer realistischen Komposition. Die Buchstaben werden alle dick unterlegt, darüber wird in kleinen „Röhrchen" die Gold-Cantille aufgetragen.

Tausende und aber Tausende von Stichen müssen aneinandergereiht werden, um das geschlossene Bild des Wappens zu erzielen.

Die Fahne wird das äußere Zeichen dafür sein, dass für die Feuerwehr in Münstereifel eine neue Zeit angebrochen ist. Eine Zeit, in der sie mit ihren Fahrzeugen und Geräten nicht immer hin und her geschubst werden wird.

Mit den Gerätehäusern war es nämlich in der Kurstadt immer schon so eine Sache. Im Jahre 1907 erhielt die Wehr eine erste, recht kümmerliche Bleibe im alten Rathaus. Dort blieb man bis 1926. Das Rathaus wurde umgebaut, die Feuerwehr musste ausziehen und ihr Gerät in einer Garage unterbringen. Nach einiger Zeit musste auch dieses Provisorium aufgegeben werden. Schläuche, Standrohre und das andere Material kamen in eine Scheune der Brauerei Hendrichs.

Große Freude herrschte bei den Wehrmännern, als 1930 neue Geräteräume im alten Elektrizitätswerk bezogen werden konnten, das dem Schlachthof gegenüberlag. Nach dem vergangenen Krieg war jedoch auch dieses Gebäude zerstört. Wieder flogen die Gerätschaften kreuz und quer durch die verschiedensten Gebäude der Stadt.

Die „Wende" begann 1956

Seit 1956 endlich stand der Punkt „Ausrüstung der Feuerwehr" öfters auf der Tagesordnung der Stadtratssitzungen: In Eicherscheid wurde das Gerätehaus für den Löschzug des Dorfes gebaut. 1958 folgte das gleiche Gebäude für Rodert.

1960 endlich konnte die Stadt auch den Bau der Hauptfeuerwehr in der Stadt planen und die notwendigen Gelder bereitstellen. Neben der evangelischen Schule auf der Langenhecke wurden die alten Toilettenanlagen abgerissen. Mitten in der Stadt sollte das neue Gerätehaus stehen.

Außer der großen Halle, in der nicht nur der neue Mannschafts- und Gerätewagen der Wehr, sondern auch die Leiter, der Anhänger und alle Gerätschaften Platz finden, wurde eine Wohnung geschaffen. Ein Feuerwehrmann wird sie bewohnen und durch die Pflege des Materials eine erhöhte Einsatzbereitschaft der Wehr garantieren. Umkleide-, Wasch-, Dusch- und Werkraum wurden in dem Neubau ebenso untergebracht wie eine große Grube, die eine Pflege der Fahrzeuge erleichtert.

Fahne und Gerätehaus werden an einem der kommenden Samstage eingeweiht. Zu diesem Fest sollen auch die Bergheimer und Kölner Wehrmänner eingeladen werden, die während der Wasserkatastrophe den Münstereifelern halfen, die Not zu lindern.

01. Juni 1961

Fahne und Gerätehaus

Münstereifel – Am Samstag, 3. Juni, um 16.30 Uhr wird die Stadt und ihre Freiwillige Feuerwehr das Gerätehaus am Klosterplatz seiner Bestimmung übergeben. Gleichzeitig weiht die Wehr ihre neue Fahne ein. Die Feier beginnt um 16.30 Uhr mit dem Aufmarsch der Wehr. Die Eröffnungsmusik spielt die Feuerwehrkapelle des Kreises. Nach der Einweihung und der Einsegnung legt die Wehr einen Kranz am Ehrenmal nieder. Von 18 Uhr bis 19 Uhr: Platzkonzert auf der Burg, anschließend Kameradschaftsabend.

06. Juni 1961

**Nach 80 Jahren keine behelfsmäßige Unterkunft mehr
Gerätehaus wurde eingeweiht
Ein Festtag für die Freiwillige Feuerwehr –
Sechs Jubilare geehrt**

Münstereifel – Die Freiwillige Feuerwehr zog am Samstag „offiziell" in das erste Gerätehaus ihrer 80 Jahre alten Geschichte ein. Vor zahlreichen Gästen und Bürgern übergab Bürgermeister Heuel dem Wehrführer Addi Peeters die Schlüssel des Gebäudes. Oberpfarrer Dr. Rothkranz segnete die handgestickte Fahne ein. Als Ehrengäste nahmen Wehrmänner aus Bergheim und Zülpich an der Feier teil, beide Wehren hatten im September 1960 geholfen, die Wasserkatastrophe zu mildern.

Da es regnete, hatte die Wehr ihre Fahrzeuge auf dem Klosterplatz aufgefahren und die Feier in das Gerätehaus verlegt.

Bürgermeister Heuel begrüßte die Gäste: Neben den Vertretern von Stadt, Schulen und Kirchen waren der Leiter des Feuerschutz-Dezernates der Regierung, Brandrat Dr. Trippel, der kommissarische Führer der 51. Luftschutz-Bereitschaft Bergheim und Wehrführer Görlich, Zülpich, erschienen. Heuel strich die Bedeutung einer schlagkräftigen Wehr für Münstereifel mit seinen alten Gassen und Häusern heraus. In den letzten Jahren habe die Stadt für Feuerlöschzwecke rund 160 000 DM ausgegeben. Er dankte den Männern der Wehr. Der Bürgermeister übergab die Schlüssel des Gerätehauses an Wehrführer Peeters.

Was lange währt

Wehrführer Peeters freute sich, dass die Zeit der „behelfsmäßigen Unterkünfte" nun endgültig vorbei sei, dankte der Stadt und versprach, alles zu tun, um die Bevölkerung zu schützen. Oberpfarrer Dr. Rothkranz erinnerte daran, dass gerade die Münstereifeler Wehr nicht nur im Kampf gegen das Feuer viel zu leisten hätte, auch bei Hochwasser könne man mit ihr rechnen. Er segnete Fahne und Haus ein. „Was lange währt, wird endlich gut", schloss sich der evangelische Pfarrer Sassenscheid an.
Brandrat Dr. Trippel übebrachte die Grüße des Regierungspräsidenten. Die Grüße des Oberkreisdirektors sprach Kreiswehrfrüher Jansen aus.

Kameradschaftsabend

Am Ehrenmal legten die Wehrmänner nach der Feier einen Kranz nieder. Während der Einweihung hatte die Feuerwehrkapelle des Kreises Euskirchen gespielt. Der Kirchenchor Münstereifel sang Beethovens „Die Himmel rühmen".
Am Abend musizierten die Euskirchener Wehrmusiker auf

der Terrasse der Burg. Während des Kameradschaftsabends überreichte Stadtdirektor Derkum das silberne Feuerwehr-Ehrenabzeichen an sechs Mitglieder, die seit 25 Jahren der Wehr angehören: Josef Dormann, Leonhard Hertach, Johann Huboi, Fritz Pecks, Philipp Bongartz und Johann Kastenholz. Wehrführer Peeters dankte Architekt Kleinert, Paramentenstickerin Maria Ockenfels und dem Kirchenchor für ihre Hilfe beim Gelingen dieses Festes. Der besondere Dank von Bürgermeister Heuel galt den Bergheimer und Zülpicher Wehren für ihre „Wassereinsätze". Er meinte, es sei doch „komisch, dass ausgerechnet an diesem Samstag der Einweihung wieder schmutziges Wasser aus der Wasserleitung geflossen ist". Diesmal sei es freilich nicht so schlimm gewesen.

Menschen in Münstereifel

Drei Könige

06. Januar 1961

Kamen die Drei Könige durch die Nordeifel?
Brauchtum weist den Weg: Esch, Oberahr, Münstereifel

Nordeifel – In Kirchen und Häusern wurden heute die Krippen vervollständigt: Die Drei Könige kamen. Seit den Tagen, da Barbarossa die Gebeine der Weisen aus dem Morgenland nach Köln schaffte, werden die Könige auch in unserer Eifel stark verehrt. Motive auf Takenplatten oder Waffeleisen zeugen genauso davon wie das Brauchtum, das hier und da am 6. Januar heute noch heimisch ist. Dass sich in diesen Sitten uralte heidnische Tradition erhält, wird ebenfalls angenommen.

Das Brauchtum um den Dreikönigstag findet sich überall zwischen Trier und Köln. Es wird vermutet, dass auf diesem Wege 1164 die Gebeine der Heiligen Drei Könige, von Mailand über Burgund kommend, nach Köln gebracht wurden. In seinem Buch „Räume und Schichten mittelalterlicher Heiligenverehrung in ihrer Bedeutung für die Volkskunde" schreibt Professor Dr. Mathias Zender (Bonn), dass die Legende drei verschiedene „Translationswege" kennt. An allen drei Wegen wurden Erinnerungskapellen errichtet.

Über Burgund

Dr. Zender räumt allerdings ein, dass der Weg über Burgund durch die Eifel wahrscheinlich der historische war, obwohl dies nirgendwo belegt sei. Auf dieser Strecke würde die größte Verehrung für die Könige angetroffen.

- Zender berichtet, dass die Prozession mit den Gebeinen eine Nacht in Feusdorf zwischen Jünkerath und Alendorf/Ripsdorf übernachtet haben soll.

An Ort und Stelle hieß es: Nicht in Feusdorf, sondern in dem zur gleichen Pfarrgemeinde gehörenden Esch soll gerastet worden sein. Sogar das Haus wusste man noch zu bezeichnen: im heutigen Gasthof Kill. Am 6. Januar feiert Esch heute noch seine „kleine Kirmes". Es bleibt die Schlussfolgerung übrig, dass dieser Festtag zur Erinnerung an die „Translation" im Jahre 1164 abgehalten wird. Von den alten Bräuchen ist allerdings nur noch ein Ball am Abend übriggeblieben. In Feusdorf sind früher einmal die Kinder als Sternsinger gezogen. „Bei den heutigen Einkommen braucht kein Kind mehr betteln zu gehen", missverstand gründlich ein Bauer den Sinn des alten Heischeganges.

Was Takenplatten berichten

„Nach der Madonna ist die Darstellung der Heiligen Drei Könige auf denTakenplatten der Eisenhütten an der Oberahr das häufigste Motiv", sagte Dr. Flosdorff (Kall). Immer wieder würden die Weisen aus dem Morgenlande mit ihren Wappen (Sterne: Melchior, Mond und Stern: Kaspar, Mann im Mond: Balthasar), in Zusammenhang mit der Krippe oder auch allein dargestellt. Die ältesten bekannten Platten (gotisch) zeigten die Könige.
Im Zülpicher Museum liegt ein altes Waffeleisen, das ebenfalls die Drei Könige als Motiv zeigt. Das Küchengerät deutet auf ein Brauchtum, das nur noch vereinzelt und manchmal stark abgewandelt zu finden ist: der Heischegang der Kinder.

19+C+M+B+61

- Im Kreise Schleiden finden wir den „Heischegang" am Dreikönigstag zwar nur noch in Lommersdorf und in Freilingen. Durch diese Gegend sollen die Gebeine der Heiligen getragen worden sein.

Inwieweit sich der Heischegang an der Oberahr ähnlichen Sitten aus Süddeutschland angepasst hat, ist nicht festzustellen. Die Jungen (Messdiener) ziehen als „Drei Könige" verkleidet, singen ihr „Sternsingerlied" und malen mit geweihter Kreide ein 19 + C + M +B +61 auf den Türsturz. Sie erhalten einige Groschen für ihre „Messdienerkasse" und ziehen mit dem Stern weiter.

- Auf der vermutlichen Strecke, die der Schrein vor 800 Jahren folgte, liegt Münstereifel. Wie in Freilingen ziehen auch dort die Messdiener von Familie zu Familie. Sie lassen ihren Stern kreisen und singen „Legt uns in die Büchse was, dem Messdiener in die Kass".

Waffel als „Sonnengebäck"

Das Zülpicher Waffeleisen weist wahrscheinlich auf die ursprüngliche Art des Heischeganges hin. Die „Waffel" soll in der vorchristlichen Zeit als „Sonnengebäck" gegolten haben (O. W. Pansch); sie würden also darauf hinweisen, dass der Dreikönigstag Sitte der alten „Rauhnächte" zwischen Weihnachten und dem 6. Januar übernahm. Ein Sprung ins benachbarte Malmedy scheint dies zu bestätigen: Dort ziehen zwar keine „Drei Könige" auf den Heischegang, sondern in Scharen die Jungen und Mädchen der Stadt. In ihrem Lied heißt es auch heute noch: „Gebt uns gute Waffeln, und wir werden brav sein." In den Familien gibt es dann auch dieses „Sonnengebäck" zum Nachmittagskaffee.

Der „Bohnenball" am Dreikönigstag gehörte früher zu den Bräuchen in Stadt und Land. „Bohnenkönig und Bohnenkönigin", wurden dabei gewählt, aber diese Sitte ist aus ihrem Zusammenhang gerissen.

In Münstereifel kann noch eine Spur verfolgt werden: So veranstaltet die Freiwillige Feuerwehr ihren „Kameradschaftsabend" traditionsgemäß an dem Samstag, der dem „Dreikönigstag" am nächsten ist. Auffallend ist, dass jedes Mal große Körbe mit Berliner Ballen herangeschafft werden und eine Dame die Bohne findet, die sie zur „Königin" macht. Sie wird dann beschenkt. Ähnlich feiern in Kommern am Sonntag nach Drei Könige die Schützen ihren Königsball, wo ebenfalls Berliner Ballen verteilt werden, in denen eine Bohne verbacken wurde. Ohne Zweifel lebt darin ein alter Drei-Königs-Brauch fort.

Laurenz Frings

21. März 1961

Der langjährige Bürgermeister des Kneippheilbades
dankt ab

Frings lehnt sein Mandat ab
Nur über Reserveliste gewählt –Bleibt im Kreistag –
Kampfabstimmung erwartet

Münstereifel – Am 4. April tritt der neugewählte Stadtrat zu seiner konstituierenden Versammlung in den Burggaststätten zusammen. Wie wir erfuhren, wird der langjährige Bürgermeister Laurenz Frings sich weder zur Wiederwahl stellen noch dem neuen Stadtrat angehören. Er nahm sein Mandat, das er über die Reserveliste der CDU erhielt, nicht an. An seiner Stelle soll Peter Schmitz in den Rat einziehen. Frings wird allerdings als Abgeordneter dem Kreistag angehören.

In der Kurstadt rechnet man für die Bürgermeisterwahl mit einer Kampfabstimmung. Wie man hören kann, spricht man in Kreisen der CDU von drei möglichen eigenen Kandidaten: Erich Eicks, Theo Heuel, und neuerdings, Josef Pauli. Von der FDP wird angeblich Ferdinand Lethert vorgeschlagen werden.

22. April 1961

„Löhr": Muss Pause machen
Elf Jahre lang Bürgermeister der Minderheiten

Münstereifel – Der junge Vorsitzende des Stadtrates wird mit einer neuen Glocke zur Ordnung rufen. Mit dem bisherigen Bürgermeister zog auch die Messingschelle aus dem Rathaus, denn Frings erhielt sie von englischen Kollegen als Geschenk. Die kleine Glocke ertönte in den Sitzungen der vergangenen elf Jahre selten. „Diskussionen müssen ausdiskutiert werden, pflegte der tolerante „Löhr" zu sagen.

Als Laurenz Frings 1946 aus der Gefangenschaft heimkehrte, war er 40 Jahre alt. Ein Zwischenfall im Rathaus – es ging um Bezugsscheine – machte ihn nachdenklich: Es war Zeit, dass sich Bürger der Stadt wieder um das öffentliche Wohl kümmerten. Zwar konnte er bei der ersten Wahl am 13. Oktober 1946 noch nicht kandidieren, da er noch keine drei Monate zurückgekehrt war, doch rückt er bald als „Reservemann" in den ersten gewählten Rat nach. 1948 wiederum in den Rat gewählt, wurde Frings Ende 1949 nach Hein Moll, Dr. Heuel und Ferdinand Müller zum vierten Nachkriegsbürgermeister bestimmt. Er blieb es bis zum 19. März 1961 und wäre es ganz gewiss heute noch, wenn er es gewünscht hätte.

In Stille abgetreten

Schon seit einiger Zeit stand fest, dass Frings nicht mehr als Ratsvorsitzender kandidieren wollte. Zwar wurde im Wahlkampf noch das Gegenteil behauptet, wer jedoch den „Löhr" kennt, wusste, dass seine in einer CDU-Versammlung bekanntgegebene Entscheidung unumstößlich war. „Ich muss-

te eine Pause machen", sagte er uns. Besonders in den letzten Monaten hatte sich die Arbeit in seiner Rentei gehäuft, weil er zu viel für die Stadt unterwegs gewesen war. „Eine Pause machen", sagte er; das schließt also nicht aus, dass er eines Tages wieder am Ratstisch sitzen wird. Die Kommunalpolitik sitzt den Frings nämlich in den Knochen: Schon der Vater saß als Zentrumsmitglied im Stadtrat und im Rheinbacher Kreistag.
1949, 1952 und 1956 waren sich die Ratsherren aller Fraktionen jedes Mal einig: Alle Stimmen, außer der vom „Löhr" selbst, wählten Frings zum Bürgermeister.

Kein Verwaltungsbericht

Nichts hätte näher gelegen, als vor der letzten Wahl mit einem „Verwaltungsbericht" die Leistungen der Stadt in den letzten Jahren hervorzuheben. Frings hielt nicht viel davon. Die Vielgestaltigkeit des Kneippheilbades wirft Probleme auf, die einer größeren Stadt Kopfzerbrechen bereiten würde. Gelöste Fragen gehen oft in der Unmenge der aufstehenden Aufgaben unter. Immerhin wurden in den elf letzten Jahren Schulen gebaut, die Stadtmauer instand gesetzt, das Wassernetz erneuert und erweitert, die Badeanstalt gebaut, der Kurpark angelegt, Sportplatz und Ehrenfriedhof eingeweiht. Das Juristenheim kam nach Münstereifel und mit den englischen Städten der Grafschaft Kent wurden Freundschaftsbande geschlossen.

Mann des Kompromisses

Zuhörer der Ratssitzungen nannten Frings oft „Bürgermeister der Minderheiten". „Löhr" hat sich nie auf eine absolute Mehrheit stützen können. Immer wieder setzte er sich durch seine Objektivität und Lauterkeit durch. Er war jedenfalls ein Mann des Kompromisses. Es machte ihm nichts aus, gegen die eigene CDU-Fraktion mit den anderen drei oder vier Gruppen zu stimmen, wenn er das Wohl der Stadt im Auge hatte. Frings kannte den Unterschied zwischen den Wunschträumen eines Rates und der Wirklichkeit der Verwaltungsexekutive. In den Diskussionen ließ er manchmal die Zügel schleifen. Wenn es ihm zu bunt wurde, röteten sich Nacken und Ohren. Dann wussten die Ratsherren: Jetzt wird es Zeit, über den Punkt abzustimmen.

So wuchs Frings zu einer „Institution" heran. Für zahlreiche Gäste, die das Kneippheilbad empfing, war Münstereifel Frings und Frings Münstereifel. „Löhr" verstand es, zu allen Gruppen und Menschen den rechten Kontakt zu finden. Professoren, Ärzte und Wissenschaftler lobten immer wieder das selbstbewusste kleinstädtische Fluidum, das Frings ausstrahlte. „Ich freue mich, endlich einmal nicht mit unverbindlichen Worten begrüßt worden zu sein", äußerte ein Gießener Professor; und Professor Dr. Steinbach von der Universität Bonn begrüßte Frings einmal sogar als „Bürgermeister Löhr". Alderman Wiles, britischer Leiter des deutsch-englischen Jugendaustausches, begann seine Briefe immer mir „Dear Lorenz".

„Leider war Frings kein Taktiker", beklagte ein Kenner der Lage die Tatsache, dass Frings sich nicht gegen die Gerüchte verteidigte, er habe seine Stellung als Bürgermeister für die eigene materielle Bereicherung ausgenutzt. Gemeint war die „Affäre Schafstall", für die verschiedene Kreise auch die Presse zu interessieren versuchten. Auch wir gingen den Dingen nach. Die Grundstücke, die Frings kaufte, wurden nie der Stadt angeboten, der Rat hat auch nie etwas von einem Kauf wissen wollen. Das Internat der Ursulinen wurde nicht auf Anraten von Frings im Schafstall gebaut, sondern auf besonderen Wunsch der Schulleitung. Der Weg, der das Fringsche Gelände aufschloss, wurde gegen seinen Willen gebaut. „Sie können doch unsere Entscheidung nicht sperren", musste sogar der Leiter des Landesstraßenbauamtes sagen, als Frings darauf bestand, den Weg über den Uhlenberg zu führen.

Als Frings einmal aufgefordert wurde, zu den Gerüchten Stellung zu nehmen, soll er gesagt haben: „Es hat doch keinen Zweck, ein Dementi glaubt einem doch keiner." So wird der „Schafstall" als Makel an der „Regierungszeit Frings" haften bleiben, als ein Makel, der allerdings ungerechtfertigt ist.

Carola Gleich

24. Dezember 1959

Heiligabend-Bescherung im großen Zirkuszelt
Frau Carola Gleich erzählt aus ihrer Glanzzeit

Wenn Carola Gleich aus Münstereifel aus ihren vergangenen Jahren erzählt, dann sind ihre Erinnerungen genau so wenig an einen Ort gebunden, wie seinerzeit der berühmte „Zirkus Gleich", dem sie mit ihrem Mann vorstand.

Wenn der Winter kam und die Spielsaison für die Artisten unter dem Riesenzelt in Deutschland und seinen nächsten Nachbarländern zu Ende ging, begann die Fahrt zum sonnigen Süden Europas. Wenn auch nicht immer die Sonne schien, so war die Temperatur in den kalten Monaten immerhin noch sehr erträglich. Der Zeltbetrieb konnte weitergehen.
Der Name „Gleich", heute noch vielen Erwachsenen in guter Erinnerung, stand ebenbürtig neben den anderen großen Zirkussen, wie Sarassani oder Busch. Genau wie in Berlin oder Köln war das große Zelt mit seinen 12 000 Sitzplätzen, die Menagerie mit ihren 700 Tigern auch in Paris, in Madrid oder in Rom bekannt. „Nie gab es genug Plätze um die drei Manegen." Auch nicht an den Weihnachtstagen. Im Dezember leuchtete das mit Tausenden von Lampen verzierte Eingangsportal in Südspanien oder Süditalien auf.
Nur auf Heiligabend ruhte der gesamte Zirkusbetrieb. „Das ließen wir uns nicht nehmen", sagte Carola Gleich. „In keinem anderen Land wird solch eine Familienweihnacht gefeiert wie in Deutschland. Um so weniger, je weiter die Länder südlich liegen."

Immerhin feierten mit der Familie Gleich die 48 Musiker der beiden Kapellen, die 22 Verwaltungsangestellten und die 120 Arbeiter. „Was die Artisten machten, weiß ich nicht, sie waren von uns ja nur auf Zeit engagiert." Im großen Aufführungszelt ließ Carola Gleich am Nachmittag vor dem Weihnachtstag eine große Tafel herrichten, und alle diejenigen, die mit den vielen Tieren des Betriebes zu tun hatten, die Dompteure, Tierpfleger und Kutscher, wurden reichlich beschenkt. Bei dieser Gelegenheit gab es dann jedes Jahr einen neuen Anzug, der während den Pausen getragen werden musste, wenn Tausende von Besuchern die Menagerie besuchen wollten.

„Ganz gleich, wo der Zirkus auch am 24. Dezember stand, in Neapel oder in Madrid, von irgendwoher hatte mein Mann einen Weihnachtsbaum hergeschafft .... und eine gute Weihnachtsgans."

Am ersten Weihnachtstag ging dann der Spielbetrieb weiter.

Dr. Friedrich Haass

29. Dezember 1960

Heute noch wird Dr. Haass in Moskau verehrt
Briefnachlass jetzt durchgesehen
Sohn Münstereifels ging als Arzt nach Petersburg –
Schildert ihn Dostojewski? (1)

Münstereifel – Vor vier Jahren weilte Oberregierungsmedizinalrat Dr. Friedrich Haass aus Wildbad als Kurgast im städtischen Kurhaus. Er ist ein Nachkomme des großen Sohnes Münstereifels, Dr. Friedrich Haass, des „heiligen Doktors von Moskau", der heute noch in Russland verehrt wird. Einige Briefe aus der Moskauer Zeit seines Vorfahren überließ der Kurgast der Stadt. Obwohl ein großes Schrifttum sich bereits mit dem „heiligen Doktor" beschäftigte, bringen diese jetzt erstmals durchgesehenen Briefe neue interessante Einzelheiten über das Leben des großen Arztes und Menschenfreundes.

1953 wurde am Haus Heuel in der Werther Straße die Bronzeplakette angebracht, die daran erinnert, dass dort Dr. Friedrich Josef Haass Anfang August 1780 geboren wurde. Geehrt vom ganzen russischen Volk, starb Dr. Haass 1853 und wurde auf dem sogenannten „Deutschen Friedhof" in der russischen Hauptstadt beerdigt.

Auch Dostojewski?

In zahlreichen Schriften, Sammelbänden und Büchern wird des „heiligen Doktors von Moskau" , wie ihn das Volk nannte, gedacht. Wichtige Hinweise und Schilderungen findet man in den Sammelbänden „Menschen der Liebe" von Karl Nötzel, „Die Eroberung Sibiriens" von Juri Semjenow, „Das heilige Moskau" von Nikolaus von Arseniew und „Deutsche über Land und Meere" von Georg Wagner. 1899 erschien in Leipzig die deutsche Übersetzung des russischen Buches „Dr. Friedrich Haass" von A.F. Koni. In Petersburg wurde 1900 eine Biographie „Haass, Fürsprecher des Volkes" veröffentlicht. Der Wolgadeutsche Hans Harder brachte den ersten Lebensroman über den Sohn Münstereifels heraus: „Der Deutsche Doktor von Moskau", und Margarethe Passon-Darge schrieb den Band: „Friedrich Josef Haass, Bildnis eines Christen". Es war das bisher einzige Buch, das nach dem Kriege über den Helfer der Armen und Strafgefangenen verlegt wurde (1951: Verlag J.P. Peter, Rothenburg).

- **Hat auch Dostojewski den uneigennützigen Einsatz des deutschen Arztes für die nach Sibirien verschleppten Strafgefangenen vor Augen gehabt, als er seinen Roman „Die Brüder Karamassow" schrieb?**

Ein Münstereifeler Student, der die Hochschule in München besucht, hat wichtige Vergleichsmomente gefunden und forscht zurzeit weiter.

Erst nach Petersburg

Auch in Zeitschriften, Kalendern und im Rundfunk wurden öfters Schilderungen vom Leben Friedrich Josef Haass veröffentlicht. Immer wieder wird geschildert, dass der Sohn Münstereifels, damals Arzt in Wien, 1806 nach Moskau ging. Unter den wenigen Briefen und Papieren, die der Nachfahre des berühmten Mannes dem Archiv der Stadt überließ, befindet sich allerdings ein „Anstellungsvertrag" der Prinzessin Repnin, der nur von Sankt Petersburg spricht. Im Original ist das Schriftstück in französischer Sprache abgefasst, wie es den damaligen russischen Adelsbräuchen entsprach.

Diesem Vertrag gemäß verpflichtet sich „Herr Doktor Haass, die Sorge für die ärztliche Behandlung Ihrer Hoheit der Prinzessin Repnin, Ihrer gesamten Familie, ebenso Ihrer Domestiquen als Arzt zu übernehmen und zwar nicht nur in der Stadt Petersburg, sondern auch auf dem Lande und überall da, wo sich Ihre Hoheit befindet".

Der Vertrag wurde am 3. Februar 1806 unterschrieben und sollte am 31. Januar 1810 enden. In einer letzten Klausel wird dem „Herrn Doktor Haass" versichert, dass er seinen ärztlichen Beruf genauso in Petersburg wie überall dort, „wo immer sich Ihre Hoheit befindet", ausüben dürfte. Da die Prinzessin Repnin sehr wahrscheinlich oft in Moskau weilte, wurde Dr. Haass auch dort bald ein bekannter und beliebter Arzt. Schon 1807, so berichten die Biographen, wurde der in Wien als Augenarzt vom greisen Fürsten Repnin (Haass heilte ihn von einem schweren Augenleiden) entdeckte Mediziner Chefarzt am Moskauer Paulshospital.

Es folgten Jahre des Erfolges und des Reichtums, und in den Berichten wird immer wieder die „mit vier weißen Pferden bespannte Kutsche" erwähnt, mit der Dr. Haass seine Krankenbesuche machte. Ruhm und Reichtum wuchsen an. Bald besaß er ein eigenes Haus, eine Tuchfabrik und beteiligte sich an der Aufschließung von Mineralquellen im Kaukasus. Die Aufgabe des großen Münstereifelers lag aber nicht darin, materielle Vorteile zu erwerben. Die Wende kam 1829: Haass wurde zum obersten Gefängnisarzt von Moskau ernannt.

30. Dezember 1960

Heute noch wird Dr. Haass in Moskau verehrt
Ahnte der Arzt die „Aufgabe"?
Abschiedsbrief aus Wien – Hartes Los mildern (2)

Münstereifel – 1828, 22 Jahre nach seiner Ankunft in Russland, wurde Dr. Friedrich Josef Haass „Sekretär" des vom Fürsten Golizyn gegründeten „Kuratoriums zur Beaufsichtigung des Moskauer Gefängniswesens". Bald wurde er zum obersten Gefängnisarzt ernannt. Die große Aufgabe, die das Leben für den Münstereifeler Sohn bereithielt, begann. Er kümmerte sich um das Los der Strafgefangenen. Ahnte Haass schon 1806, dass sich sein Schicksal in Russland erfüllen würde? Sein Abschiedsbrief an den Oheim in Köln könnte darauf schließen lassen.

Dem Anstellungsvertrag von der Fürstin Repnin lag auch ein Abschiedsbrief bei (Stadtarchiv, Münstereifel), den Dr. Haass seinem Onkel Stephan in Köln schrieb. „Theurester Oheim", beginnt das Schreiben, „Alea jacta est" – urtheilen nun Sie, was zu erwarten – Morgen früh um 7 verlasse ich Wien, und reise mit der Fürstin Repnin als ihr Leibarzt nach St. Petersburg".

Unruhe trieb ihn fort

Gewiss war der junge Augenarzt schon in der österreichischen Hauptstadt als Kapazität anerkannt. Wie sonst hätte sich wohl ein Fürst Repnin unter seinen Patienten befunden? Dennoch wollte Dr. Haass aus Wien fort. Er schrieb:
„Soll ich was Gutes in diesem Schritte ahnden, so würde auch am meisten dazu beistimmen, diese gantz unterwartete, nicht einmal bestimmt gewünschte Gelegenheit zu einer

Zeit, wo mich eine gantz unerklärbare und unausstehliche Unruhe von Wien wegtrieb."

Es ist interessant zu wissen, dass Haas wahrscheinlich auch ohne den Fürsten Repnin nach Russland gelangt wäre. „Meine Unlust für Wien", heißt es im Brief, „welche ich immer hatte, wurde seit meinem Typhus, von dem ich vor fünf Wochen genesen, zu einem ängstlichen Gefühl in dieser Stadt, ich fand, dass ich wegmusste und wäre bald zur Russischen Armee als Regiments-Arzt gekommen." Über seine Reiseroute berichtete der Doktor: „Wir werden in ziemlicher Eil bey abscheulichen Wegen über Lemberg, Brody, Willna und vermuthlich über Moskau gehen."

Entfernung gleichgültig

Dr. Friedrich Josef Haass verließ Wien nicht ganz ohne die finanziellen Sorgen, die ihn auch später nicht verschonten, wie aus den Briefen seiner Schwester Wilhelmine hervorgeht. Beim Abschied aus Wien schreibt Haass seinem Oheim: „Die verschiedenen Ausgaben, welche ich jetzt für Instrumente (einen ziemlich vollständigen Apparat vom Chirurg, accomplement und Augeninstrumenten), Leinwand, Kleider und Bücher aufgebracht, belaufen sich über 900 Wiener Gulden. Auf die Reise behalte ich noch 100 fl. Diese 1000 fl. hat mir H.v. Herbecu geliehen." Haas hoffte, dass die Familie Brewer, aus der seine Mutter stammte, helfen werde.

„Lassen Sie mich nun schließen, mein lieber Oheim", schreibt Haass weiter, „ich gehe weit von Ihnen weg, es ist wahr, doch müssen wir einmal getrennt seyn, so ist jede Entfernung gleichgültig. Sie denken ebenso leicht nach Petersburg als nach Münstereiffel." Es folgen Grüße an die Eltern in der Apotheke in der Werther Straße.

Dieser Brief kündigte den entscheidenden Schritt des Doktors an. Er kehrte noch einmal nach Münstereifel zurück, als er als Militärarzt mit der russischen Armee gegen Napoleon nach Frankreich zog. Er kam gerade recht, um seinen Vater am 7. April 1814 ein letztes Mal zu sehen. Der Apotheker Peter Haass aus Münstereifel lag auf dem Sterbebett.

In der Gefängnisschmiede

Eine „unerklärbare und unausstehliche Unruhe" trieb Haass von Wien weg. Ruhm und Reichtum sammelte der Arzt in den ersten Jahren seiner Moskauer Zeit. Als er jedoch als "Gefängnisarzt" mit jenen Unglücklichen in Berührung kam, die zur Zwangsarbeit nach Sibirien verurteilt waren, begann sein neues Leben.
Er führte, oft gegen harten Widerstand, Fesseln ein, die halb so schwer waren wie jene, welche die Sträflinge seither schleppen mussten. Er stand in der Gefängnisschmiede und suchte nach einem Weg, das schwere Los der Verbannten zu mildern. Er half jedem und gab Ämter, Praxis, Reichtum und Eigenleben auf, um den Ärmsten des russischen Volkes zu dienen. Er zog selbst ins Gefängnishospital.

31. Dezember 1960

Heute noch wird Dr. Haass verehrt (3)
Fritz hält es mit dem Klaren —
Was Schwester Wilhelmine schrieb – Geld lästig

Münstereifel – Nachdem er sich entschlossen hatte, sich ganz dem Schicksal der Strafgefangenen zu widmen, versuchte Dr. Haass alles mögliche, um an Geld zu kommen. Dabei gab es viele Rückschläge. Genaue Auskunft darüber geben Briefe der Schwester Wilhelmine, die 1822 nach Moskau zu ihrem Bruder gezogen war. Die materielle Not des

Arztes wurde aber immer größer, und er starb 1855 in großer Armut.

So viel über die Tätigkeit Friedrich Josef Haass als Helfer der Strafgefangenen geschrieben wurde, so wenig weiß man aus der Zeit, da er mit vier Pferden und einer Kutsche bei seinen Patienten vorfuhr. Einen Einblick in die materiell glückliche Zeit in Moskau vermittelt ein Brief der Schwester des Arztes, die wahrscheinlich 1822 nach Russland zog.

„Er bedurfte meiner sehr"

Fern seiner Heimat fühlte sich der umworbene Arzt in Moskau doch oft einsam. In einem Brief an „ihren lieben Jacob", einen Vetter, stellt Wilhelmine Haass fest: „Er (Fritz) bedurfte meiner sehr. Ein trauriges Leben hat er bis heran gehabt. Kann ich ihm nun ein angenehmes bereiten, so denke ich, dass darin der Zweck meiner Reise besteht."

„Ich lebe hier angenehm, nichts geht mir ab, wenn ich Cölln ausschließe", sagt die Schwester weiter. Dann geht der Brief etwas auf die Mentalität des Doktors ein: „Fritz hält es mit dem Klaren und Wahren. So sehr er die Partie der Russen nimmt, muss er doch ihren Charakter hassen. Der Stolz, misstrauisch, falsch und pretentieux ist eine ihrer gehässigsten Eigenschaften. Daher zweifle ich, dass ich je mit ihnen befreundet werde."

Dieser Einblick in die intimsten Gedanken des Arztes lässt seine Tätigkeit als Philantrop in noch hellerem Licht erscheinen. Er half nämlich denen, deren „Charakter" er anscheinend hasste, bis zur Aufopferung seiner selbst.

Nur mit Extremen zu tun

Der Inhalt der schwesterlichen Briefe nach Köln wird ernster, als 1828 Dr. Friedrich Josef Haass begann, sich um das

Los der Gefangenen zu kümmern. Sie schreibt der Schwester Lieschen an den Rhein: „Dein letzter Brief... hat mich bey noch so augenblicklicher ernster Stimmung doch lachen gemacht. Ich will reden von den zwei Extremen, arm oder reich zu werden. Es ist fatal, betrübt, wenn man nur mit Extremen zu thuen hat, wie bey uns der Fall ist..."
Der Doktor versuchte um 1829/1830 herum, mit seinem Geld zu spekulieren. Mit den erzielten Gewinnen wollte er noch mehr Gutes tun. Wilhelmine schrieb an ihre Schwester: „Fritz hat unklug, blind in den Tag hinein gehandelt, hat mit fremdem Geld gehandelt, zwecklose Auslagen gemacht, zwar in der besten Meinung, eine Goldgrube damit zu eröffnen, aber ohne die Möglichkeit des Wiedergebens genug zu erwägen... Weil Fritz so wenig aus Geld was macht, so ist er auch gar nicht leicht beym ausgeben. Nicht für sich, er braucht gar zu wenig für sich, aber ausgenommen seine Person, gibt er seinen letzten Heller her und ist eben so vergnügt, wenn er nur so viel besitzt, dass er geben kann, was man begehrt, und bleibt ihm nur ein Rubel übrig... Es ist ihm sogar lästig Geld zu haben."
Aus den weiteren Zeilen geht hervor, dass „Fritz" ein Landgut erwerben und sich von seiner Praxis befreien wollte, „womit er viel anderseitig Gutes hoffte bereiten zu können". Am 27. September 1830 schrieb Wilhelmine über den Einsatz des Bruders gegen die in Moskau wütende „Cholera morbus". Er tat es, wie Wilhelmine Haass schrieb, obwohl „Fritz schon wie in Cronsdiensten angesehen war, da er der Arzt der nach Sibirien verwiesenen Gefangenen ist, deren er sich mit bewunderungswürdigem Eifer und Ausdauer widmet; jedoch hat er aus freiem Willen noch ein Spital übernommen, wo er unermüdet arbeitet, ohne alle Vorsicht, als die der Göttlichen, die ihn beschützen wolle".

Der Aufgabe treu geblieben

Bis zu seinem Tode war es das Streben des großen Sohnes Münstereifels, das harte Los der Strafgefangenen zu mildern. Er ging ihnen auf den Landstraßen entgegen, tauschte die schweren Ketten mit leichteren Fesseln aus, verteilte warme Kleidungsstücke, Speisen und Medizin. Für jeden hatte er ein Trostwort. Bald wurde er als „heiliger Doktor von Moskau" verehrt.

In einem Bericht über den „Deutschen Friedhof in Moskau", schrieb die Frankfurter Allgemeine Zeitung am 9. August 1957: „Am Hauptweg erhebt sich noch immer auf einem rundlichen Findlingsstein das hohe Marmorkreuz eines Deutschen, der auch in der Sowjetunion hoch geehrt wird: Friedrich Josef Haass. In goldenen Lettern liest man hier (auf russisch) seinen Wahlspruch: Beeilt Euch, Gutes zu tun! Zur Erläuterung dient eine weiße Tafel aus neuerer Zeit, welche der vergesslichen Nachwelt mitteilt: „Der Freund der Gefangenen, Arzt Fjodor Petrowitsch Gaass (das Russische kenn kein „H"), gestorben 1853".

Toni Hürten

13. Januar 1959

Eine Stadtchronik entsteht
„Nur von Eingeborenen regieren zu lassen..."
heißt es in einem fürstlichen Befehl

Münstereifel – Geduld, Organisationstalent, Erkennen von Zusammenhängen und eine ganze Portion Idealismus, das sind die Voraussetzungen für denjenigen, der die Chronik einer Stadt zusammenstellen will. In Münstereifel ist Toni Hürten mit dieser schwierigen Arbeit betraut worden.

Damit wandte man sich an einen Mann, der sich nicht nur als Leiter des Heimatmuseums und Betreuer des Archivs heimatkundliche Sporen verdient hat, sondern der auch, sozusagen von Haus aus, auf eine solche Tätigkeit vorbereitet wurde. Bezeichnen ihn doch die Landespfleger als ihr „bestes Pferd im Stall". Vater Karl Hürten hatte nicht nur die leider vergriffene „Volkstümliche Geschichte der Stadt Münstereifel" verfasst, er war es auch, der 1920 im Orchheimer Tod den Grundstock zum Heimatmuseum legte. Seit 1932 wird diese Sammlung vaterstädtischen Anschauungsmaterials durch seinen Sohn Toni gehütet, aufgebaut und erweitert.

Durch Bomben vernichtet

Als während des letzten Krieges das Lebensmittelamt in die Museumsräume einzog, lagerte man verschiedene Stücke in das Haus Best, Wertherstraße, um. Dieses aus dem Jahr 1588 stammende Gebäude war dem Museum als endgültige Bleibe zugedacht worden. Bomben machten nicht nur diesen Plan zunichte, auch von dem altehrwürdigen Haus (dem heutigen Kino) und den darin gelagerten Schätzen blieb nichts übrig. So gingen dabei auch Funde der alten Burg, solche aus der vorgeschichtlichen Zeit der Karsteinhöhle und die komplette Böttcherwerkstatt zugrunde. Der Museumsleiter begann aber bald wieder zu sammeln. Als das Rathaus nach seiner Wiederherstellung bezogen wurde, konnte auch das neueingerichtete Museum eröffnet werden.

Als Toni Hürten 1955 von der Stadt Münstereifel den Auftrag erhielt, die Chronik der Stadt zu führen, entschloss er sich, diese aus dem tiefsten Mittelalter heraus aufzubauen. Das war jedoch leichter gesagt als getan. Als während des Krieges die Front immer näher rückte, verpackte man das gesamte Archivmaterial in Kisten und transportierte es in Richtung linkes Rheinufer. Doch bis dahin kam es nicht mehr. Im freien Wald in der Nähe von Effelsberg wurde die wertvolle Ladung vom Lastwagen gekippt und ihrem Schicksal überlassen. Später durchstöberten durchziehende Soldaten die Kisten und ließen alles liegen. Dabei wurden Pergamente und Papiere durchnässt und zum großen Teil zerstört. Nur ein geringer Prozentsatz konnte aufgearbeitet werden. Nach langem Suchen und Ordnen konnte das Archiv erneut zusammengestellt werden.

Von 1339 bis 1820

Mit dem „Privileg der Wollweberzunft" des Grafen Wilhelm von Jülich im Jahr 1339 beginnt die wertvolle Urkundensammlung. Von 1423 stammt der fürstliche Befehl „Jedermann genau bei Recht und Urteil zu lassen und Land und Untertanen nur von Eingeborenen und nicht von Fremden regieren zu lassen". Bestätigungen der verschiedenen Privilegien, Grundstücks- und Gerichtsakten, Rentenübertragungen, Urkunden des Papstes Leo X., Aufforderungen des

Marktgrafen zu Brandenburg und des Pfalzgrafen an den Rat Münstereifels „bei Tag und Nacht für gute Wachen zu sorgen", schließen sich aneinandergereiht zu einer vollständigen Chronik zusammen.

Zwei Bände wurden bisher in flüssiger Handschrift vollgeschrieben, und Toni Hürten ist beim Jahre 1820 angelangt. Da das Material nun reichhaltiger wird, rechnet der Museumsleiter mit noch zwei weiteren Bänden. Die Chronik soll abschnittsweise vom Verein der Geschichts- und Heimatfreunde des Kreises Euskirchen herausgegeben werden. Aus Anlass des 70. Geburtstages des Chronisten war das Fernsehen Gast des Museums, und der Oberlandesverwaltungsrat beim Kulturministerium, Dr. Vogler, versprach, die Drucklegung in die Hand zu nehmen. Das war das schönste Geburtstagsgeschenk für Toni Hürten.

Heinrich Imhorn

15. Juli 1959

Seit vierzig Jahren Fotograf
Mit einem „Pappdeckeldöschen" fing es an

Münstereifel – Allen Vereinen ist Heinrich Imhorn wohlbekannt. Sie alle ließen sich von ihm irgendeinmal knipsen. Noch heute kommt der fast 75 Jährige bei besonderen Gelegenheiten mit seiner Riesenkamera an, rückt hier und da die Gruppe zurecht, verschwindet hinter seinem großen schwarzen Tuch und bittet um das „freundliche Lächeln".

Eigentlich ist Heinrich Imhorn Friseur. 1902 bestand er bei seinem Vater in der Breite Straße in Köln die Gesellenprüfung. 1909 ließ er sich – vor genau fünfzig Jahren - in der Orchheimer Straße nieder. Was den jungen Heinrich jedoch am meisten interessierte, das war schon vor der Jahrhundertwende die magische Kunst des Fotografierens. Sie wurde zu seinem zweiten Beruf. Dass im Kölner Elternhaus ein Fotograf wohnte, kam seinem Steckenpferd besonders entgegen.

Erste „Camera" für 1,50 Mark

Es war die Zeit, in der die ersten Plattenkameras auch die ersten Fotoamateure auf den Plan riefen. Für 200 bis 400 Goldmark konnte die „Contessa Nettel" erworben werden. Doch auch das „Pappdeckeldöschen", mit Deckelchen auf der Linse, ohne Zeiteinstellungen und Blenden, das Heinrich Imhorn als ersten Apparat erwarb, tat seine Dienste. Immerhin war etwas auf den Bildern zu erkennen. Das „Döschen" kostete damals ganze 1,50 Goldmark.

Als der Krieg zu Ende war, machte Heinrich Imhorn 1919 – in der Zeit der Gewerbefreiheit – sein Steckenpferd zu seinem zweiten Beruf. Es gab viel zu tun. Jedermann brauchte für die Pässe der englischen Besatzungsmacht ein Foto, und fast alle 2500 Briten, die im alten Rathaus oder in Zelten rund um Münstereifel lagen, wollten ihr Porträt haben. Es war die Zeit des braunen Fotopapiers, der steifen Posen und der einkopierten Hintergründe mit klassischen romantischen oder hochherrschaftlichen Motiven.

Überall zu Gast

Heinrich Imhorn war zu Gast bei fast allen Bauernhochzeiten. Zu Beginn des Kneippvereins und des städtischen Kurhauses zog er einmal in der Woche zum Neugartenweg und fotografierte die Gäste gruppenweise bei der Gymnastik, beim Tau- oder beim Wassertreten. Das waren Andenken, die jeder gerne aus Münstereifel mitnahm.
Die sprunghafte Entwicklung in der Fotografie konnte den alten Imhorn nicht überrollen. Durch Zeitschriften und Kontakte zu Kollegen hielt er sich stets auf dem laufenden. So kommt es, dass er heute immer noch da zu sehen ist, wo z.B. ein Verein eine Erinnerung an sein Fest haben möchte.

17. Mai 1960

St. Aposteln war ihre Pfarre
Seit fünfzig Jahren verheiratet und in Münstereifel

Münstereifel – Nachdem er schon am Sonntag als Mitgründer der Ortsgruppe des Deutschen Roten Kreuzes geehrt wurde, wird Heinrich Imhorn am Dienstag erneut Glückwünsche entgegennehmen. Diesmal aber gemeinsam mit seiner Frau Helene, geb. Stratmann: Das Ehepaar begeht seine goldene Hochzeit.

Eigentlich feiern die Eheleute Imhorn noch mehr als ihre „goldene Hochzeit". Schon von Kindesbeinen an verlief ihr Weg gemeinsam rund um die Apostelnkirche am Kölner Neumarkt. Am 14. Dezember 1884 erblickte Heinrich Imhorn, am 16. September 1886 seine spätere Frau Helene in Köln das Licht der Welt. Schon in der Apostelschule, so sagten wenigstens die Mitschülerinnen, hatten die beiden Gefallen aneinander gefunden. „Da kommt der Deine", riefen die Freundinnen, wenn der 13jährige Heinrich einmal vom Direktor zur Oberlehrerin geschickt wurde. Gemeinsam gingen beide auch zur Kommunion, und am gleichen Altar in St. Apostropheln wurden sie am 17. Mai 1910 getraut.

Zuvor hatte Heinrich Imhorn im väterlichen Betrieb das Friseurhandwerk gelernt, im selben Hause in der Breite Straße wurde er auch als Fotograf ausgebildet. 1904 kam der Jubilar nach Trier als Soldat, und am 15. Mai 1909 mietete er das Lokal in der Orchheimer Straße in Münstereifel, wo er seine eigene Werkstatt eröffnete. Ungefähr ein Jahr später zog die junge Frau ein.

Von vier Kindern verblieb dem Jubelpaar nur eine Tochter, die in der Erftstadt wohnt und mit dem einzigen Enkel an der Feier teilnehmen wird.

Da Heinrich Imhorn während des ersten Weltkrieges als Sanitäter Dienst tat, war er der rechte Mann, um zusammen mit einigen anderen Bürgern der Stadt und Dr. med. Grewe im Jahre 1934 die Ortsgruppe des DRK zu gründen. Als Fotograf erlebte er die ganze Entwicklung Münstereifels zum Kurbad, und viele seiner Bilder haben ihren Stammplatz in den Fotoalben der Erftstädter. Der Kölner Stadt-Anzeiger schließt sich den Glückwünschen zum goldenen Jubelfest des Ehepaares herzlichst an.

Hubert Jackle

15. Dezember 1960

Im Schnee Auto fahren ist heute Spielerei
Zwei Unverwüstliche: Hubert Jackle und sein Stoewer

Münstereifel – „Das ist doch eine Spielerei, heutzutage bei Schnee und Kälte zu fahren", lächelt Hubert Jackle und erinnert sich an seinen unverwüstlichen „Stoewer", Jahrgang 1913. In jenem Jahr hatte Jackie in Aachen seinen Führerschein erworben und in Münstereifel die erste „Autovermietung" gegründet. „Noch heute könnte ich fahren", sagte der 81 Jahre alte Automobilist. „Alte Leute gehören aber nicht ans Steuer", fügt er verantwortungsvoll hinzu und zeigt die Urkunde der Bundesverkehrswacht über langjähriges unfallfreies Fahren.

Mit verschneiten und vereisten Straßen kannte sich Hubert Jackle sehr gut aus. Er wohnte noch im elterlichen Hof in Buirhaus an der Straße nach Blankenheim, als er seinen ersten Wagen kaufte. „Ein Stoewer, offen, mit 18 oder 22 PS, genau weiß ich es nicht mehr. Jedenfalls fuhr er Höchstgeschwindigkeiten bis zu 60 oder 80 Stundenkilometer", erzählt Jackle.
Im Winter hatte Hubert Jackle seinen Ärger mit allen möglichen Dingen, nur mit dem Motor nicht. „Der lief immer", freut er sich jetzt noch. Aber mit der Kulissenschaltung oder mit der Außenbremse gab es Schwierigkeiten. War es schon an warmen Tagen nicht einfach, den Motor anzukurbeln, so musste der Fahrer alle Kraft aufwenden, um die große Kurbel bei Frost zu bewegen. „Damals musste man als Autofahrer noch etwas „in den Mauen" haben."

Wenn es kühl wurde, konnte das Verdeck hochgezogen werden. Dann sah der Wagen piekfein aus mit den grünen Lederpolstern, den Gardinen an den Fenstern und den Karbidlampen vor dem Kühler.

- „Und erst das Reifenwechseln", erinnert sich Jackle weiter, „nicht nur die Felge, das ganze Rad musste abmontiert werden einschließlich Bremse und Nabe. Das gab eine Menge Arbeit und platt gefahren wurde bedeutend öfter als heute. Zu viele Hufnägel lagen herum, und der Gummi war nicht so dauerhaft wie heute. Dafür standen einem auch zwei Reserveräder zur Verfügung, die neben der Außenbremse und einer großen Hupe die Karosserie zierten."

Mit Petroleum und Rohöl

Hubert Jackle hatte an seinem „Stoewer" viel Freude. „Er war nicht kaputtzukriegen." Zum Euskirchener Fastelovend „stapelte" der damals zu allen „Schandtaten" bereite Taxiunternehmer 28 Kumpane in mehreren Schichten übereinander; dabei war der „Stoewer" ein Viersitzer. „Das hielten sowohl das handgeschmiedete Fahrgestell als auch der Motor spielend aus", versichert Jackle.
Als im ersten Weltkrieg Benzin selten wurde, kaufte Jackle jede erreichbare Flasche Brennspiritus auf und fuhr weiter. Als auch dieser Brennstoff knapp wurde, wurde er mit Petroleum vermischt. Zum Schluss lief der „Stoewer" sogar mit Rohöl, ohne dass auch nur eine einzige Schraube am Motor verstellt worden wäre. „Allerdings bekam ich dann Krach mit den Leuten. Meine Kiste qualmte schlimmer als eine Lokomotive", erinnert sich Jackle an die schimpfenden Bürger, die ihm unterwegs oft drohten.

Führerschein noch gültig

Aus dem Krieg 1914 – 1918 zurückgekehrt, verkaufte Jackie einige Jahre später seinen „Stoewer", der dann seine Pflicht in Neuenahr erfüllte. Jetzt war es ein sechssitziger Opel, mit dem Jackle seine große Stammkundschaft durch die Lande fuhr. Vor und während des Krieges hatte er die beiden Ärzte Münstereifels, die Sanitätsräte Dr. Westerhof und Dr. Jünger, gefahren und war deswegen sogar zwei Jahre vom Kriegsdienst zurückgestellt worden.

Gern erinnert er sich an die Zeit nach dem ersten Weltkrieg, als er einmal neun Tage lang den Kölner Weihbischof in alle Pfarren des Dekanates fuhr, wo der hohe Geistliche die Kinder firmte. „Der Wagen war mit Fähnchen und Girlanden schon geziert worden", erzählt der Autofahrer. Auch in der Jagdzeit hatte Hubert Jackle Hochbetrieb. Vom Bahnhof Münstereifel fuhr er die Jagdherren in ihre Reviere und nicht selten blieb er dabei mit „auf der Strecke". Da er Hubert heißt, geschah das besonders am „Hubertus-Tag", dem Tag der Jäger.

Vom „Schoßkind" zum Autofahrer

„Wer heute eine Panne hat, fährt in die Werkstatt. Als ich meinen Führerschein machte, hatte ich sechs Monate lang die Opel-Werkstatt in Aachen besucht." Alle Reparaturen wurden in der eigenen Werkstatt vorgenommen. Dort lag auch das Fass Benzin. „Tankstellen waren noch bis in die zwanziger Jahre hinein bei uns unbekannt."
Hubert Jackle fährt seit fünf Jahren nicht mehr selbst. Sein Sohn, der noch auf dem alten Stoewer vom Schoss des Vaters aus das Fahren lernte, führt das Geschäft weiter. Vater Hubert hat in seiner langen Praxis (1913 gab es außer ihm nur zwei weitere Autofahrer im Euskirchener Land) nie ei-

nen Unfall „gebaut". Die Bundesverkehrswacht zeichnete ihn deshalb mit der Ehrennadel in Gold aus. Vor drei Jahren feierte der alte Taxifahrer seine goldene Hochzeit, und in diesem Jahr wurde er 81 Jahre alt.

„Ach hätte ich jetzt noch meinen alten Stoewer", schloss Jackle unser Gespräch ein wenig melancholisch. „Was wäre der wohl heute wert?"

Jakob Kneip

05. September 1959

Die Freunde Jakob Kneips treffen sich in Münstereifel

Alles muss erhalten bleiben
Feier am Samstagabend –
Briefe und Bilder werden ausgestellt

Münstereifel – „Die Freunde kommen." Dieser Titel eines Gedichtes Jakob Kneips ist nicht nur das Leitmotiv einer Feier zu Ihren des Dichters am heutigen Samstag. Die Freunde Kneips kommen aus allen Gebieten an die Erft, um zum ersten Mal nach seinem Tode Gedanken auszutauschen, letzte Gespräche und Briefe festzuhalten. Kneips Gedankengut soll so vollständig wie irgend möglich erhalten bleiben, sein literarisches Werk lückenlos zusammengestellt werden. Das ist der tiefere Sinn dieses „Treffens der Freunde".

Nach dem Tode Jakob Kneips, am 14. Februar 1958, gewannen seine Freunde, die sich mit dem Nachlass beschäftigten, durch Gespräche und Briefe die Erkenntnis, dass es noch vieles gibt, was bisher von dem Dichter unbekannt blieb. Der Gedanke, Unbekanntes vor dem Vergessen zu bewahren, und alle Freunde zu einem Treffen einzuladen, ging vom Feuilletonisten des „Luxemburger Wortes", Albert Elsen, aus.

- Durch Professor Lemacher von der Musikhochschule Köln kam die Kunde, dass weit mehr Gedichte Kneips vertont wurden, als bisher bekannt war. Außer Lemacher, Joseph Haas, Paul Hindemith, Karl Löbl und dem in

Stalingrad gefallenen Adolf Clemens, regte Kneip noch andere, jüngere Musiker zu Kompositionen an.

- Briefe von Hans Thoma, Gerrit Engelke, Richard Dehmel, Heinrich Lersch, Eugen Diederichs, Margarethe zur Bentlage, Alfons Paquet, Peter Wust, Dominikus Böhm, Peter Dörfler, Josef Ponten, Rudolf Binding u.a. m. wurden inzwischen zusammengetragen und sollen an diesem Wochenende in der Rechtspflegerschule ausgestellt werden.

Winckler und Vershofen

Werden viele Bekannte und Freunde Kneips bei der Feierstunde in der Aula der Rechtspflegerschule zugegen sein, so sprechen die engsten Freunde, Wilhelm Vershofen und Josef Winckler, in zwei Referaten über den Toten. Mit Kneip zusammen gaben Winckler und Vershofen 1904 das Gedichtbändchen „Wir drei" heraus, das damals großes Aufsehen erregte. Diese drei Dichter waren es auch, die sich spätestens mit ihrem „Bund der Werkleute auf Haus Nyland" gegen die ästhetische Literatur der Jahrhundertwende wandten. Sie wählten auch die Industrie und ihre sozialen Aspekte als Themen ihre Dichtungen. Während des Krieges 1914/18 stießen u. a. Richard Dehmel, Gerrit Engelke und Heinrich Lersch zu diesem „Bund".

Indes Josef Winckler des Jugendgefährten gedenken wird, spricht Wilhelm Vershofen über „Jakob Kneip, den Kelten". Damit umreißt Vershofen schon im Titel seines Referates den Menschen Kneip, der dem Landvolk immer sehr nahe stand und seiner westdeutschen Heimat manches literarische Denkmal setzte. In Mohrshausen im Hunsrück am 24. April 1881 geboren, zog es den späteren Philosophen und Pädagogen immer wieder in die Städte und Dörfer der rheinischen Mittelgebirge zurück. Von Diez aus, wo er 1919 durch die französische Besatzungsmacht ausgewiesen wurde, zog er zwar nach Berlin, war aber 1921 wieder in Köln. Bis 1940 lebte er in der Rheinmetropole, bevor er sich nach Pesch in die Eifel zurückzog.

Kneip, als Mensch, der die persönlichen Eigenschaften und Freiheiten sehr hoch einschätzte, musste auch mit dem Kulturbetrieb des Hitlerreiches zusammenstoßen.

Geburtstagsartikel erschien nicht

- Unter den Briefen, die jetzt ausgestellt werden, befindet sich auch ein Schreiben Alfon Paquets. Als Mitarbeiter der „Frankfurter Zeitung" teilte er 1941 dem Dichter mit, dass der bereits redigierte Artikel zum 60. Geburtstag Kneips auf Geheiß des Kultusministeriums vernichtet werden musste. Sogar die „Münstereifeler Zeitung" hatte einen solchen Bescheid aus Berlin erhalten.

Auch in Pesch wirkte Kneip als Mensch, dem das Wohl seiner Mitmenschen nicht gleichgültig war. Er war es, der die bittere Aufgabe übernommen hatte, während des Krieges den Frauen und Müttern den Tod ihrer Männer und Söhne an der Front mitzuteilen. Mit Rat und Tat stand er in schweren Tagen allen zur Seite. Nach dem Zusammenbruch setzte er sich bei den Besatzungsbehörden ein, bat beschlagnahmte Kühe und Pferde heraus und wehrte manche Härten ab.

Als Vorsitzender des Rheinischen Kulturinstitutes sah er seine Hauptaufgabe darin, das geistige Deutschland zu retten. Zu wenig noch ist Jakob Kneip bekannt, „eines der größten lyrischen Talente, die die Welt besessen hat", wie Wilhelm Vershofen von ihm sagte.

Der List-Verlag will dankenswerterweise in allernächster Zeit ein Schulbuch mit Auszügen aus den Werken Kneips

herausgeben. Vor allen Dingen sollen seine rheinischen Landschaftsbeschreibungen ihren Platz darin finden.

Aus Anlass des Treffens seiner Freunde wird am Samstag, 5. September, in der Aula der Rechtspflegerschule eine Feier für den Dichter Kneip stattfinden. Lieder von Heinrich Lemacher und Joseph Haas nach Worten Kneips singt Gisela Gerhardus. Aus dem Werk des Dichters liest Josef Lodenstein. Die beiden Referate halten Wilhelm Vershofen und Josef Winckler. Es musiziert der Kammermusikkreis Robert Engel.

Sonntag werden die Freunde Kneips um 11 Uhr durch die Stadt im Kurhaus empfangen. Am Nachmittag besuchen sie das Grab des Dichters in Pesch.

09. September 1959

Weitere Dokumente sichergestellt

Der Dichter fand eine Heimat
Kneips Freunde trafen sich –
Gedenkstätte soll im Rathaus entstehen

Münstereifel – Während in der Aula der Rechtspflegerschule die Freunde Jakob Kneips des Toten gedachten, konnten für das Archiv seiner Werke weitere Dokumente sichergestellt werden. Beim Empfang durch die Stadt wurde angeregt, für den Dichter im Rathaus einen Raum einzurichten, in dem auch andere rheinische Schriftsteller ihren Platz erhalten sollen. Mit einem Besuch am Grabe Kneips in Pesch schloss das Treffen ab.

Die große Aula war gut besetzt, als Josef Lodenstein den Freunden des toten Dichters, der Stadt, dem Kreis und dem

ganzen Eifelland dafür dankte, dass diese Begegnung der Freunde ermöglicht wurde. Das Volksbildungswerk hatte die Gestaltung der Gedenkstunde übernommen.
Unter den Gästen saßen Kneips Jugendgefährte Dr. Josef Winckler, die Schriftsteller Emil Bodensiek, Dr. Alexander Baldus, Otto Wohlgemuth, Dr. Heinen, Willy Arndt, Max Barthel, Verleger Paul List, die Witwe Heinrich Lerschs, der luxemburgische Schriftsteller Albert Elsen, die Oberkreisdirektoren von Euskirchen und Schleiden, Dr. Verbeek und Dr. Gerhardus, Bürgermeister Frings, Stadtdirektor Derkum und viele andere.

Nyland-Stiftung

Dr. Winckler, der 1904 zusammen mit Jakob Kneip und Wilhelm Vershofen den avantgardistischen Gedichtband „Wir Drei" herausgegeben hatte, gedachte der Studienjahre in Bonn. Aus dem Bestreben dieser drei Dichter, einen anderen Weg zu gehen als die Neoromantiker der Jahrhundertwende, sei der „Bund der Werkleute auf Haus Nyland" entstanden. Den Geist der Werkleute wach zu halten, sei der Sinn der neugegründeten „Nyland-Stiftung".
Die „Nyland-Stiftung" ist die größte, die von Dichtern getragen wird. Sie soll verhüten, dass bedeutende Werke in Vergessenheit geraten. „Doch nur, was sich selbst erhält, soll veröffentlicht werden. Das andere mag der Vergessenheit anheimfallen", sagte Winckler.
Kneips Gedächtnis-Bändchen „Der neue Morgen" gewähre den reifsten Genuss mit dem liebenden, warnenden Propheten.

Stimme des Rheinlandes

Für Wilhelm Vershofen, der verhindert war, sprach Schriftsteller Dr. Walther Kordt, Düsseldorf, über Kneip und sein

Werk. Das Eigenartige an den „Werkleuten auf Haus Nyland" sei ihr Entschluss gewesen, sich erst in einem bürgerlichen Beruf zu behaupten. So seien Winckler Zahnarzt, Vershofen Wissenschaftler und Kneip Studienrat geworden. Kneip habe sich in diesem Bunde immer als die verantwortliche Stimme des Rheinlandes empfunden. Mit Alfons Paquet besaß er rheinisches Kulturbewusstsein und kehrte schon sehr früh das europäisch Gemeinsame hervor.

Die beiden Referate wurden durch Rezitationen, Lieder und musikalische Darbietungen umrahmt. Aus den Gedichten und Prosaauszügen des Dichters, wie aus seinen Liedern gingen sowohl das große lyrische Talent wie auch die gestalterische Kraft Kneips hervor. Gisela Gerhadus war eine gute Interpretin der Lieder „Herkunft", „O, wunderbare Zeit" und „Ruh, meine Seele" in der Vertonung von Heinrich Lemacher und „In dieser Abendstunde", „Wenn einst die Türen der Himmel aufgehen" und „Das weiß ich und hab`es erlebt" von Josef Haas. Der Kammermusikkreis Robert Engel spielte ein Präludium von J. S. Bach und die Sonate D-Moll von G. Ph. Telemann.

Auf langen Tischreihen hatten die Veranstalter Manuskripte, Briefe, Bilder und Aufzeichnungen aus Kneips Nachlass ausgestellt. Diese Dokumente sind der Grundstock zu einem Archiv, den zu erweitern der Anlass dieses Freundestreffens war.

Bürgermeister Frings begrüßte im Namen der Stadt die Freunde Kneips beim Empfang im Kurhaus am Sonntagmorgen. Josef Lodenstein dankte der Stadt für ihre Zuvorkommenheit und gab Dr. Wincklers Anregung bekannt, einmal im Jahr ein Dichtertreffen in Münstereifel zu veranstalten.

Die Grüße des westdeutschen Schriftstellerverbandes überbrachte Dr. Heinen, Köln. „In Münstereifel hat ein Dichter eine Heimat gefunden", sagte er. Die Grußbotschaft des luxemburgischen Innenministers, Gregoire, überbrachte der Feuilletonist des „Luxemburgischen Wortes", Albert Elsen.

- Während des Gespräches nahm ein Plan Formen an, der vorsieht, aus Münstereifel die Gedächtnisstätte Kneips zu machen. Im Rathaus soll ihm zu Ehren ein Raum eingerichtet werden. Seine Büste, Manuskripte und Dokumente sollen dort aufbewahrt werden. Später könnten auch die anderen rheinischen Schriftsteller dort ihren Platz finden.

Am Nachmittag fuhren die Freunde nach Pesch, wo sie das Grab Jakob Kneips besuchten.

Heinz Küpper

(Dies ist vermutlich die erste Erwähnung Küppers in der Presse; AF)

06. Januar 1961

Münstereifel – Montag, 9. Januar, 20 Uhr, im ersten Stock der Rechtspflegerschule: Wiederaufnahme der Lesungen und Diskussionen über Werke der Literatur im „Literarischen Zirkel" des Volksbildungswerkes. Die Leitung hat Studienassessor Küpper. Gäste sind jederzeit willkommen.

Walter Landmann

11. Februar 1960

Zeichnet mit Taschenlampe
Besuch beim Graphiker Landmann

Rohr – Die Ruhe der Eifel zieht nicht nur Feriengäste an, sondern auch Künstler, die im Lärm der Großstadt nicht mehr arbeiten, sich nicht mehr auf ihre Arbeit konzentrieren können. Einer von ihnen ist der Graphiker Walter Landmann. Seit einigen Monaten hat er sein Atelier in einem der letzten Häuser Rohrs eingerichtet. Dieses Atelier umfasst eine auf den Laien skurril wirkende Welt. Es ist eine moderne Hexenküche der Foto-Graphik.

Auf den Tischen liegen seltsame Gegenstände. Puppenarme und Puppenbeine gehören genauso dazu wie Hampelmann-Ausschneidebogen aus dem vorigen Jahrhundert. Strenge Tafeln mit dekorativen Buchstaben verzieren die Wände, neben abstrakten Zeichnungen, alten Stichen und vielen ungewöhnlichen Fotostudien. Sie alle dienen dem Graphiker, zu bestimmten Aufgaben die passende graphische Form zu finden.

Meisterschule und Kunsthochschule besucht

Walter Landmann ist Mitglied des Bundes Deutscher Gebrauchsgraphiker. Er besuchte die Meisterschule Braunschweig und die Kunsthochschule Hamburg und ließ sich zunächst in Hamburg nieder. Von dort zog es ihn in eine ländliche Gegend. „Dass es in der Großstadt auch nicht so leicht ist, die nötigen Räume zu finden, spielte selbstverständlich eine große Rolle", sagte er. Allein drei Räume mussten als Atelier ausgebaut werden.

Der „handwerkliche" Raum ist für Landmann nicht mehr so sehr das zeichnerische Atelier. Die meisten Aufgaben löst er mit dem Vergrößerungsgerät in der Foto-Dunkelkammer. Die Foto-Graphik setzt sich immer mehr durch. Die experimentelle Fotografie, die auch ins „Subjektive" übergeht, arbeitet vielfach mit skurrilen Themen in ungewohnter Umgebung. So ragt, um nur ein Beispiel zu nennen, aus dem Abflussloch einer Badewanne ein Arm heraus. Mit solchen Motiven verrät die moderne Graphik ihre Herkunft aus Expressionismus und Dadaismus.

Zum Experimentieren in der Dunkelkammer dienen Glasziegel, Rasierklingen, Büroklammern, die ins Vergrößerungsgerät gelegt und auf dem Fotopapier belichtet, die eigenartigsten Formen und Effekte hervorzaubern. Diese abstrakten Formen regen die Phantasie des Künstlers an, der ihnen durch den Zeichenstift, durch Überblenden anderer Motive oder durch chemische Einflüsse einen Sinn gibt.

Das Fotogramm ist auch sehr beliebt. Die Technik ist einfach: In der Dunkelkammer wird Fotopapier belichtet. Wie es belichtet wird, muss allerdings das künstlerische Empfinden eingeben. So symbolisiert Landmann Krankheitserreger oder Schmerzzustände durch das Zeichnen von Linien auf Fotopapier mit einem gerichteten Taschenlampenstrahl. Diese Technik ist vor allen Dingen bei Werbungen für chemische und medizinische Präparate sehr ausdrucksvoll.

Aber auch die Fotomontage und die reine Graphik mit Zeichenstift und Tusche wird oft angewandt.

Es gefällt ihnen in Rohr

Walter Landmann ist in der Welt der Werbung kein Unbekannter. Er entwarf zahlreiche Buchumschläge für bekannte Verlage, stellte den großen Werbeprospekt für eine Autofabrik zusammen. Verpackungen und Anzeigen großer pharmazeutischer Werke gehören genauso zu seinem Arbeitsprogramm wie die Anfertigung von Broschüren und Fremdenverkehrsprospekten. Viele unserer Leser können sich selbst ein Bild von der Arbeit Landmanns machen: Sie brauchen nur in dem Postkalender für 1960 zu blättern: Zahlreiche Seiten entstanden im Rohrer Atelier.

„Uns gefällt es hier sehr gut." So urteilen sowohl der Künstler wie auch seine Frau. Den Rohrern sind die beiden schon lange keine Unbekannten mehr. In der Dunkelkammer an der Straße nach Lommersdorf entstanden schon viele gute Bilder über das Leben des Dorfes und über die Sitten und Gebräuche unserer Eifel.

Josef Linden

05. August 1959

**Josef Linden lernte als Soldat das Jagen
Am Hartmannsweiler Kopf schoss er seine erste Sau**

Münstereifel – „Wo es am unbequemsten war, da hatte ich meine Reviere", erzählt uns Josef Linden. Der 67 Jahre alte Revierjäger wird immer gesprächig, wenn der Hochsommer da ist und bald die Jagden freigegeben werden. „Erst viel später habe ich gewusst, wie es kam, dass ich überhaupt meine erste Sau schießen konnte", sagte er verschmitzt und denkt dabei an seine erste „Jagd" am Hartmannsweiler Kopf im Oberelsaß.

Dort lag Linden im Kriegsjahr 1915 mit dem 161. Inf.-Reg., und vom Jagen kannte er nur etwas vom Hörensagen: „Ich wusste wirklich nicht, ob der Bock oder die Ricke die Hörner trägt." Da kam eines Morgens die Ordonnanz angerannt und meldete seinem Leutnant, dass fünf Wildscheine in einem kleinen Waldstück gesichtet wurden. Eine Gruppe von neun Mann umstellte das Gelände und Linden hatte das Glück, eine Sau zu schießen. „Da sieht man´s", meinte sein Leutnant, „der alte Eifeler Wilddieb!" So wurde Linden zum Jäger der Kompanie und blieb es bis zum Kriegsende.

Unbequeme Reviere

„Wenn einen aber einmal das Jagdfieber gepackt hat, lässt es einen nicht wieder los", erzählte der frühere Revierjäger, und so ging er nach dem Krieg weiter seiner Leidenschaft nach.

„Eine Jagdpacht konnte ich ja nicht aufbringen, ich suchte mir also die unbequemsten Reviere an Hängen und in unwegsamen Dickungen aus, wo sonst keiner hinkam. Dass auch die stärksten Böcke und schönsten Ricken diese sicheren Plätze kannten, dafür konnte ich ja nichts", lächelte er. Jedenfalls wurde er nie ertappt.
Die Jäger in den Revieren rund um Münstereifel ahnten aber wohl, wer dieser Teufelskerl war, der nicht nur weidgerecht schoss, sondern auch sonst ein starkes Naturtalent für die Jagd entwickelt hatte. So kam es, dass eines Tages ein Bekannter Lindens an diesen herantrat und ihn bat, doch Jagdaufseher zu werden.

Ein Hirsch lag im Keller

Lange leistete Josef Widerstand, als aber eine Hausuntersuchung durch die Gendarmerie noch einmal glimpflich abgelaufen war – im Keller lag ein ganzer Hirsch -, übernahm er das Jagdrevier vom Uhlenberg und im Goldenen Tal.
Seine Vorzüge sprachen sich rund, er wurde auf Burg Zievel eingeladen und gebeten, auch noch das Eschweiler Revier zu übernehmen. Nachdem er 1936 im Stadtwald die Jagdaufsicht übernommen hatte, kam Linden von 1939 bis 1945 auf die Burg Müdesheim zum Baron Reichsfreiherrn von Geyer.

Imitiert Tierstimmen

Neben allgemein hervorragenden Eigenschaften bescheinigten Zeugnisse bekannter Männer und Jäger, dass Josef Linden ohne Instrumente Tierstimmen nachahmen kann, und dass er es besonders gut versteht, Hunde abzurichten und zu führen. Eigenschaften, die heute noch nicht verloren sind.
Wenn man nicht im Zimmer säße, könnte man ohne weiteres glauben, das Blattern einer Ricke zu hören, wenn Linden

seine Lippen verzieht und spitzt. Seine „Karniklage" lockte genau so den Fuchs an, wie das Taubenlocken die Weibchen herbeifliegen ließ.

Seine größte Freude hat der alte Revierjäger aber mit Hunden. Noch in diesem Jahr konnte er einen großen Erfolg feiern: „Kamphausen´s Fedor", ein Langhaarrüde im Besitz von Willy Doppelfeld, holte sich auf zwei internationalen Hundeausstellungen zwei „vorzügliche" Preise. Tagtäglich führt er nun den „Fedor" und dessen jüngere Gespielin „Hexe" aus, lässt sie laufen, richtet sie ab. Hier hält er den Kontakt zu seiner vielgeliebten Jägerei.

Früher war es schöner

Josef Linden meint, dass heute das Jagen nicht mehr so schön sei wie vor einigen Jahrzehnten. „Früher half einer dem anderen, damit ein jeder zum Schuss kam, heute jagt jeder für sich", sagt er. Auch das Beisammensein nach der Jagd ist nicht mehr so gemütlich. Der frühere Revierjäger beklagt auch die Tatsache, dass heutzutage viel zu rücksichtslos gejagt wird. „Das Wild ist ja viel zu bange, um überhaupt auf Äsung zu gehen."

Matthias Rolef

12. Februar 1960

„Madonna" für Illinois

Von dem Münstereifeler Bildhauer Matthias Rolef stammen schon verschiedene Arbeiten in der „St.-Petronille-Church" in Glenn Ellis nahe Chikago im US-Staat Illinois. Der amerikanische Pfarrer, Monsignore Eugen Lucke, lernte den Bildhauer durch einen Aachener Geistlichen kennen. Vor einigen Jahren, als die Petronella-Kirche eingeweiht wurde, standen zwei Nebenaltäre des Münstereifelers in dem großen Gotteshaus. Später schnitzte er noch einen Kinderkreuzweg und Schranktüren für die Sakristei. Aus Anlass eines der letzten Besuche des amerikanischen Pfarrers wurde Matthias Rolef beauftragt, eine Statue der „Lieben Frau von Fatima" anzufertigen. Sie soll an der Stirnseite der Kirche, rechts neben dem Chor, aufgestellt werden. Die Figur ist über 1,50 Meter hoch und steht in einem mit Blattgold belegtem Rosenkranz. Auf Wunsch des Auftraggebers wurde sie in Farben gesetzt. Mitte des Monats wird sie, in eine Kiste verpackt, über den großen Teich gebracht.

Dr. Franz Roth

27. Dezember 1958

Er weckte die Liebe zur Natur
Zum zehnten Todestag von Dr. phil. Franz Roth

Münstereifel – „Als Priester wollte er sein auf dem ureigensten Gebiet seiner Lebensaufgabe, als Deuter der herrlichen Gottesnatur". Diese Worte wurden beim Trauergottesdienst in der Bonner Münsterkirche, kurz vor Weihnachten 1948 gesprochen und kennzeichneten den Mann, von dem damals Abschied genommen wurde: Dr. phil. Franz Roth.

Als Sohn des Gerbereibesitzers Franz Roth wurde der so Geehrte am 22. Juni 1881 in Münstereifel geboren, wo er auch das Gymnasium besuchte. Seine Studien in Zoologie, Biologie, Geologie, Mineralogie, Chemie und Physik in Bonn und Freiburg vertieften seine Liebe zur Natur, die ihm schon vom Vater vermittelt worden war. Franz Roth war sich bewusst, dass die lebende Natur das Wissen und Erkennen besser vertiefen konnte als Bücher und wissenschaftliche Schriften. Bei seiner Liebe zum Mikrokosmos der Pflanzenwelt erkannte er stets die Einheit aller Kräfte, die Landschaft und das Leben in ihr bestimmen. So sah man denn diesen naturwissenschaftlichen Theologen immer auf der Wanderschaft, durch Wälder und Fluren, vielleicht auf der Suche nach einer bestimmten Pflanze, von der er eine ihm noch fehlende Entwicklungsphase auf der Fotoplatte festhalten wollte, oder bei Ausflügen mit seinen Schülern, um in ihnen mit sachkundigen und oft humorgewürzten Erklärungen die Liebe zu den Schönheiten der Pflanzenwelt zu erwecken.

Durch Unverstand vernichtet

Eng mit dem Wald verbunden, warnte Franz Roth schon sehr früh vor einer Vergewaltigung der Natur durch das Anpflanzen von Fichten auf ungeeigneten Böden der Eifel. Besonders in seinen Schriften behandelte er solche Themen. So brachte er zusammen mit R. Koernicke 1906 eine pflanzengeographische Studie über Eifel und Venn heraus. In der Eifelschrift 1913 finden wir von ihm die beiden Beiträge: „Aus der Kalkflora der Eifel" und „Die Pflanzenwelt der Schneeifel". Leider konnten zahlreiche wissenschaftliche Arbeiten, die noch nicht veröffentlicht waren, der Nachwelt nicht erhalten bleiben. Unverstand ließ sie kurz nach dem Tode von Franz Roth vernichten. Nur einzelne wertvolle Fotografien konnten gerettet werden.

Franz Roth besuchte nach seiner Oberlehrerprüfung das Priesterseminar in Köln und trat nach seiner Priesterweihe, 1908, am Opladener Progymnasium seine erste Stelle an. Später lehrte er in Düsseldorf, Bonn, Godesberg, Aachen und schließlich an der Ernst-Moritz-Arndt-Oberrealschule wiederum in Bonn. 1942 musste er sich „krank" melden, da man es nicht mehr verstehen konnte, dass ein Theologe Biologieunterricht erteilte.

Dr. Franz Roth starb am 26. Dezember 1948 in Bonn. Auf ihn kann man abschließend seine Worte anwenden, die er in einem Nachruf für seinen Bonner Professor Ed. Strasburger schrieb: „Bei all seiner Gelehrsamkeit blieb er einfach und schlicht. Er kannte nur den einen Ehrgeiz, der Wahrheit näherzukommen, und wenn er selbst geirrt hatte, war er der erste, der es eingestand."

Curtius Schulten

01. Oktober 1960

Mit 50 „spanischen" Bildern zur Hauseinweihung des Ibero-Klubs

C. Schulten stellt in Bonn aus
Der „Eifelmaler" liebt die spanische Sonne – Seit Jahren darauf gewartet

Blankenheim – Wer kennt in der Eifel Curtius Schulten nicht? Die Landschaft und ihre Menschen bannte er auf viele seiner Bilder. Er wird denn auch meistens als „Eifelmaler" vorgestellt. Nicht alle wissen, dass die Interessen des Künstlers viel weiter gespannt sind. Gemälde, Graphiken und Radierungen von ihm werden aus Anlass der Einweihung des Hauses des Ibero-Klubs in Bonn ausgestellt.

„Diese Ausstellung ist für mich von großer Bedeutung", sagt der Maler in seinem hellen Atelier. Es liegt von Bäumen und Blumen umgeben im Garten an der Straße nach Blankenheimerdorf. Den Gast empfängt das anheimelnde Durcheinander von Staffeleien, mit Paletten und Farben besetzten Schemeln, halbfertigen Bildern und ganzen Stapeln von Skizzen und Entwürfen. An den Wänden hängen die fertigen Gemälde, darunter viele, die dem Künstler „noch immer nicht gut genug sind".

Mit dem Zeichenstift

Schulten ist Maler aus Leidenschaft. Schon mit 17 Jahren wusste er, dass der Zeichenstift sein Leben bestimmen würde. Schulten liebt die gestalterische Einzelheit, ohne dabei das Grundthema zu vernachlässigen. Er stellt Menschen und Dinge in ihre Umgebung. Seine Bilder fremder Länder vermitteln gute Einblicke in das Leben dieser Landschaften. Das Porträt einer Spanierin im Sonntagsstaat zeigt mehr als die Frau in ihrer Tracht, hinter ihr türmen sich schemenhaft die ineinander verschachtelten Häuser der Stadt Ibiza.

Mit die liebsten Bilder

Diese „Spanierin von Ibiza", wird zu den 50 Bildern gehören, die in den nächsten Tagen nach Bonn gebracht werden. Der Ibero-Klub, in dem sich alle spanisch sprechenden Menschen der Bundesrepublik treffen, eröffnet am 4. Oktober sein Klubhaus.
Wie stark die Spanier von den Bildern Schultes beeindruckt sind, zeigt ihre Einladung an den Künstler, seine „spanische Serie" auszustellen. Die Bilder gehören zu seinen „liebsten Kindern". Immer wieder verstand er es, Kauflustige vom Erwerb dieser Gemälde abzubringen.
„Schon seit vielen Jahren habe ich darauf gewartet, die spanische Serie einmal geschlossen auszustellen", sagte der Künstler. Spanische Maler wunderten sich über das Einfühlungsvermögen des Deutschen in die spanische Landschaft und das spanische Leben. „Dabei sehen Sie das alles ganz anders als wir", sagte ihm ein einheimischer Maler.

Helle Farben, leichter Strich

Ganz im Gegensatz zu seinen Eifelbildern, wo er auch durch die Technik und die Farben das Herbe und Schwere der Landschaft ausdrückt, sind besonders seine Spanien-Aquarelle und Pastellbilder von einer Leichtigkeit, die den Künstler von einer ganz anderen Seite zeigen. Er taucht seine Landschaften in grelle Sonne, ja er verzichtet zuweilen sogar auf deutliche Umrisse. Die Farbe behält die Oberhand, das Zeichnerische beschränkt sich auf die Einzelheiten. Ein Esel ruht in einer engen, schier endlos erscheinenden Gasse.

50 Bilder kann Schulten in drei Räumen des Ibero-Klubhauses ausstellen. Die Wahl fiel ihm nicht leicht. Der Künstler hat Zeichenblock, Stift und Farbe immer bei der Hand: In der Stierkampf-Arena, beim Besuch des Dorf-Waschplatzes, wenn die Fischer ihre schweren Boote an Land zogen, in der Kneipe, wo überall sich ein Motiv bot. Ibiza und Teneriffa sind die Hauptthemen. Markante Köpfe und große Porträt-Gemälde runden diese Ausstellung ab.

Franz Maria Ferdinand Stephinsky

26. August 1959

Geben Sie mir einen, aber von dem Meinen!
Seit 100 Jahren: Stephinsky – Ehrenbürger der Stadt

Münstereifel – „Noch schnell einen Stephinsky und dann geht´s nach Hause", heißt es oft in fröhlicher Runde. Prompt kommt die Frage eines ortsfremden Gastes: „Stephinsky? Was ist denn das?" Wie soll er auch wissen, dass das Magenbitterrezept des früheren Apothekers und Ehrenbürgers der Stadt sich nach wie vor bewährt. Ganz genau gesagt: seit hundert Jahren.

Als Franz Maria Ferdinand Stephinsky 91 Jahre alt wurde, soll er gesagt haben: „Wenn ich vorn hätte, was ich hinten habe, wäre ich jetzt froher" und dachte dabei an die Zahl 19. Der Apotheker mit dem langen Bart und der noch längeren, geschwungenen Pfeife steckte voller Humor. Sein hohes Alter – er starb 1917 mit 94 Jahren – führte er auf seinen „Gesundheitsbitteren" zurück, den er mit Maß genossen hatte. Zu seiner Beerdigung erschienen alle Honoratioren der Stadt: Gehörte er doch zu den wenigen Ehrenbürgern Münstereifels.
In Koblenz von schlesischen Eltern geboren, übernahm Stephinsky die Apotheke, die damals noch an der Ecke Heisterbacher Straße/Markt (Haus des evangelischen Pfarrers) lag, und bald war er überall beliebt. 30 Jahre lang war er Mitglied des Stadtrates und lange Zeit auch erster Beigeordneter.
Als Ende des vergangenen Jahrhunderts auch in Münstereifel die Stadtmauern geschleift werden sollten, fand sich der Rat in einer letzten Sitzung zusammen, um den endgülti-

gen Beschluss zu fassen. Die Sache war so gut wie perfekt, und Stephinsky grübelte verzweifelt nach, wie er das wohl verhüten könnte. Ihm war bewusst, dass das Verschwinden der Mauer keinen wirtschaftlichen Aufstieg der Erftstadt bedeuten konnte. Dafür waren die Voraussetzungen ganz anders als in Euskirchen oder Köln, zum Beispiel.

Da kam ihm der rettende Gedanke. Kurz vor der Abstimmung sagte er zu den Ratsherren: „Es ist schon recht, reißen wir die Mauer ein, dann wird Münstereifel ein Dorf wie Eicherscheid und Iversheim." Das gab den Ausschlag: **Münstereifels Stadtbefestigung blieb.**

Auch als Armenpfleger ließ er Umsicht walten. So wird erzählt, dass er einem Mann, der zu gern seinen Schnaps trank, nur dann half, wenn er auch dafür arbeiten wollte. Aus diesem Grund erdachte er immer die eine oder andere unangenehme Beschäftigung, mit der er ungerechtfertigte Bittsteller abschreckte.

Berühmt war seine Sammlung an alten Urkunden und heimatkundlichen Gegenständen, die in seiner letzten Wohnung in der Kaplanei aufgestapelt waren und von der Haushälterin Lisette mit betreut wurden.

Auf dem Speicher

Das Bild Franz Maria Ferdinand Stephinsky hängt zwischen denen der anderen Ehrenbürger der Stadt im großen Sitzungssaal des Rathauses. Erst vor einiger Zeit wurde der Ehrenbürgerbrief, der als verloren galt, auf dem Speicher des Stadthauses gefunden. Zwar noch lesbar, aber doch arg beschädigt. „Wir, der Stadt Münstereifel Bürgermeister und Stadtverordnete haben aus Dankespflicht beschlossen dem Stadtverordneten Herrn Rentner Franz Maria Ferdinand Stephinsky... das Ehrenbürgerrecht der Stadt Münstereifel zu verleihen", heißt es darin. Links neben den Wappen des

Herzogentums Jülich und der Stadt ziert das Wahrzeichen der Apotheker das Blatt, rechts aber finden wir in einem Wappen das wieder, was auch heute noch vom Apotheker Stephinsky allen bekannt ist: eine Flasche.
Nach wie vor wird der Magenbitter des alten Apothekers gern getrunken. Vielleicht nicht so, wie er es sich gedacht hatte.
Wenn er sich irgendwo gemütlich hinsetzte, sagte er zum Wirt: „Bitte einen von dem Meinen, dann noch einen, und dann ist Schluss."
Franz Maria Ferdinand Stephinsky wollte sein Getränk als Medizin anerkannt wissen, was ihm Ärzte dann auch bescheinigten.

Prof. Adam Wrede

30. Dezember 1960

Eine Lücke in der Reihe der Heimatbücher geschlossen
„Eifeler Volkskunde" von Prof. Wrede wurde neu aufgelegt
– Zuerst 1922 erschienen

Eifel – Nach fast 30 Jahren erschien noch rechtzeitig zum Jahresende im Bonner Röhrscheid-Verlag die „Eifeler Volkskunde" von Professor Adam Wrede (Köln). Schon 1922 und 1924 schlossen die ersten beiden Auflagen dieses Werkes eine Lücke in der langen Schriftenreihe über die Eifel. Jetzt liegt eine Überarbeitung vor.

Der Wunsch, die „Eifeler Volkskunde" neu herauszugeben, ging vom Bonner Verleger Ludwig Röhrscheid aus. Das Buch gehört der Reihe „Volkskunde rheinischer Landschaften", an deren einzelne Werke (Pfalz, Hunsrück, Saar, Rheinhessen) ebenfalls neu aufgelegt werden.

Anregung vom Eifelverein

Eine erste Anregung, sich mit der Volkskunde der Eifel zu beschäftigen, ging schon 1912 vom Eifelverein aus. Damals erschien in der Festschrift anlässlich des 25 jährigen Bestehens des Vereins eine Abhandlung Wredes über „Eifeler Bauernleben in Sitte und Brauch". Aber erst 1920 stellt der Verfasser eine vollständige „Volkskunde" zusammen. Wieder ging der Wunsch dazu vom Eifelverein aus, genauer gesagt von dessen Schriftleiter Michael Zender.
Die erste Auflage der Volkskunde erschien 1922 in der Schriftenreihe „Aus Natur und Kultur". 1924 erschien das Werk

dann als Buch. Beide Auflagen waren im Nu vergriffen. Nur selten findet man heute in Bibliotheken Adam Wredes Buch, das als eines der bedeutendsten Werke über die Eifel bezeichnet werden kann.

Was man schmunzelnd liest

Mit dem Namen „Eifel" beschäftigt sich der erste Teil des Buches. Schmunzelnd liest man das Gedicht Ernst Moritz Arndts von den Eiflern „die ihre Eifel leugnen". Wrede beschreibt das gesamte Eifelgebiet in allen Abschnitten und lässt bewusst spätere Staatsgrenzen unberücksichtigt.
Den ersten Künstlern, welche die Eifel entdeckten und deren Schönheiten priesen, widmet der Verfasser einen weiten Raum. Die Namen reichen vom Düsseldorfer Maler J.W. Schirmer über den Malmedyer J.N. Ponsart bis zu Fritz von Wille und den noch lebenden Künstlern. Wrede führt auch die Dichter und Schriftsteller auf, die sich mit dem Mittelgebirge befassten. Die Liste geht von E.M. Arndt über Klara Viebig und Josef Ponten bis Armin Renker.

Siedlungen, Haus und Hof

Immer wieder geht Adam Wrede den völkerkundlichen Spuren in der Eifeler Landschaft nach. Er beginnt mit den vermutlichen Ligurier-Siedlungen, beschreibt die Funde aus dem religiösen Leben der vor- und frühchristlichen Zeit und endet mit den zahlreichen Stadtrechten, die während der feudalen Herrschaften verliehen wurden. Mit Karten und Bildern illustriert der Verfasser seinen Abschnitt über „Dorf, Haus und Hof". Er schildert die Wohn- und Wirtschaftsanlagen, die Bauweise in den verschiedenen Gegenden und spannt den Bogen bis zum Freilichtmuseum, das zurzeit in Kommern auch Eifeler Bauernhäuser vor dem Vergessen rettet. Weitere Abschnitte sind den Trachten der Eifel, dem Charakter ihrer Einwohner und den Einwirkungen verschiedener Zeiten auf die Wesensbildung des Eifelmenschen gewidmet. Eine Reihe berühmter Eifeler beweist, dass dieses Grenzland auch bekannte Männer hervorbrachte.

202 Seiten der 226 Seiten langen Abhandlung befassen sich mit Sprache, Mundarten und Volkssagen und -liedern, religiösem Glauben, Sitten und Brauchtum der Eifel.

Dem Werk schließt sich ein 63 Seiten langer Anhang an, der 652 wichtige Hinweise und Quellenangaben enthält. Ein über tausend Wörter umfassender Sachweiser und ein Register mit 580 Orts- und Geländenamen runden die „Eifeler Volkskunde" zu einem Nachschlagewerk ab, das in den Bibliotheken der Eifel stehen sollte. Gute und viele Bilder vervollständigen das Buch, das nur einen Fehler hat: Es wird für viele zu teuer sein – Preis 19,80 DM.

St. Michael Gymnasium und der VAMÜ

30.Dezember 1958

Verbindet Lehrer und Schüler
„Nachrichtenblatt der alten Münstereifler" im 33. Jahr

Münstereifel – 1925 war auf Vorschlag des Studienrats Dr. Ohm der Verein ehemaliger Lehrer und Schüler des Michaelgymnasiums gegründet worden. Schon im Mai 1926 erschien die erste Nummer des „Nachrichtenblattes alter Münstereifler". In den drei Jahrzehnten ihres Bestehens wirkte die Zeitschrift als Bindeglied zwischen alten und jungen Pennälern und der Lehrerschaft und hat so ihre eigene Geschichte.

Welche Fülle an Erinnerungen steigt auf, wenn man in den Sammelbänden dieses „Nachrichtenblattes alter Münstereifeler" herumblättert. Hier wird von Studiendirektor Geheimrat Prof. Dr. Peter Meyer gesprochen, dort schreibt Sanitätsrat Dr. med. Rudolf Creutz über den verstorbenen Studiendirektor Dr. Hilff. In Anekdoten und Ehrungen, in Betrachtungen und Nachrufen wird vieler früherer Schüler und Lehrer gedacht, die die alte Schule nicht vergaßen.

Humanistischer Geist

Unabhängig von den Wirren der Politik der zwanziger und dreißiger Jahre ging das „Nachrichtenblatt" seinen Weg. Man bewundert heute den humanistischen Geist, der aus seinen Artikeln spricht. Auch in den Kriegsjahren wurde auf eine Veröffentlichung des „Nachrichtenblattes" nicht verzichtet. Als das Papier knapp wurde, verfasste Schriftleiter Dr. Pomp Feldpostbriefe. Er war es auch, der knapp nach Kriegsschluss mit einem kleinen Rundschreiben wieder die alten Kontakte aufnahm. Im Dezember 1948 entstand dann das „Nachrichtenblatt" im alten Format mit der vertrauten Federzeichnung von Münstereifel, die Zeichenlehrer Krahforst schon für die erste Nummer im Mai 1926 entworfen hatte.

So ist die kleine Zeitschrift seit über 30 Jahren ein treuer Spiegel nicht nur der Tätigkeit des „Vereins alter Münstereifeler", sondern auch vom Leben des alten und immer wieder jungen Gymnasiums. Die Schriftleitung lag von Anfang an in bewährten Händen. 1926 hatte sie Studienrat Dr. Pflumm übernommen, nach dessen Weggang führte Studienrat Wilhelm Dinkelbach die Feder, bevor 1937 Landgerichtsdirektor Dr. Pomp die Leitung übernahm. Lange signierte dieser ruhige „alte Münstereifeler" für die Schrift verantwortlich, und erst bei der 2. Nummer des Jahres 1957, als Dr. Pomp 80jährig zum Ehrenvorsitzenden des Vereins ernannt worden war, gab er die Schriftleitung an Oberstudienrat Dr. Heinz Renn weiter.

Nun hat das halbjährlich erscheinende Nachrichtenblatt seinen Arbeitsbereich vergrößert. Es begnügt sich nicht mehr damit, nur Vereinsmitteilungen oder schulinterne Angelegenheiten zu veröffentlichen. Innerhalb weniger Nummern hat es sich zu einem heimatkundlichen Blatt entwickelt, dessen interessante Beiträge von Verantwortungsgefühl für das Münstereifeler Land getragen werden. Heute zählt der „Verein alter Münstereifeler", dessen Vorsitz Dr. Dr. h.c. Hermann Pünder aus Köln übernommen hat, über 700 Mitglieder. Das „Nachrichtenblatt" dagegen kann mit der stattlichen Auflage von rund 1100 Exemplaren aufwarten.

23. Januar 1959

Jahrestreffen 1959

Münstereifel – Unter dem Vorsitz von Oberdirektor Dr. Dr. H. Pünder trat am Wochenende der Vorstand des Vereins alter Münstereifeler zusammen. Das Jahrestreffen 1959 wurde wieder auf den Sonntag nach Pfingsten festgelegt. Obwohl sich Unterkunftsschwierigkeiten durch die Belegung des Konvikts ergaben, wurde an diesem Datum festgehalten. Man hofft, mit den Schülern einem Pontifikalamt beiwohnen zu können, das durch den ehemaligen Münstereifeler Abiturienten Weihbischof Cleven zelebriert wird. Nach einem Kommers am Samstag sieht das Programm die Besichtigung der Gymnasiumbauten, der Bibliothek und den Besuch des Friedhofs für den Sonntag vor. Den Antrag auf Anerkennung als gemeinnütziger Verein will der stellvertretende Vorsitzende, Rechtsanwalt Dr. Kutsch, stellen. Einmütig wurde beschlossen, die 1932 gestiftete St.-Michael-Fahne, die während des Krieges zerstört wurde, durch eine neue zu ersetzen.

23. Januar 1959

GLÜCKWÜNSCHE FÜR DR. JOHNEN

Münstereifel – Der Vorstand des Vereins Alter Münstereifeler übermittelte dem ehemaligen Abiturienten des St.-Michael-Gymnasiums und neuernannten Landtagspräsidenten Dr. Johnen seine herzlichsten Glückwünsche.

10. März 1959

Heute, da wir müssen reisen...
St.-Michael-Gymnasium entließ 18 Abiturienten

Münstereifel – „Der Geist des Münstereifeler Gymnasiums meistert die Konflikte der modernen Schule", sagte Frau Strohe, die im Namen der Elternschaft Dankesworte sprach. 18 Abiturienten wurden im Rahmen einer schlichten Feier von Studiendirektor Guddorf entlassen.

Für die Schüler brachte der Unterprimaner Fielenbach die Freude zum Ausdruck, mit der das bestandene Abitur des älteren Jahrganges aufgenommen wurde, und wünschte alles Gute für die Zukunft. „Unsere Freude, das Ziel erreicht zu haben, soll unseren Eltern Dank für ihre großen Sorgen bedeuten", sagte Abiturient Schnabel und gedachte mit seinen Worten den schweren Mühen des Studiendirektors, des Lehrerkollegiums und der Präses des Konviktes, die jederzeit für die Schüler da waren.

Worte des Abschieds

Studiendirektor Guddorf fand herzliche Worte des Abschieds. Nun ständen 18 Abiturienten am Ende ihrer neunjährigen Laufbahn an dem Gymnasium. Mit 43 Schülern zogen neun der heute Entlassenen damals in die Sexta ein. Viele wanderten inzwischen ab, und 1953 ist die Klasse durch den Zuwachs aus den Förderkursen im Konvikt wieder auf 48 Untertertianer angewachsen. Mancher fiel noch im Laufe der Jahre ab. 13 Schüler gingen in der Untersekunda ab. Sie zogen dem Griechischen das Französisch vor, andere ergriffen praktische Berufe. So blieben bis zu Erreichen des Endzieles 39 Schüler auf der Strecke. Hinzu

kamen neun Schüler von anderen Schulen, so dass 18 Abiturienten die Reifeprüfung bestanden. Guddorf warnte vor jeder Unterbrechung des Schulunterrichts. „Nur der sollte zum Gymnasium kommen, der wirklich das Ziel erreichen will." Die Hast der Zeit, allgemeine Ausrichtung auf die Technik, der überlaute Lärm der Umwelt mache eine ruhige Auseinandersetzung mit geistigen Werten immer schwieriger. Ein günstiges Arbeitsklima könnte nur durch eine schärfere Auslese der wirklich Begabten erreicht werden. „Wir sind manches schuldig geblieben", schloss er seine Ansprache, „aber wir werden uns stets die Treue halten".
Nachdem der Studiendirektor den Abiturienten die Reifezeugnisse und eine Schrift über das Grundgesetz und die Bundesverfassung überreicht hatte, dankte Frau Strohe der Lehrerschaft und der Leitung des Konvikts im Namen der Eltern. Sie unterstrich besonders den humanistischen Geist, der dem St.-Michael-Gymnasium noch innewohne. Das Konvikt aber habe alles getan, um den Jungen das Elternhaus zu ersetzen. Mit besonderer Freude habe sie festgestellt, dass die Jungen in einer Atmosphäre gegenseitiger Achtung aufgewachsen seien.

Zum Schluss ein Lied

Nach alter Tradition sangen die Schüler das St.-Michaels-Lied: „Heute, da wir müssen reisen, Michael, sei Reis-Gefährt."
Chor und Spielschar des Gymnasiums und Rezitatoren umrahmten den kleinen Festakt mit Darbietungen. Besonders muss noch die technisch und sprachlich ausgezeichnete Interpretierung von zwei Chören aus Carl Orffs „Carmina burana" und „Catulli Carmina" erwähnt werden. Die musikalische Leistung hatte Studienrat Paul Goeth.

28. März 1959

Schüler erhielten Preis
Neue Aspekte im modernen Unterrichtswesen

Münstereifel – Zum ersten Mal hatten sich die Schüler des St.-Michael-Gymnasiums in der Aula zu einer Preisverteilung versammelt. Studiendirektor Guddorf ehrte nicht nur die beiden Sieger des Turnwettkampfes, sondern auch die besten Schüler einer jeden Klasse.

„Diese Preisverleihung soll ein Anruf sein, in einen heiligen Wettbewerb zu treten", sagte der Studiendirektor und überreichte dem besten Schüler jeder Klasse schöne Buchpreise.
Im Rahmen der Bundesjugendspiele holten sich zwei Sextaner den Sieg im Geräte-Vierkampf mit 78 Punkten: Joachim Metzler und Bernd Rainer.
Studiendirektor Guddorf kündigte die Schaffung von zwei Wanderpreisen an, die von den einzelnen Klassen in jedem Jahr gewonnen werden können. Der erste wird der Klasse mit den besten turnerischen und sportlichen, der zweite für die besten wissenschaftlichen Leistungen vergeben. Dieser Wettstreit um die beste Klasse beginnt mit dem neuen Schuljahr. Schon für die abschließende Schulzeit wurde der Durchschnitt der Zeugnisse der einzelnen Klassen errechnet, wobei die niedrigste Zahl natürlich die beste ist.
Für die besten Schüler stehen außerdem fünf Preise von je 50 Mark zur Verfügung, die als Beihilfe für Reisen in der Bundesrepublik verteilt werden. Zum Abschluss der kleinen Feier verabschiedete Studiendirektor Guddorf den nach Düren versetzten Studienrat Lennartz.

22. Mai 1959

Die „Alten" kommen wieder

Münstereifel – Das kommende Wochenende steht im Zeichen des Gymnasiums. Der Verein Alter Münstereifeler begeht sein großes Wiedersehenstreffen. Das Programm: Samstag, 23. Mai, 19.30 Uhr Begrüßung und frohes Beisammensein im Burgsaal. Sonntag 10 Uhr, feierliches Pontifikalamt, zelebriert von Weihbischof Cleven, ehemaliger Abiturient des St.-Michael-Gymnasiums; 11 Uhr Mitgliederversammlung in der Aula der Schule; 12 Uhr Besichtigung des Neubauteils und der Bibliothek, Gang zum Friedhof, Frühschoppen; 13 Uhr Festessen im Burgrestaurant und Beglückwünschung der Jubeljahrgänge; 15.30 Uhr Kaffeetafel im Kurhaus.

26. Mai 1959

Die „Alten" stiften Michaels-Fahne
Unerschütterliche Treue zum Gymnasium und zu Münstereifel – Pontifikalamt

Münstereifel – „Dieses kleine Städtchen brachte einen besonderen Geist hervor", stellte Weihbischof Cleven aus Köln in seiner Predigt vor den zum ersten Mal wieder in der alten Jesuitenkirche versammelten Mitgliedern des „Vereins Alter Münstereifeler" fest. Das Pontifikalamt war Höhe- und Mittelpunkt des Treffens, zu dem sich bereits am Samstagabend zahlreiche ehemalige Schüler und Lehrer des St.-Michael-Gymnasiums in den Burggaststätten eingefunden hatten.

An verschiedenen Tischen hatten sich die Jahrgänge zusammengefunden, die zum Teil vor 50 Jahren schon ihr Abitur in der Erftstadt bestanden.
Vorsitzender Dr. Dr. h.c. Hermann Pünder begrüßte die Gäste mit herzlichen Worten. Eng sei die Verbindung des Vereins zum immer noch jungen Gymnasium, zur Stadt und seiner Verwaltung.
Oberstudiendirektor Guddorf bedankte sich auch im Namen von Konvikt und Stadt für das zahlreiche Erscheinen, besonders für die Gesinnung und die innere Freude, die einen jeden immer wieder in die alte „Pennälerstadt" führten, der man zum großen Teil geistige und charakterliche Prägung verdanke.

Zahlreiche Goldjubilare

Mit Erinnerungen an ihre Lehrer, die damaligen Schüler und die Themen der verschiedenen Abiturarbeiten gedachte Oberstudienrat Dr. Renn der beiden Jubeljahrgänge der Abiturientiae 1909 und 1934. Schon 1909 habe die Schule unter dem Zepter von Professor Peter Meyer 328 Schüler gezählt, die auf 13 Klassen verteilt waren. Von den 36 Primanern erreichten damals 35 das Ziel. 17 dieser Abiturienten konnten nunmehr geehrt werden. 1934 dagegen habe das Gymnasium in verwirrter Zeit nur 165 Schüler gezählt. 22 bestanden die Reifeprüfung. Neun von ihnen waren im Burgsaal anwesend. In den verschiedenen Prüfungsthemen spiegelte sich der Geist der politischen Umwandlung wider.
Nachdem Oberdirektor a. D. Dr. Dr. h. c. Pünder den Landesfinanzminister a.D. und Vorsitzenden des Deutschen Roten Kreuzes, Dr. Weitz, unter den Abiturienten des Jahrgangs 1909 begrüßt hatte, sprach Landgerichtsdirektor a.D. Conrads für die Konabiturienten des Jubeljahres. Von den 26 seien noch 19 am Leben, von denen allerdings zwei nicht mehr

aufzufinden waren. Alle anderen jedoch folgten dem Wunsche, 50 Jahre nach dem Bestehen des Abiturs noch einmal in der Stadt ihrer schönsten Jugendzeit zu sein.

Das Pontifikalamt

Unter Assistenz ehemaliger Abiturienten zelebrierte Weihbischof Cleven in der Jesuitenkirche am Sonntagmorgen das Pontifikalamt. Auch er ist ein Schüler des St.-Michael-Gymnasiums, und in seiner Predigt stellte er die Vorzüge der kleinen Schule gegenüber der größeren in Großstädten heraus. Wahre Bildung könne nicht im Getümmel, sondern nur im stillen gedeihen. Besonders gedachte er der segensreichen Tätigkeit des Konvikts unter seinen verschiedenen geistlichen Leitern.
Dr. Pünder gedachte am Ehrenmal auf dem Schulhof der Toten des vergangenen Jahres und legte einen Kranz nieder.

Spenden der Gäste

In der Hauptversammlung lief die erste Spende zur Stiftung einer neuen St.-Michael-Fahne für das Gymnasium ein, und es wurde beschlossen, dass der Verein die Pflege der Gräber der verstorbenen Professoren Mohr, Manns und Stürmer übernimmt und dass dem Gymnasium und dem Konvikt je 250 DM zur Unterstützung bedürftiger Schüler überwiesen werden. Alsdann besichtigten die Ehemaligen das instand gesetzte, verjüngte Gymnasium.
Während des Festessens auf der Burg wurden die Jubilare noch einmal besonders geehrt. Im Kurhaus fand das Treffen mit einer gemütlichen Kaffeetafel seinen Abschluss. Als älteste Gäste konnten Dechant a. D. Radermacher aus Immerath, Abiturientia 1895, und Professor Heer aus Düssedorf, Abiturientia 1898, am Ehrentisch Platz nehmen.

21. Mai 1959

Jesuiten-Gymnasium und Drama
Aufführung von Sophokles´ „Antigone" in der Aula – Tradition fortgesetzt

Münstereifel – *Am Sonntag, 21. Juni, wird die Spielschar des St.-Michael-Gymnasiums um 16.30 Uhr in der Aula Sophokles´ Drama „Antigone" aufführen. Damit beabsichtigt die Schulleitung, wieder an eine alte Jesuitentradition anzuknüpfen, die einst im Mittelpunkt des kulturellen Lebens der Erftstadt und seiner ganzen Umgebung stand.*

Unter den Kostbarkeiten, die im Panzerschrank der reichhaltigen Bibliothek der Lehranstalt sorgfältig aufbewahrt werden, finden wir noch 18 Programmhefte aus den Jahren 1710 bis 1790. In ihnen werden nicht nur die Dramen vorgestellt und die einzelnen Szenen kurz erläutert, auf den kunstvoll gestalteten Deckblättern findet man die Namen der Förderer der Jesuitenschule, denen die Dramen gewidmet sind. Unter ihnen finden wir den Grafen von Mark und Schleiden, den Herzog von Ahremberg, den Abt von Steinfeld genauso wie Namen von Priestern und Pfarrern, so von Aldenkirchen, Zülpich, Linz a. Rhein oder Kirchsahr unter anderen, und den Rat der Stadt Münstereifel. Auf der letzten Seite dieser Programmhefte aber werden die Darsteller namentlich aufgeführt und der Ort ihrer Herkunft angegeben. Im „Syllabus actorum" im Programmheft zum Drama „LUDOVICUS REGNI ARIMENSIS HAERES" aus dem Jahre 1710, werden 48 Mitwirkende aufgeführt, darunter heute noch übliche Namen wie „Bernardus Coenen, ex Elvenich", „Franciscus Bessenich, ex Cuchenheimiensis" oder „Carolus Casparus Dercum, ex Adendorff".

Selbst gedichtet

Die Aufführungen dieser Dramen, die mit Sicherheit schon vor 1710 in der Jesuitenschule üblich waren, standen nicht nur im Mittelpunkt des kulturellen Lebens der ganzen Stadt, sie sollten auch einen Einblick in die Leistungen der Schüler gewähren. Meist schloss sich dann auch die „Preisverteilung" für das abgeschlossene Schuljahr an: „Nach geendigten Schauspielen folgte die Austeilung der Ehrenbücher", heißt es in einem Programmheft. Diese Sitte wurde in diesem Jahr vor Ostern am St.-Michael-Gymnasium ebenfalls wieder aufgegriffen.
Selbstverständlich wurden die Dramen von den Jesuiten oder sogar von den Schülern der Lehranstalt selbst gedichtet. Da sie in lateinischer Sprache verfasst waren, konnten die Darsteller ihre Sprachkenntnisse beweisen und in einem das theoretisch erworbene trockene Bildungsgut darstellerisch gestalten. Bühnenbilder und Kostüme mussten selbst entworfen werden, die jungen Schauspieler mussten sich in die Welt der Lehrbücher hineinleben. Es war im besten Sinne des Wortes Anschauungsunterricht in der Art der heute wieder eingeführten „Ganzheitsmethode".

Dramen immer zeitnah

Wenn auch die Themen der Dramen der Welt-, Bibel- oder Kirchengeschichte entnommen waren, so spiegelte sich doch in den Worten die Zeitgeschichte wider. Auch in den Mauern Münstereifels setzte man sich mit den Strömungen der jüngsten Epochen auseinander.
Während Ludwig XIV. in Paris den höchsten Punkt weltlicher Macht erreicht hatte, ließ das Drama von 1710 einen anderen königlichen Ludwig die Ohnmacht durch Selbstüberwindung und Läuterung als Märtyrer überwinden. Indes bis in

die achtziger Jahre des 18. Jahrhunderts hinein Könige und Herrscher (Hannibal, Ludwig usw.) die Helden der Dramen sind, heißen die Hauptakteure zur Zeit der Französischen Revolution (1789, 1790) Kürschnermeister Fuchs, Zinngießer Breme, und die Tugenden des Adels werden durch die des Bürgertums ersetzt. Studienrätin Dr. Leni Asbeck stellt dazu in einem Artikel fest: Ist die Bitte (im Drama „Der politische Zinngießer" von 1789): „In den Hütten, auf den Thronen, lass die Herzenseintracht wohnen", nicht vielleicht schon Echo und Beschwörung des Schauerrufes, der in denselben Herbsttagen von Frankreich herüberschallt: „Friede den Hütten, Krieg den Palästen"?

Sich auseinandersetzen

Der moderne Mensch unserer Zeit verneigt sich staunend vor diesen Dramen der Jesuiten und ihrer Nachfolger, die sich stets mit den Problemen und Strömungen ihrer aktuellen Geschichte auseinandersetzten und versuchten, ihre eigene Stellung zu den Dingen geistig zu konkretisieren und dramatisch darzustellen. Mit eigenen Worten, aus dem kleinen Milieu des Städtchens an der Erft heraus. Wir haben uns daran gewöhnt, diese Arbeit einigen wenigen Berufsschriftstellern zu überlassen.
Mit Sophokles´ „Antigone" in der Übersetzung von Kuchenmüller will das Gymnasium nun diese Tradition des Theaterspiels wieder aufgreifen. Bereits vor zehn Jahren war der Versuch mit dem „Ödipus" vom selben Dramatiker unternommen worden. Wieder hat Studienrat i. R. Dr. Bernhard Overberg die Regie übernommen. Neben den Eltern aller Schüler werden auch die Freunde und Gönner des Gymnasiums eingeladen. Die einzige öffentliche Veranstaltung findet am 21. Juni, um 16.30 Uhr in der Aula des Gymnasiums statt.

24. Juni 1959

Eine alte Jesuiten-Tradition lebte wieder auf

Schüler spielten „Antigone"
Die Aufführung im St.-Michael-Gymnasium übertraf alle Erwartungen

Münstereifel – *Vor Beginn der Schüleraufführung von Sophokles´ Drama „Antigone" hob Oberstudiendirektor Guddorf in seiner Begrüßungsansprache die gute Zusammenarbeit zwischen der Schule und dem Schülerkonvikt hervor. Den Elterntag des Internats hatte das Gymnasium zum Anlass genommen, an eine alte Tradition wiederanzuknüpfen: an das Theaterspiel.*

Es sei gleich vorweggenommen, dass es dem Spielleiter, Oberstudienrat i. R. Dr. Overberg, gelungen ist, mit seinen jungen Schauspielern eine Ensembleleistung zu gestalten, die alle Erwartungen übertraf.

Gute Gesamtleistung

Es wäre ungerecht, den einen oder anderen der Darsteller besonders hervorzuheben. Selbstbewusst und edel im Ausdruck ihrer Entschlossenheit war die Antigone von Linda Tomkea Graefe, zurückhaltend in ihrer weiblichen Furcht vor dem Gesetz des Königs Käthe Jengten als Ismene. Glaubhaft vermochte Karl Wendt die Gesinnungsänderung Kreons zu gestalten, während Ewald Koensgen besonders gekonnt den Verzweiflungsausbruch Hämons darstellte. Dem Peter Kleißle schien die Rolle des Wächters auf den Leib geschrieben zu sein. Sehr gut auch Reinhold Simons Teiresias und sein junger Blindenführer H. G. Adolf. Peter Gerzke brachte als Bote die Trauerbotschaft einer Eurydike, der Elly Berken-

kopf Adel und Größe verlieh. Besonders eindringlich hallten die Worte des Chors thebanischer Greise durch den Raum.
Erlebte Antike
Kein Wunder also, dass man in der vollbesetzten Aula während der ganzen Aufführung eine Stecknadel hätte fallen hören. Dem Spielleiter ist es gelungen, den Schülern das letzte Verständnis zum großen griechischen Drama einzugeben. Er gestaltete das Werk getreu dem antiken Vorbild aus dem Wort heraus und vermied jede unnütze Bewegung. Gewiss war es kein Berufstheater, das hier gezeigt wurde, durch die natürliche Frische der Darstellung aber erlebten die Zuschauer lebende Antike, deren Werke heute wie vor 2000 Jahren ihre Aussagekraft behalten haben.
Unter den zahlreichen Gästen begrüßte Oberstudiendirektor Guddorf den Bundestagsabgeordneten Brück, Bürgermeister Frings, die beiden Leiter des Konvikts und Studienrat Backes vom Volksbildungswerk.

17. Dezember 1959

Heinzelmännchen

Münstereifel – Schon seit einigen Wochen betätigen sich Schüler des Konvikts als "Heinzelmännchen". Wie ehemals die kleinen Wichte zu Köln, sind die Jungen in ihrer Freizeit unterwegs, um alten Leuten Kohlen zu schleppen, Kartoffeln aus dem Keller zu holen oder beim Händler das Nötige einzukaufen. Vor der Weihnachtszeit kamen die „Heinzelmänner" auf einen anderen Gedanken. Sie „plünderten" ihre Nikolausteller und brachten ihre Leckereien der Vorsitzenden des Elisabethenvereins, Frau Hofmann, die ihrerseits vielen alten Leuten der Stadt eine Weihnachtsfreude bereiten kann.

01. Dezember 1959

Schüler malen und basteln sehr gern
Aus den Arbeiten spricht die Psyche der Jugendlichen

Münstereifel – Im Zeichensaal des St.-Michael-Gymnasiums waren Tische und Stühle für eine Woche lang weggeräumt worden. Im hellen, hohen Raum hatte Studienrat Günther Neuhaus Zeichnungen, Aquarelle und Plakatentwürfe der Schüler ausgestellt. Die Besucher, unter ihnen an erster Stelle die Eltern, erhielten einen Eindruck von der in jedem Jungen schlummernden Persönlichkeit.

Bei den Schülern der Unterstufe lässt der Unterrichtsplan der Phantasie freien Lauf. Nach eigenem Gutdünken sollen die Sextaner, Quintaner und Quartaner gestellte Themen aus dem Leben gestalten.

Mit Begeisterung und Humor

Dem natürlichen Trieb eines jeden selbst einmal etwas zeichnerisch dazustellen, kommen die 10- bis 13jährigen mit Begeisterung und oft mit Humor nach. Wie köstlich, manchmal auch zum Nachdenken anregend, die bunten Zeichnungen über das Thema „Krach auf dem Sportplatz".
Würdevoll ein Schiedsrichter in Uniform (der Unnahbare!); nicht sehr erbaulich für den Sportler die einzelnen Schlägerei-Szenen.
Auf einem anderen Bild steht am Spielfeldrand ein Sarg. Wie ein Block steht eine Fußballmannschaft im Tor: alle Oberkörper in einem Viereck gezeichnet. Lokomotiven, Straßenszenen, Tiere, alles zeigt, wie die Erlebnisse zeichnerisch „gemeistert" werden.

Die Mittelstufe zeigte architektonische Zeichnungen. In Perspektiven und Grundrissen kommen die geometrischen Figuren zu ihrem Recht. Oft werden sie aufgelockert durch dekorative Motive, die übergehen zu Zeichen und Schriften. Auch die „Moderne" ist vertreten. Apart verschiedene Farbkombinationen der „Klecksografie". Auf einer Tachisten-Maler-Ausstellung würde sich manch ein Bild behaupten können. Sinn dieser geschmackvollen Kleckserei: Studium über Wirkung und Verhalten der verschiedensten Farben zueinander. Reine Formetüden werden in der Mittelstufe vermieden, immer wieder müssen Themen gestaltet werden. Geometrische Körper werden gebastelt: Aus ihnen entstanden aber phantasievolle „Weltraumschiffe", die an der Decke des Raumes baumeln. Auch Entwürfe für Glasfenster fehlen nicht.

Ein ganz besonderer Genuss ist die große Rückwand des Zeichensaales, wo die Plakatentwürfe der Untersekunda hängen. Die Schüler stellten sich ihre Themen selbst und gestalteten sie zum Teil sehr eindrucksvoll. Erschreckend der Blutfleck mit der Bremsspur: „Vorsicht im Verkehr!" Richtig gesehen das dadaistische Männchen auf dem beklecksten Zeitungsausschnitt: „Ist Dada heilbar?" Schwungvoll der Hochspannungsmast mit den Drähten: „Strom". Noch viele Beispiele könnten angeführt werden.

Den Mikrokosmos zu erleben, ist die Aufgabe der Arbeitsgemeinschaft der Oberstufe: Einzelheiten der Muschel sehen, die Gesetzmäßigkeiten der Natur erkennen, diese auf die Kunst anwenden: Meistens wurde diese Aufgabe in den ausgestellten Arbeiten ausgezeichnet gelöst.

Eine Ausstellung, die viel über die Psyche der Jugend aussagt und die es wert wäre, einem größeren Publikum zugänglich gemacht zu werden.

29. Dezember 1959

Rückblick in alte Zeiten

Blitzschlag traf einen Pater
Interessante Beiträge unterrichten die
„Alten Münstereifeler"

Münstereifel – In seiner neuesten Ausgabe bringt das „Nachrichtenblatt des Vereins Alter Münstereifeler" interessante Aufätze. Auf allgemeines Interesse dürften insbesondere die Beiträge der Oberstudienräte Dr. Renn und Dr. Teichmann stoßen, die sich mit der Donatus-Verehrung im Kreis Euskirchen und der Zukunft des Kalkarer Moors beschäftigen.

Oberstudienrat Dr. Heinz Renn zeichnet den Grund der St.-Donatus-Verehrung in Euskirchen auf. Vor 175 Jahren, 1784, erteilte der Kölner Generalvikar der Pfarrei St. Martin in Euskirchen die Erlaubnis, zum Feste des hl. Donatus das Allerheiligste während der Oktav auszusetzen. Seitdem wurde dieses Fest zur „kleinen Kirmes".

Ankunft der Reliquien

Dr. Renn erläutert, wie die 1646 in Rom ausgegrabenen Reliquien des Katakombenheiligen Donatus der Gesellschaft Jesu übergeben wurden und 1652 nach Münstereifel kamen (1625 war die Lateinschule gegründet worden). Feierlich wurden die Reliquien in Kreuzweingarten abgeholt. Am Werther Tor wurde ein Altar errichtet.
An dieser Prozession wollten auch Euskirchener Bürger teilnehmen. Ein Pater Herde las vorher die Messe in St. Martin. Ein Gewitter kam auf, der Pater wurde beim Schlusssegen

vom Blitz getroffen und verletzt. Am selben Tage berührte der Pater die Gebeine des hl. Donatus, und nach einer Woche waren die Brandwunden wieder geheilt. Ähnliche Begebenheiten ließen die Überzeugung aufkommen, dass Donatus schützend eingegriffen habe. So wurde der Heilige zum Patron gegen Blitz, Unwetter und Feuersbrunst.

Der Verfasser geht dann auf die Lebensgeschichte des Heiligen ein und führt einige Legenden an. Um 1700 veranstalteten 14 Ortschaften des Kreises Euskirchen jährliche Prozessionen nach Münstereifel. Haus, Hof und Felder wurden unter den Schutz dieses Patrons gestellt. Donatus-Bruderschaften wurden gegründet, Berge und Straßen nach ihm benannt.

Einen kleinen Teil der Reliquien des hl. Donatus zu besitzen, war der Wunsch vieler Gläubigen. Einen Donatus-Partikel erhielten fünf Klöster, elf Privatpersonen aus dem politischen und kirchlichen Leben und 16 Pfarrkirchen, darunter neun im heutigen Großherzogtum Luxemburg. Von diesen Partikeln wurden weitere Teilchen abgetrennt und weitergegeben.

Als ein Blitzschlag den Turm der St. Martin-Kirche in Euskirchen am 12. März 1782 zerstörte und weitere 23 Häuser in Flammen aufgingen, erhielt auch die Kreisstadt einen Donatus-Partikel. Der Pfarrer hatte zu dem vom Landesherrn angeordneten Blitzableiter nicht das richtige Vertrauen. 1783 erhielt St. Martin seinen Partikel, ein Jahr später schon war das Fest des hl. Donatus zu einem Feiertag geworden.

Sorgen ums Moor

Sehr aktuell in seinem Aufsatz ist Oberstudienrat Dr. Teichmann, der sich mit der Auswirkung der Trockenheit des letzten Sommers auf das Kalkarer Moor befasst. Dr. Teichmann geht auf die akute Gefahr für die seltene Pflanzenwelt dieses Naturschutzgebiets ein.

Nachdem sich 1958 das Moor „in bestem Zustand", befunden habe, sei es besonders nach dem Versiegen des in das Moor geleiteten „Mollpützchens" im Juni 1959 katastrophal geworden. Als mögliche Ursachen werden nicht nur die Trockenheit, sondern auch das Bohren der Tiefbrunnen in Arloff für die Wasserversorgung Euskirchens angeführt.

Nicht hoffnungslos

Der 1,50 Meter tiefe Flutgraben am Moorrand habe den ganzen Sommer über Wasser geführt, schreibt Dr. Teichmann. Dieses Wasser, das sehr lehmhaltig ist, kommt aus einer Tongrube bei Kalkar. Es besteht der Plan, dieses Wasser ins Moor umzuleiten. Allerdings erfordert diese Lösung viel Arbeit. Nicht nur, dass das Wasser durch einen neuen Graben herangeführt werden müsste, auch ein Klärbecken müsste für die Ablagerung der Tonteilchen sorgen. „Ganz hoffnungslos ist die Lage also nicht", stellt Dr. Teichmann fest. Sowohl Kreisverwaltung als auch obere Naturschutzbehörde versuchten alles, um eines der „kostbarsten landschaftlichen Kleinode des Kreises Euskirchen" zu retten.

06. Januar 1960

400 neue Sextaner im Kreis
Die Mädchen sind sehr zahlreich beteiligt

Kreis Euskirchen – Nach den gestern vorliegenden, noch nicht überall endgültigen Zahlen haben an den höheren Schulen im Kreise Euskirchen, einschließlich der Städtischen Realschule, annähernd 400 Prüflinge Ihre Sextareife nachweisen können.

Münstereifel: Auf dem St.-Michael-Gymnasium bestanden 39 Jungen die Aufnahmeprüfung. Als ein Charakteristikum des St.-Michael-Gymnasiums mit seinem Konvikt kann die Tatsache gewertet werden, dass die Kinder von 37 verschiedenen Volksschulen stammten. Von 20 verschiedenen Schulen kamen die Mädchen zur Prüfung im Ursulinengymnasium. 21 von ihnen werden ab Ostern die Sexta besuchen.

12. März 1960

Wenige besuchen „ihr" Gymnasium
Drei Viertel der Schüler kommen von auswärts

Münstereifel – Am St.-Michael-Gymnasium wurden vor einigen Tagen 24 Abiturzeugnisse ausgegeben. Erstaunlich war die Tatsache, dass kein einziger der abgehenden Gymnasiasten aus dem Kreis Euskirchen stammte. Ein Abiturient kam, wie gemeldet, aus Nöthen im Kreis Schleiden. Diese Entwicklung, wenn auch zum Teil in der Tradition der ehemaligen Jesuitenschule begründet, lässt doch die Frage aufkommen, warum so wenige Schüler aus Münstereifel und seiner Umgebung eine Schule besuchen, die seit 330 Jahren in den Mauern der alten Stadt steht.

Es ist zu verstehen, dass die geographische Lage des Kneippbades an der Südspitze des Kreises Euskirchen dabei eine große Rolle spielt. Mit vielen Schülern aus dem eigenen Kreis kann das St-Michael-Gymnasium nicht rechnen. Die Schulen der Kreisstadt sind leichter zu erreichen. Dennoch könnten höhere Schülerzahlen aus der Stadt Münstereifel und seinem Hinterland erwartet werden.

Prozentsatz verschiebt sich

Von den 281 Schülern, die zur Zeit das St.-Michael-Gymnasium besuchen, wohnen nur 74 nicht im Konvikt. 24 fahren jeden Abend zu ihren Eltern im Kreis Schleiden zurück, elf kommen aus dem Amtsbezirk Münstereifel-Land, und 39 stammen aus der Erftstadt. 74 Prozent (207) wohnen im Erzbischöflichen Konvikt und stammen zum größten Teil aus dem Kölner Raum.

Ein genaueres Bild über die Struktur der Schule wird gewonnen, wenn man die Zusammensetzung der einzelnen Klassen untersucht. Während in der Sexta und in der Quinta noch 42 Prozent der Kinder aus Münstereifel und Umgebung stammen, sinkt die Zahl schon in der Quarta auf 23 Prozent. Von Untertertia an wohnen 80 bis 83 Prozent der Schüler im Konvikt.

Während im vergangenen Jahr zwei Münstereifeler ihr Abitur bestanden, nahm 1960 kein enziger Schüler der Stadt an der Prüfung teil. In der Unterprima sind zur Zeit drei Kurstädter, die im nächsten Jahr ihr Abitur ablegen werden.

Auch in Tradition begründet

Diese Entwicklung liegt zum Teil in der Tradition der Jesuiten-Schule begründet. 1625 war es vor allen Dingen die Gegenreformation, welche die Gründung der Eifel-Mission erwirkte. In der damaligen Zeit, als Lateinschulen noch sehr selten waren, strahlte die Münstereifeler Schule ihren Einfluss über weite Gebiete aus. Bis aus dem luxemburgischen Raum kamen die Schüler.

Immer wieder erwähnt die Chronik, dass viele Erftstädter ihre Zimmer an Gymnasiasten vermieteten. Ganz natürlich war es also, dass Jakob Katzfey, Leiter der Anstalt von 1825 bis 1862, alles tat, um ein Konvikt zu gründen. Es war klar, dass sich das Gymnasium in der kleinen Stadt nicht halten würde, wenn nicht Schüler von auswärts untergebracht werden konnten. Im alten Kloster der Jesuiten wurde 1843 ein Alumnat eingerichtet. Träger der Schule wurde der Staat, was bei der Struktur unumgänglich war, wenn das Gymnasium Fortbestand haben sollte.

Sicherung durch das Konvikt

In einer Aufstellung aus dem Jahre 1867 werden 235 Schüler aufgeführt, von denen 80 Prozent von auswärts kamen. Schon damals gingen, wie heute, verhältnismäßig wenige Münstereifeler zum Gymnasium am Johannisberg. Deshalb konnte der Bestand der Schule erst dann als gesichert betrachtet werden, als 1894 das neue erzbischöfliche Konvikt, das Josephinum, gebaut wurde.
Während das St.-Michael-Gymnasium mit seinen heutigen Räumen 320 Schüler aufnehmen könnte, bietet das Konvikt nur 220 Jungen Platz. Diese Plätze sind immer belegt. 100 Schulplätze stehen also Münstereifelern zur Verfügung. Nur 74 werden von Jungen der Stadt und ihrer Umgebung beansprucht.
„Es ist erstaunlich", sagte uns Oberstudiendirektor Guddorf, „dass Münstereifel selbst kein größeres Interesse für die Schule in den eigenen Mauern entwickelt."

08. April 1960

Ein Sechstel blieb sitzen

Die Besten im Michaelsgymnasium wurden ausgezeichnet

Münstereifel – In der großen Aula des St.-Michael-Gymnasiums entließ Oberstudiendirektor Guddorf seine Schüler in die Osterferien. Er verteilte die Ehren- und Siegerurkunden für Leistungen bei den Bundesjugendspielen und zeichnete die besten Schüler der einzelnen Klassen durch Buchpreise aus.

In seiner Ansprache wies der Oberstudiendirektor daraufhin hin, dass sich die Reihen der Schüler zu diesem letzten Beisammensein stark gelichtet hätten. Weniger Kameraden als in den anderen Jahren hätten diesmal das Klassenziel erreicht; der Leistungsstand sei zurückgegangen. Fest stehe aber auch, dass diesmal in der Beurteilung ein schärferer Maßstab angelegt worden sei. Ein Sechstel der Schülerschaft sei nicht versetzt worden.

Zwölf Ehrenurkunden

Guddorf überreichte zwölf Schülern Ehrenurkunden für besondere Leistungen bei den Bundesjugendspielen. Die meisten Punkte erreichte Manfred Scheuvens mit 79, zweiter wurde Reinhold Simon mit 78 Punkten und dritter Dederichs, 77 Punkte.
Siegerurkunden wurden an 76 Schüler überreicht. In der Klassenwertung schnitt die Obertertia B mit einem Durchschnitt von 58, 8 Punkten am besten ab. Zweiter wurde die Unterprima. Der Oberstudiendirektor will sich um einen Wanderpreis bemühen, den die jeweils beste Klasse in jedem Jahr erhalten soll. Manfred Scheuvens wurde ein Buch als Anerkennung des Kultusministeriums „für besondere Leistungen bei den Jugendspielen" überreicht.

Auch im Unterricht: O III B

Auch im vergangenen Jahr hatte Oberstudiendirektor Guddorf die Verleihung von Preisen für die besten Schüler auch auf geistigem und wissenschaftlichem Gebiet eingeführt. In diesem Jahr erhielten nicht nur die Klassenbesten, sondern auch die jeweils besten Schüler der Unter-, Mittel- und Oberstufen schöne Bücher überreicht. Der Wanderpreis für die beste Klasse, eine St.-Michael-Figur, ging dieses Mal zur Obertertia B. Guddorf wies auf das Wort Juvenales hin, dass ein gesunder Geist in einem gesunden Körper wohnen müsse. Die Obertertia B hätte sowohl im Sport (Bundesjugendspiele) wie auch im Unterricht am besten abgeschnitten.

13. März 1960

Im Südkreis fällt etwas mehr Regen
Kurt Wunderlich misst genau – Auch seine Familie hilft dem Wetterdienst

Münstereifel – Eine der weiteren Bezirksstationen, die dem Wetterdienst in Mülheim/Ruhr die Niederschlagsmengen regelmäßig melden, steht im Garten von Kurt Wunderlich am St.-Michael-Gymnasium. Ein Blick in die Tagebücher dieser Messstelle zeigt, dass auch in Münstereifel in den Wintermonaten zu wenig Regen fiel, um die während des vergangenen Jahres erschöpften Wasserreserven ausreichend zu ergänzen.

Seit über zehn Jahren geht Monat für Monat das ausgefüllte Formular nach Mülheim ab. Genau können die Wissenschaftler daraus entnehmen, wie viel Wasser vom Himmel fiel, ob als Schnee oder Regen, ob über dem Münstereifeler Gebiet Nebel lag oder Niesel die Kleider durchdrang.
In der äußersten Ecke des Gartens des Gymnasiums hängt der Regenauffang-behälter an einem Pfahl. Genau nach Vorschrift 1,50 Meter über der Erdoberfläche. Durch einen breiten Trich-

ter fällt der Regen über einen Zylinder in das Auffanggefäß. Um genaue Messungen auch bei Schneegestöber zu ermöglichen, ist ein Schneekreuz eingebaut, dass die Flocken auffängt.

Jeden Morgen wird das Gerät entleert. Kurt Wunderlich lässt die Wassermenge der letzten 24 Stunden in sein Messglas fließen. Bei Wolkenbrüchen muss er ab und zu auch zweimal das Gefäß leeren. In seinem Tagebuch reihen sich die genauen Messzahlen untereinander.

Wenn Kurt Wunderlich, der sich dem Wetterdienst ehrenamtlich zur Verfügung stellt, von zu Hause aus weg ist, muss der Dienst auch gesichert sein. Die ganze Familie weiß genau Bescheid und sorgt dafür, dass der Wetterdienst die wichtigen Angaben erhält. Landwirtschaft, Forstbehörden und viele andere Stellen sind an den Ergebnissen interessiert.

Der Regen ist das Wichtigste: In den vergangenen Monaten wurden alle daran erinnert, dass Wasser nicht das „Selbstverständlichste" der Welt ist.

Lausbubengeschichte

Wunderlich wusste auch eine Lausbubengeschichte zu erzählen. Als der Auffangbehälter noch näher am Schulhof stand, wurde von Schülern während seiner Abwesenheit Leitungswasser hineingeschüttet. Die Mülheimer „Wetterfrösche" ließen sich aber nicht täuschen. An jenem Tag könne es unmöglich geregnet haben, schrieben sie ihrem Münstereifeler Helfer. So kam dieser hinter den Streich und zog es vor, das Gerät „sicherer" aufzustellen.

Noch nicht rostig

Wer die vielen Zahlen der verschiedenen Jahre addiert, vergleicht und gegeneinander abwägt, erlebt wie erschreckend sich die Trockenheit der Jahre 1959 in den nüchternen Tabellen widerspiegelt. Erst seit dem ersten April 1960 scheint sich eine Besserung anzubahnen, wenigstens in der Münstereifeler Kante.

In den ersten drei Monaten 1959 lag die Niederschlagmenge noch unter der anderer Jahre. Fielen 1956 zwischen 1. Januar und 31. März 113,5 mm Wasser und 1958 sogar 169,5, so verzeichnete Wunderlich 1959 für diesen Zeitraum nur 95,3 mm. Noch krasser war der Unterschied in den für das Wachstum entscheidenden Monaten April bis Juni. 1956 fielen 290,1 mm, 1958 208,9 mm, 1959 aber nur 85,2 mm. Die Lage verbesserte sich auch nicht im dritten Quartal: 1956 = 222,7 mm, 1958 = 182,1 mm, 1959 wieder nur 61,4 mm.

Wasserwirtschaftsämter, Land- und Forstwirtschaft und die Wasserversorgungs-werke hofften auf den Winter. Die Enttäuschung war groß. Zwischen Oktober und Dezember 1956 fielen 156,8 mm, 1958 176 mm und 1959 nur 97,5 mm Wasser.

- Mit 69,6 mm Wasser im ersten Quartal 1960 lag die Niederschlagsmenge noch 26 mm unter den bereits niedrigen Zahlen von 1959.

Erst seit dem 1. April, so sagte uns Wunderlich, kann wieder von „normalen" Regenmengen gesprochen werden. Allein während des Gewitters vom 7. April fiel mehr Wasser als im gesamten Monat Februar: genau 13,7 mm.

21. April 1960

Höhere Schule fordert Norm
Wir sprachen mit Oberstudiendirektor Guddorf

Münstereifel – Noch nie haben sich die Pädagogen des St.-Michael-Gymnasiums in einer Konferenz so lange über die Versetzung unterhalten. An zwei Nachmittagen wurde jeweils fünf Stunden lang Klasse für Klasse besprochen. Das Ergebnis erregte einiges Aufsehen: Fast 18 Prozent der Schüler stiegen zu Ostern nicht. Die Zahl der nichtversetzten Schüler am Emil-Fischer-Gymnasium in Euskirchen lag mit 67 von 485 bei 14 Prozent und somit auch höher als in den vergangenen Jahren. Wir unterhielten uns mit Oberstudiendirektor Guddorf (Münstereifel) zum Beginn eines neuen Schuljahres über die Gründe dieser unerwarteten Entwicklung.

KStA: In der Bevölkerung wird viel über das Ergebnis des letzten Schuljahres gesprochen. Das war seit dem Kriege noch nicht vorgekommen, dass 18 Prozent der Schüler, also jeder sechste, das Klassenziel nicht erreichte.
Guddorf: Wenn in dem abgelaufenen Schuljahr der Prozentsatz der Nichtversetzten höher liegt als in den letzten Jahren nach dem Krieg und Zusammenbruch, so liegt das nicht zuletzt daran, dass sich die Schulverhältnisse nach und nach normalisiert haben und wieder normale Anforderungen an die Schüler gestellt werden können und müssen.
KstA: Werden also keine höheren Anforderungen gestellt?
Guddorf: Nein, nur die Leistung muss gesteigert werden. Mannigfache Rücksichtnahmen in den letzten Jahren hatten den Maßstab der Beurteilung allmählich zugunsten der Schüler etwas verschoben. Das Ergebnis war, dass sich die Schüler, dem Gesetz der Trägheit folgend, vielfach daran gewöhnten, mit geringstem Einsatz möglichst große Erfolge einzuheimsen.
KStA: Hat der „strengere Maßstab" etwas mit der Schulgeldfreiheit zu tun, wie verschiedentlich angenommen wird?
Guddorf: Nicht im geringsten. Der Andrang zur höheren Schule war schon vorher ungesund. In anderen Schulen mag er jetzt noch angewachsen sein. Wie ich aber schon

sagte, haben sich die Anforderungen nicht erhöht, nur „normale" Friedensmaßstäbe werden wieder angelegt. Die Eltern müssen mehr auf den Rat der Volksschullehrer hören und nur wirklich die besten Kinder zur höheren Schule schicken. Viele Jungen, die es einfach nicht schaffen können, vertrödeln dann ihre wertvolle Ausbildungszeit.

KStA: Sind denn heute die Schüler anders als früher?

Guddorf: Sie haben sich in mannigfacher Hinsicht kaum geändert; viele sind „Saisonarbeiter", machen sich einen schönen Lenz, das heißt, tun nicht mehr als eben notwendig und wundern sich dann, wenn es zu guter Letzt einmal schiefgeht. So kommt sicherlich manche Nichtversetzung auf das Konto des Schülers selbst, der allzu leichtsinnig und vertrauensselig in den Tag hineinlebt.

KStA: Entwickeln heute nicht schon viele Schüler sehr früh einen Hang zur „Spezialisierung", so dass nicht jedem Fach das richtige Interesse entgegengebracht wird?

Guddorf: Es mag sein, dass mancher Schüler bereits in bestimmter Richtung festliegt, dem eigenen Steckenpferd nachgeht, dabei aber die Schulfächer vernachlässigt. Der Sinn der höheren Schule ist es aber, einer zu frühen Spezialisierung und beruflichen Vereinseitigung entgegen zu steuern und mit der Vielfalt ihrer Fächer und Methoden eine allgemeine, grundlegende geistig-seelische Ausgangsphase zu schaffen.

KStA: Das Gymnasium hat also vor allen Dingen auch die Aufgabe, allgemein menschliche Qualitäten zu wecken?

Guddorf: Solides Wissen und Können ist wichtig, die Schüler müssen auf das Studium an Universität und Hochschulen vorbereitet werden. Es geht der höheren Schule aber nicht zuletzt um die Grundlegung und Festigung echt menschlicher Qualitäten und Werte, die notwendiger sind als alles Können und Wissen. Wir brauchen Persönlichkeiten in eigenem Selbstand, gefeit gegen die Gefahr der Vermassung.

KStA: Das Lehrerkollegium bemüht sich nun, diese hohen Ziele zu erreichen. Wie reagieren denn die Schüler darauf?

Guddorf: Es ist eine Tragik der Lehrer, dass sie im Ringen um diese Ziele Partner haben, die noch unreif und unentwickelt sind und immer bemüht, den Weg des geringsten Widerstandes zu gehen. Die Anforderungen der höheren Schule sind – Gott sei Dank – so hoch, dass sie nur mit äußerster Anstrengung erfüllt werden können.

KStA: Herr Oberstudiendirektor, haben Sie denn das Gefühl, dass die heutige Jugend dieser äußersten Anstrengung fähig ist?

Guddorf: Unsere augenblicklich heranwachsende Jugend ist den Strapazen der höheren Schule, ja allgemein gesagt, allen ernsten Forderungen nur wenig gewachsen. Sie ist viel zu labil, hat zu wenig „Eisen im Blut", ist maßlos abgelenkt und zerstreut und leidet unter einem fühlbaren, ja fast sichtbaren Mangel an Konzentrationsfähigkeit.

KStA: Diese Meinung hört man oft und sie wird auch stimmen. Woran aber mag das liegen?

Guddorf: Nach den entsetzlichen Entbehrungen der Kriegs- und Nachkriegsjahre wurde unsere Jugend in einem vielleicht verständlichen Nachholverfahren maßlos verwöhnt und dadurch verweichlicht. Hinzu kommt ein Zweites: das Problem der Akzeleration, die fast beängstigende Erscheinung eines ungeheuren Längenwachstums; eine fast unheimliche Beschleunigung der körperlichen Reifung, mit der die geistig-seelische einfach nicht mitkommt. Von hier aus gesehen ist eine Nichtversetzung geradezu eine Wohltat.

KStA: Die vielseitigen Eindrücke, denen unsere Jugend heute ausgesetzt ist, haben gewiss auch ihren Einfluss auf den Mangel an Konzentrationsfähigkeit.

Guddorf: Unbedingt. Radio, Film und vor allen Dingen das Fernsehen spielen hierbei eine bedeutende Rolle. Eine andere Ablenkung aber schädigt noch viel mehr, an sie wird aber kaum gedacht: Es ist die Manie, den Kindern Nachhilfe-Unterricht geben zu lassen. Es ist erschreckend, dass viele Schüler ohne Nachhilfe ihre Hausaufgaben nicht mehr schaffen. Diese Erscheinung ist allgemein und gilt sogar für Konvikt-Schüler. Aus dieser angeblichen Notwendigkeit schließen die Eltern, dass im Unterricht nicht genügend erklärt wird, was durchaus nicht der Fall ist. Aber die Burschen passen nicht mehr auf; sie verlassen sich wiederum auf den Nachhilfe-Unterricht.

KStA: Bevor wir uns verabschieden, möchten wir noch einmal kurz zusammenfassen: Mehr denn je soll das Elternhaus darauf achten, dass die Kinder mit größerem Ernst die höhere Schule besuchen. Alles, was einer Konzentrationsfähigkeit abträglich ist, soll vermieden werden. Nur wirklich begabte Schüler und nicht auch solche, die unbedingt „ihr Abitur" haben wollen, sollen in die Gymnasien. Wir möchten Sie um ein Schlusswort bitten.

Guddorf: Im Interesse der Gesellschaft, die in allen Sparten und Zweigen des öffentlichen Lebens mehr denn je auf Qualitätskräfte angewiesen ist, fühlen wir Lehrer uns aufgerufen, da Wandel zu schaffen und das Leistungsniveau der höheren Schule wieder auf seine normale und von uns geforderte Höhe zu bringen.

14. Mai 1960

40 Jahre im Staatsdienst

Münstereifel – In einer kleinen Feier im Direktorenzimmer ehrte Oberstudiendirektor Guddorf den Pedell des St.-

Michael-Gymnasiums, Betriebsassistent Kurt Wunderlich. Seit 40 Jahren steht er in den Diensten des Staates. Er ist im Jahre 1900 in Suhl (Thüringen) geboren. 1932 wurde er bei der Zollverwaltung Aachen eingestellt. 1935 zur Wehrmacht gerufen, verließ er zwei Jahre später diesen Dienst, um die Stelle des Pedells am Gymnasium in Münstereifel zu übernehmen. Wunderlich ist einer der wenigen Vertreter seines Berufes, der auf Grund seiner Leistungen in den Beamtenstand übernommen wurde.

25. Mai 1960

„Verein Alter Münstereifeler" trifft sich

Münstereifel – Das kommende Wochenende steht im Zeichen des „Vereins Alter Münstereifeler". Die ehemaligen Abiturienten des St.-Michael-Gymnasiums treffen sich am Samstagnachmittag in den Burggaststätten. Nach dem gemeinschaftlichen Abendessen im Konvikt (19.30 Uhr) werden die „Ehemaligen" auf der Burg begrüßt. Anschließend gemütliches Beisammensein.

Am Sonntag beginnt das feierliche Hochamt um 10 Uhr. Nach der Mitgliederversammlung in der Aula wird am jüdischen Friedhof der Gedenkstein für die Opfer der Naziherrschaft eingeweiht. Dr. Dr. hc. Pünder wird die Ansprache halten. Unter den Gästen wird auch Landtagspräsident Johnen zu finden sein, der ebenfalls „Alter Münstereifeler" ist. Um 13.30 Uhr beginnt das Festessen auf der Burg, um 15.15 Uhr geht es per Autobus zum „Dicken Tönnes" und zum berühmten Triptychon nach Kirchsahr.

05. Juli 1960

Guddorf mit Gregorius-Orden
Seltene Auszeichnung vom Papst – Feier im Konvikt

Münstereifel – Nur im Zusammenspiel mit anderen Menschen habe er die Kraft gefunden, sich nach außen hin zu exponieren, sagte Oberstudiendirektor Guddorf vom St.-Michael-Gymnasium, nachdem ihm die Urkunde des Papstes überreicht worden war, die ihn zum Ritter des Gregorius-Orden ernennt.

Präses Keppeler begrüßte im erzbischöflichen Konvikt die Gäste und verlas das Begleitschreiben des Generalvikariats. Neben den Jungen des Gymnasiums, die selbstverständlich dabei sein müssten, nahmen Oberstudienrat Dr. Renn, die Leiterinnen der Ursulinenschule, Kaplan Blasberg als Vertreter der Pfarre, Bürgermeister Frings, Stadtdirektor Derkum und Schwestern des Marienheimes an der Feier teil. Als besonderer Gast wurde der Vorsitzende des Vereins Alter Münstereifeler, Oberdirektor a. D. Dr. Dr. h.c. Pünder begrüßt. Sowohl im kirchlichen wie im zivilen Bereich habe kein Direktor des St.-Michael-Gymnasiums so über die Schule hinausgewirkt wie August Guddorf, sagte der Präses des Konvikts.

Seltene Auszeichnung

Über Geschichte und Sinn des Gregorius-Ordens sprach Seminarprofessor Dr. theol. M. Bernards aus Köln. Es sei äußerst selten, dass Papst Johannes XXIII. diesen hohen Orden verleihe. Mit dieser Auszeichnung werde sichtbar, dass in der Kirche Priester und Laien aufeinander angewiesen sind. Sie seien die beiden Pole einer Ellipse, welche die Kirche trage. Das Werk der Laien sei gerade dort wichtig, wo es gelte, geistige Entscheidungen vorzubereiten. Um dieses Zusammenhanges willen würde der Papst eine „überzeugungstreue Bewährung" anerkennen.

Viele Glückwünsche

Nachdem Präses Keppeler die am 6. Mai 1960 von Kardinal Tardini unterschriebene Verleihungsurkunde überreicht hatte, sprach Oberdirektor Dr. Dr. h. c. Pünder seine besten Wünsche aus.
Nicht nur die Person des Oberstudiendirektors wurde durch den Orden geehrt, meinte Bürgermeister Frings, auch die Stadt könne Stolz empfinden; das Wirken Guddorfs gelte nicht nur der Schule, sondern auch Münstereifel.

01. Oktober 1960

Schule zog auf „ihren" Berg
Aus Anlass der Michaels-Oktav zur renovierten Kapelle

Münstereifel - Mahlberg – Von 1632 bis 1824 waren Gymnasium und Michaelsberg eine Einheit. Es ist kein Zufall, wenn das St.-Michael-Gymnasium den in Mahlberg verehrten Heiligen als Schutzpatron hat. Noch bis 1934 blieb eine enge Verbindung der Schule zum Michelsberg bestehen: Zum Michelstag wallfahrteten die Schüler zur alten Kapelle. Zum ersten Mal seit dieser Zeit wurde am Donnerstag diese Tradition wieder aufgenommen.

Im Gebiet der Nordeifel, vor allen Dingen aber rund um Münstereifel, war der hl. Michael die populärste Heiligengestalt zur Zeit der Gegenreformation im 17. Jahrhundert. So weiß die Chronik von Prozessionen und Wallfahrten zu berichten, mit denen Tausende von Gläubigen schon 1607 zum Michelsberg pilgerten. Die Ratsherren und der Bürgermeister der Erftstadt gingen jedes Mal mit. Zu der Zeit wurde auch das Gelöbnis abgegeben, diese Wallfahrt nie ausfallen zu lassen.

Den Jesuiten übergeben

1625 gründeten die Kölner Jesuiten in der Erftstadt ihre Lateinschule. Schon ein Jahr später schlossen sich die Schüler dieser Anstalt den Wallfahrern an.
Es stehe außer Zweifel, dass der Name der Schule, „Gymnasium sancti Michaeli" in ganz engem Zusammenhang mit der Kapelle und dem Berg stehe, die beide dem St.-Michael gewidmet sind, meinte Oberstudienrat Dr. Renn. Der Pädagoge untersuchte bis in letzte Einzelheiten das Verhältnis der Jesuiten zum Heiligtum auf dem höchsten Berg der ganzen Umgebung.
Neben der Lateinschule gründeten die Jesuiten auch die Eifelische Mission. Die Michelskapelle wurde ihr Mittelpunkt, als Graf Karl von Manderscheid-Gerolstein 1632 als Territorialherr von Schönau und Mahlberg Berg und Kapelle den Patres übertrug. 1704 wurde neben dem Kirchlein sogar ein Priesterhaus errichtet, das immer von einem Jesuiten bewohnt war.
Der Jesuitenorden wurde zwar aufgelöst, zwei seiner Priester hielten aber weiter Wacht auf dem Berg. Wie eng dessen Verbindung mit dem Gymnasium war, geht daraus hervor, dass sogar nach der Säkularisierung durch die Franzosen der Gymnasialdirektor Fey alles tat, um den Bestand der Eifelischen Mission zu retten. Das gelang ihm bis 1822.
Auch als 1836 ein Blitz das Heiligtum in Brand setzte, war es der Direktor des Gymnasiums, Jakob Katzfey, der sich mit am stärksten für den Wiederaufbau einsetzte. Seit der

Franzosenzeit hatte die Schule den Namen "St.-Michael" allerdings verloren. Dennoch zogen Jahr für Jahr die Schüler zum Michelstag weiter den Berg hinauf.

Zum 300 jährigen Bestehen

Erst 1925 wurde der Zusammenhang mit dem Michelsberg im Namen des Gymnasiums wieder sichtbar. Die Anstalt erhielt das Recht, die ursprüngliche Bezeichnung wieder zu führen, bis sie dann im „Dritten Reich" wieder verschwand. In dieser Zeit, etwa 1934, pilgerten die Pennäler von Münstereifel auch zum letzten Male zur Michelskapelle.
Nach dem Krieg wurde die Tradition noch nicht sofort wieder aufgenommen. Die im 17. Jahrhundert errichteten Gebäude der Schule wurden den neuzeitlichen Anforderungen angepasst, der Namen „St.-Michael-Gymnasium" wurde wieder eingeführt. „Es war an der Zeit, die Verbindungen der Schule zum Michelsberg aufleben zu lassen", meinte Dr. Renn.
So zogen denn am Donnerstag zum ersten Male seit 26 Jahren die Schüler des Gymnasiums nach Mahlberg. Über 300 Jungen zogen hinter dem Kreuz, begleitet von Rektor Herkenrath (Konvikt) und Religionslehrer Studienrat Heinrichs sowie Oberstudiendirektor Guddorf und dem Lehrerkollegium über den Blankenheimer Weg am Schönauer Ohrtsberg vorbei zum St. Michael. Seit vergangenem Sonntag begeht Mahlberg die Michaels-Oktave, die am nächsten Sonntag ihren Höhepunkt erlebt, wenn der Bonner Münster-Chor die Messe singt.
Auf der Freitreppe war gegen die Außenwand der renovierten Kirche ein Altar aufgebaut worden. Alle Schüler hätten in der Kapelle nicht untergebracht werden können. Nach einer Andacht und dem sakramentalen Segen sprach Studienrat Eschweiler einige Worte über die geschichtliche Bedeutung

der Michelskapelle für die Schule. Der Kontakt der Anstalt zu „ihrem" Berg war wieder hergestellt.

07. Oktober 1960

Zum Michelstag

Münstereifel – Zu unserem Bericht „Schule zog auf „ihren" Berg" am vergangenen Samstag, der von der ersten Wallfahrt der Gymnasiasten zum Michelsberg seit 1934 berichtete, bittet man uns noch folgendes hinzuzufügen: Noch bis 1937 sei der Michelstag auf der Schule begangen worden. Auch sofort nach dem Kriege war am 29. September schulfrei und wurde am Morgen ein feierlicher Gottesdienst abgehalten. Oft zogen die Klassen einzeln zum Michelsberg, wo sie am Gottesdienst der Wallfahrer teilnahmen. In diesem Jahr aber habe die Schule wieder zum ersten Male geschlossen gewallfahrtet.

15. Oktober 1960

Nochmals: Michelsberg

Münstereifel – Es ist die Aufgabe des Chronisten, Lücken innerhalb eines von ihm beschriebenen Zeitabschnitts zu füllen. Im Artikel sprachen wir davon, dass zwischen 1934 und der Nachkriegszeit der Michelstag nicht mehr begangen wurde. Wie wir jetzt genau erfuhren, zogen auch in den Jahren 1934, 35, 36 und 37 die Klassen innerhalb einer Sternwanderung morgens zum Michelsberg. Dort sei durch Religionslehrer Steinebach ein Levitenamt gelesen worden. Anschließend hätten die Schüler an lustigen Spielen teilgenommen, bis sie um die Mittagszeit in der Gaststätte Manheller eine Erbsensuppe zu sich nahmen. 1938 sei das Gymnasium schon mit Truppen belegt gewesen, 1939 habe aber der Krieg begonnen. Damit sollte gesagt werden, dass die Unterbrechung der Tradition nicht so lange dauerte wie ursprünglich angenommen.

07. Oktober 1960

Panzer hüten Geistesschätze
500 Jahre alte Bände restauriert

Münstereifel – Aus München trafen in den letzten Tagen die ersten Bände der alten Jesuiten-Bibliothek ein, die restauriert und zum Teil vervollständigt wurden. Sie werden im Panzerschrank der Gymnasial-Bibliothek aufbewahrt und stellen die wertvollsten Stücke der kostbaren und reichhaltigen Sammlung dar. Weitere Bände aus dem 15. Und 16. Jahrhundert sollen noch instand gesetzt werden. Auch wertvolle Schriften wurden präpariert und vor dem Verfall gerettet.

Nur wenige Restaurateure gibt es, die sich an alte Bücher heranwagen. In München bearbeitete Frau von Conta in den letzten Monaten die drei wertvollsten Bände der Gymnasiumbibliothek. Sie stellen einen kaum abzuschätzenden Wert dar.

Seiten „Xenografiert"

Das älteste der Bücher stammt von 1470. Es beschreibt das „Leben der Heiligen Väter" (Vitae Sanctorum Patrum). Die Seiten wurden gesäubert, ihre schwächsten Griffstellen präpariert. Der Zweifarbendruck wirkt wie neu, ein Zeichen dafür, dass früher nicht nur gutes Papier verwandt wurde, sondern auch die Druckerschwärze von großer Güte war.

Auch Hermann Löhers „Wehmütige Klage", in welcher der Sohn Münstereifels als ehemaliger Amtsmann von Rheinbach die Hexenprozesse anprangert, kam fein säuberlich in Leder gebunden aus München zurück. Da vier Seiten fehlten, forschte das Gymnasium nach anderen Ausgaben in der ganzen Welt nach. Es wurde Verbindung aufgenommen mit den Staats- und Nationalbibliotheken von New York, London, Paris und anderen Städten. Dabei stellte man fest, dass es wahrscheinlich nur noch zwei Exemplare dieses interessanten Werkes gibt. Das zweite wurde in Amsterdam entdeckt, wo das Buch 1676 gedruckt wurde. Die fehlenden Seiten wurden „xenografiert", das heißt also so fotokopiert, dass nur noch die Dicke des Papiers verrät, dass es nicht die Originale sind.

So teuer wie ein Rittergut

Als dritter Band kehrte die „Schedelsche Weltchronik" nach Münstereifel zurück. 1493 in Nürnberg gedruckt, vermittelt dieses Werk einen hervorragenden Eindruck unserer Welt, wie man sie ausgangs des Mittelalters sah. Eine Karte Europas gehört genauso zu dem schweren Band wie graphische Darstellungen deutscher und ausländischer Städte, Beschreibungen der biblischen Geschichte oder der Könige, Kaiser und sogar deren Geschlechter. Auch die griechische und römische Geschichte und Sagenwelt waren damals in die Beschreibung der Welt mit einbezogen worden. Die Schedelsche Chronik soll seinerzeit soviel gekostet haben wie ein Rittergut. Sie enthält kostbare Initial-Ornamente. Geschenkt wurde sie den Jesuiten 1651 durch den Amtsmann Friedericus von Goltstein, der in der Michelskapelle bei Mahlberg beigesetzt wurde.

Versteckte Kostbarkeiten

In alten Zeilen nahmen die Patres zum Einbinden von Büchern gern alte Schriftstücke, für die sie keinen Gebrauch mehr hatten. Solchen Schriftstücken ging ein Aachener Kurgast in der Münstereifeler Bibliothek auf die Spur. Die mühselige Arbeit von Peter Karhausen wurde reich belohnt:

- Er fand mittelalterliche Pergamenthandschriften mit Neumen und Choralnoten. Die ältesten dürften aus dem 10. Jahrhundert, die jüngsten aus dem 14. stammen. Besonders die linienlosen Neumen, eine musikalische Bewegungsschrift, die zwischen den Choralnoten eingestreut wurde, werden als wertvoller Beitrag zur Musikforschung in den Rheinlanden gewertet. Auch diese 18 Fragmente wurden präpariert.

Noch lange sind nicht alle wertvollen Bände der Gymnasialbibliothek vor dem Verfall gesichert; stammen doch von den 18 000 Bänden der Bücherei immerhin noch 2500 aus der Jesuitenzeit. Allein 81 Bände wurden im 15. Jahrhundert gedruckt, darunter auch das „Über die Heilkunst" vom bekannten römischen Arzt Cornelius Celsus und eine „Cronica van der hilliger Stat von Coellen" (Kölner Chronik) von 1499. Noch in diesem Jahr werden deshalb weitere Bücher zur Restaurierung nach München geschickt.
Leider fehlt immer noch ein Katalog der alten Bibliothek. Der Berufsbibliothekar Dr. Heinz Siegel, der eine Zeitlang als Lehrer im Michaels-Gymnasium tätig war, begann 1953 die vielen Bände zu registrieren. Noch in diesem Jahr wird ein Katalog herausgegeben. Er wird eine Übersicht über das reichhaltige Material bieten. Die Münstereifeler Gymnasial-Bibliothek ist die wertvollste Schulbibliothek des Rheinlandes.

05. November 1960

Ausstellung hilft Bücher entdecken
„Persönlicher Kontakt" mit 500 Bänden geboten

Münstereifel – Zum ersten Mal seit ihrer Restaurierung kann die Aula des St.-Michael-Gymnasiums besichtigt werden. Im hellen Raum des ehemaligen Jesuiten-Refektoriums mit seiner alten Wandvertäfelung veranstaltet die Schule in dieser Woche eine Buchausstellung. Auf Tischen und Fensterbänken laden 500 Bücher zum Blättern ein.

Die Initiative von Oberstudiendirektor Guddorf findet den Zuspruch der Eltern. Ihr Weg führt sie in diesen Tagen sowieso zum Michael-Gymnasium, wenn sie zum Elternsprechtag die Klassenlehrer ihrer Sprösslinge sprechen wollen. Jungen und Eltern, aber auch die breite Öffentlichkeit sollen durch diese Schau mit dem guten Buch in Berührung kommen. Das ist auch der einzige Wunsch der Schulleitung.
Die Buchhandlung Schulte (Inhaber Huber) gestaltet die Ausstellung. 500 Bände aus allen Sparten des reichhaltigen Büchermarktes können in die Hand genommen werden. Viele Besucher blättern und entdecken dabei oft wieder das prickelnde Gefühl, das von den gedruckten Seiten ausgeht und Neugierde erweckt. Ein Gefühl, das viele schon nicht mehr kennen....
Das Hauptaugenmerk des Ausstellers gehört den Spitzenneuerscheinungen in der Jugendliteratur. Die Skala dieser Bücher reicht von den bebilderten Erzählungen für die Jüngsten, über die „Klassiker der Jugend" wie Cooper oder Mark Twain bis zu religiösen und wissenschaftlichen Werken.
Karl May ist nicht unter den ausgestellten Büchern zu finden. Winnetou, der imaginäre Held, ist zwar noch da, aber Tatsachenberichte über gleiche Themen und Biografien wie

„Sitting Bull" dringen immer stärker vor, sagte uns der Buchhändler.

Obwohl es nicht an erdichteten modernen Märchen fehlt, behaupten sich die alten Märchen in erstaunlichem Maße, erfuhren wir weiter. Grimm, Bechstein und andere seien nach wie vor „Bestseller".

Die Tatsache, dass Münstereifel eine Schulstadt ist, macht sich auf dem lokalen Büchermarkt stark bemerkbar. Sehr guten Einfluss hätten die Arbeitsgemeinschaften im Gymnasium, sagte der Buchhändler. Erfreulich sei die Tatsache, dass das politische Buch von den Schülern der Oberstufen stark gefragt sei. Das sei gar nicht so verwunderlich, die Jugend brauche nur einen äußeren Anstoß, um an literarische Werke herangeführt zu werden. In der interessanten Schau der religiösen Bücher besitzt das Buch über die Kirchengeschichte den größten Zuspruch.

Bei der Unterhaltungsliteratur, sagt uns der Führer durch die Ausstellung, halten sich die „Klassiker der Jugend" unentwegt neben den Neuerscheinungen. Dazu gehören genauso „Sigismund Rüstig", wie „Gullivers Reisen", „Tom Sawyer" oder auch die Bücher Erich Kästners.

„Bismarck und das Reich", von Herbert Kranz sei der erste Band einer Reihe, die der Jugend neuzeitliche Geschichte „erzählen" möchte, sagt der Buchhändler. Von diesem Werk wird gehofft, dass es beitragen wird, unserer Jugend politisches Denken mit auf den Weg zu geben.

Einen breiten Raum nehmen die reichbebilderten Bücher ein, die Wissen vermitteln wollen. „Sie verdrängen immer mehr das alte Jahrbuch." Dazu gehören die drei Bände über das Tierreich vom Verlag Knaur („Der neue Brehm", sagt man uns) oder „Die lebendige Astronomie" und „Lebendige Geographie".

Für die Erwachsenen stellte das Gymnasium ebenfalls viele gute Bücher aus. „Der Kontakt zum Buch wird erst dann persönlich, wenn ein Band in die Hände genommen werden kann", sagte der Buchhändler über den Wert einer Ausstellung. Viele würden hier entdecken, dass ihr Verhältnis zum Buch nur durch die äußere Hetze des Lebens verschüttet wurde. Die Jugend aber habe die Lesefreude erhalten. Auch die Rechtspflegerschule mache sich bemerkbar. Dort gibt es Diskussions-Zirkel, die einzelne Bücher besprechen.

Alle Klassen des Gymnasiums, der Ursulinenschule und der Volksschule werden von ihren Klassenlehrern durch die Ausstellung geführt. Sie ist noch bis zum 5. November zwischen 10 Uhr und 13 Uhr sowie 15 Uhr und 18 Uhr für die ganze Bevölkerung zugänglich.

08. November 1960

KARDINAL SEGNET IHN

Münstereifel – Der Erweiterungsbau des erzbischöflichen Konvikts in der Trierer Straße ist fertiggestellt. Am Freitag, 11. November, erwartet das Internat des St.-Michael-Gymnasiums hohen Besuch zur Einweihung des Gebäudes. Kardinal Frings wird es einsegnen.

14. November 1960

Der Kardinal stieg durch alle Etagen
Primanerhaus und Aula wurden eingesegnet

Münstereifel – In den Gängen des Erzbischöflichen Konvikts standen in langen Reihen die Schüler, im Gästezimmer warteten die Honoratioren, am Eingangsportal hatte sich die Geistlichkeit aufgestellt. Nach vielen Jahren besuchte Kardinal Frings wieder das Internat des St.-Michael-Gymnasiums. Ein neues Gebäude und die Aula wurden eingesegnet. Nach der Vesper sprach Kardinal Frings während einer Feierstunde.

Am Portal durch Präses Keppeler begrüßt, besichtigte der Kardinal zunächst den fünf Etagen hohen Anbau, der innerhalb von acht Monaten errichtet worden war. Einer der Primaner begrüßte den Kardinal im Vorflur. Seitdem die Primaner in die gemütlichen Einzelzimmer eingezogen seien, herrsche unter ihnen eine richtige Arbeitswut, versicherte der Sprecher. Da es bekannt sei, dass der Kardinal ein guter Bergsteiger ist, würde es ihm gewiss keine Schwierigkeiten machen, alle fünf Etagen zu besichtigen, fügte er hinzu.

Die Vesper gesungen

Kardinal Frings durchwanderte das „Primanerhaus" und ließ sich den Architekten Wolters und mehrere Geistliche vorstellen. Nach dem Weihegebet sangen Geistlichkeit und Konviktoristen in der hellen Kapelle die Sonntagsvesper.
In den letzten Monaten entstand außer dem Primanerhaus auch eine Aula unter der Kapelle. Sie wurde auch eingeweiht. Neben Landrat Blass und Oberkreisdirektor Dr. Verbeek begrüßte Präses Keppeler auch Domkapitular Lewen, die Priester, die mit dem Konvikt eng verbunden sind, und viele andere Gäste.

Wichtige „Klönstuben"

Kardinal Frings gab seiner Freude darüber Ausdruck, dass ein Primaner ihn so frisch begrüßt habe, als er das Konvikt betrat. Er zeigte sich über den Neubau sehr zufrieden. Der Kardinal hob besonders die Bedeutung der „Klönstuben" auf den einzelnen Etagen hervor. „Für alles wurde vorbildlich gesorgt", sagte er. Herzliche Worte des Dankes fand der Kardinal für die Choralvesper.

Kardinal Frings ging auch auf die Gründung des Konvikts durch Kardinal von Geissel ein. Das Internat sollte dem Priesternachwuchs dienen, dieses Ziel sei auch weitgehend erreicht worden. „Wir können aber nur Priester brauchen", sagte der Kardinal, „die aus freiem Entschluss kommen und von Gott berufen sind." Neben den Priestern brauche die Kirche auch gute katholische Laien. Deshalb würde sie auch die Schüler unterstützen, die andere Berufe ergreifen wollten. Die Bedeutung des Laienapostolats trete besonders jetzt zutage, wo viele Männer Aufgaben in den Entwicklungsländern übernähmen.

Am Festessen nahmen nicht nur die Gäste, sondern auch alle Schüler des Konvikts teil. Anlässlich dieses Ereignisses bat Kardinal Frings Oberstudiendirektor Guddorf um einen freien Tag für die Gymnasiasten. Der „Direx", so hörte man, soll nicht nein gesagt haben.

15. November 1960

Primaner pauken in aller Stille
24 Einzelzimmer – Fünf statt drei Etagen –
auch eine neue Aula

Münstereifel – „Der 11. November 1960 wird nicht nur den jetzigen Konviktoristen in Erinnerung bleiben, dieser Tag wird auch für die Zukunft ein Gedenktag sein." Mit diesen Worten eröffnete am vergangenen Freitag Präses Keppeler seine Begrüßungsansprache. Auf fünf Etagen verteilt wurden im Neubau des Konvikts den Primanern 24 Einzelzimmer übergeben.

Durch das „Primanerhaus", das von Kardinal Frings - wie wir gestern berichteten - eingesegnet wurde, gewinnt das über 100 Jahre alte Konvikt Anschluss an moderne Internate. Präses Keppeler erläuterte uns, dass nicht Raummangel der Grund war, neue Räume zu schaffen; vielmehr sollten, zumindest den Primanern, Unterkünfte geboten werden, die den neuzeitlichen Erkenntnissen angepasst sind.

Statt drei jetzt fünf

Der Plan zum Ausbau entwarf Architekt Karl Wolters aus Gelsenkirchen, der engen Kontakt zum Münstereifeler Internat hat: Zwei seiner Söhne sind Konviktoristen. Obwohl das Primanerhaus die gleiche Höhe hat wie der große alte Bau, konnten statt drei jetzt fünf Etagen untergebracht werden. Von außen wirkt daher der Bau etwas eigenartig, wenn sich das Primanerhaus auch dem Gesamtbild einfügt.
Auf fünf Etagen verteilen sich 24 Einzelzimmer. In ihnen fanden neben dem modernen Bett ein Einbauschrank, ein Bücherregal und eine Nische mit fließendem Wasser Platz. Jeder einzelne Stock besitzt Duschraum, Toilette und ein Gemeinschaftszimmer, den „Klönraum", wie Kardinal Frings es taufte. „Das Treppenhaus bauten wir in besonders starken Ziegelsteinen", scherzte der Architekt, „bei den Burschen die hier wohnen, wird das wohl notwendig sein."
Die Balkone wurden zum Schuhputzen eingerichtet und enthalten alles, was dazu gebraucht wird. Auch an die Arbeit der Wirtschaftsschwestern wurde gedacht: Müll und Papierabfälle brauchen nicht die Treppe hinunter getragen zu werden, ein Müllschacht befördert alles auf dem kürzesten Wege in die Gruben.

Farben wie am Bienenhaus

Da der Bau fünf Etagen hat, könnte sich der eine oder andere in den Treppen verzählen und im falschen Stock landen. Um solchen Verwechslungen vorzubeugen, wurde jede Etage in einer anderen Farbe gehalten. Im Keller des Neubaus fanden noch ein Paramentenraum und zwei Gruppenräume für die Pfadfinder und Jungschärler Platz.
Der zweite Teil der Einweihungsfeier am Freitag gehörte der neuen Aula. Sie wurde von Baurat Steinberger vom Generalvikariat entworfen und fand ihren Platz unter der neuen Kapelle. Der große Raum wurde gemütlich ausgestattet, im Hintergrund fand eine große Bühne Platz. Mit den Neubauten der letzten Jahre - Kapelle, Primanerhaus und Aula – hat das alte Münstereifeler Konvikt wieder den Anschluss an ähnliche Anstalten gefunden, die in den letzten Jahren entstanden.

23. Dezember 1960

88 Sextaner(innen)

Münstereifel – 46 Sextaner möchten von Ostern 1961 an das St.-Michael-Gymnasium besuchen. Eine hohe Zahl. 25 neue Schüler werden ins Konvikt einziehen, 21 stammen aus dem Kreisgebiet und dem Kreis Schleiden. Da die Aufnahmeprüfung entfällt, wird ein „Fünfer-Ausschuss" unter Vorsitz von Schulrat Maibücher die künftigen Sextaner aus dem Kreis Euskirchen auf ihre Eignung prüfen. Bei den Ursulinen (Mädchen-Gymnasium) meldeten sich 42 Schülerinnen an. 21 davon kommen aus dem Kreis Euskirchen.

21. April 1961

Unterprimaner in Berlin

Münstereifel – Eine Woche lang bleibt die Klasse der Unterprima des St.-Michael-Gymnasiums verwaist. Die Schüler fahren nach Berlin, wo sie neun Tage sowohl den West- als auch den Ostsektor besichtigen. Schon am ersten Tag ihres Aufenthaltes sehen die Unterprimaner in der Staatsoper im Ostsektor Wagners „Lohengrin". Diese Studienfahrt soll es den jungen Menschen ermöglichen, sich selbst ein Bild von der politischen, wirtschaftlichen und kulturellen Lage der zweigeteilten Stadt zu machen. Sie übernachten in einem Heim des Deutschen Roten Kreuzes.

26. April 1961

Jesuitenbücher im Katalog
Kollegbibliothek umfasst über 2500 Bände

Münstereifel – Das staatliche St.-Michael-Gymnasium gab jetzt den „Katalog der ehemaligen Jesuiten-Kollegbibliothek" heraus. Es ist das erste Mal, dass alle Inkunabeln (Wiegendrucke) und die Bücher aus der Zeit von 1501 bis 1800 lückenlos erfasst wurden. Bibliothekar Heinz Siegel, der vor einigen Jahren dem Lehrkörper des Gymnasiums angehörte, sah alle Bände durch, ordnete sie neu und registrierte sie.

In seiner Einleitung geht Siegel auf die Geschichte der Gymnasiums-Bibliothek ein. Man sei sich nie bewusst gewesen, „welche beachtlichen Restbestände der früheren Kollegbibliothek sich darin befanden". Wie hoch der tatsächliche Bücherbestand der Jesuiten einmal gewesen sei, könne nicht mehr festgestellt werden. Nach der Aufhebung des Kollegs 1774 seien in der Franzosenzeit viele Bücher verloren gegangen. Um 1842 verkaufte man „alte Bücher", um Geld für Gebäudereparaturen zu bekommen. Hinzu kommen Verluste durch Zeitwirren und durch den letzten Krieg.

Erster Katalog 1822

Als ältester Bandkatalog fand man eine Aufstellung von 1822, der 1887 eine zweite folgte. 1989 legte Lehrer Dr. Vielau den ersten Zettelkatalog an, der auch heute noch weitergeführt wird. Zwischen 1890 und 1894 wurde eine gedruckte Liste der Bücher herausgegeben. In allen diesen Aufgaben waren jedoch nie alle Bücher erfasst worden, weil verschiedene „im Schulgebrauch nur noch wenig benutzt werden". Direktor Köhler verfasste 1873 das „Verzeichnis der nach dem Alter geordneten Inkunabeln und älteren Druckwerke". Von den in diesem Katalog erfassten 227 Nummern fehlten bei der Aufnahme des Bestandes durch Siegel 78.

Der neue Katalog

Der Raum drei der großen Lehrerbücherei wurde in den letzten Jahren für die Kollegbibliothek frei gemacht. Der älteste Druck stammt aus dem Jahre 1470. 81 Inkunabeln wurden erfasst.
Der erste Teil des neuen Katalogs führt 23 Handschriften, der zweite 76 Wiegendrucke auf. Aus der Zeit 1501 bis 1800 stammen 1799 Bücher und Schriften.
Eine besondere Liste erfasst 16 Jesuitendramen, die von den Kollegschülern gespielt wurden. Sieben Jesuiten-Schul-Thesen schließen den vollständigen Katalog der Kolleg-Bibliothek ab.

Bibliothekar Siegel fügte dem Katalog ein hochinteressantes Drucker-Verleger-Verzeichnis bei, das alle bedeutenden Namen der Verlage enthält, die in den ersten Jahrhunderten nach der Erfindung der Druckerei-Kunst in Europa bekannt waren. In einem besonderen Anhang führt Siegel 335 Bände an, die selten oder wertvoll sind und zum Teil in einem Panzerschrank aufbewahrt werden.
In seiner Einleitung befasste sich Siegel mit den Bemühungen der Deutschen Forschungsgemeinschaft, sogenannte Torso- oder Gymnasialbibliotheken zentral zu erfassen. „In vielen Fällen, wo es sich um geschlossene Sammlungen handelt, dürfte dieses Verfahren nicht angebracht sein", schreibt der Verfasser. Das träfe auch für die insgesamt 2500 Bände starke Kolleg-Bibliothek in Münstereifel zu.

10. Mai 1961

„Kuriosum?"

Münstereifel – Soeben erschien die erste Nummer im neuen Jahrgang des „Nachrichtenblattes des Vereins Alter Münstereifeler". Neben Arbeiten über den „Dicken Tönnes" bei Effelsberg und das „Kalkarer Moor" von Dr. Teichmann enthält die Zeitschrift einen Überblick von Oberstudienrat Guddorf über das Leben im Gymnasium.

Der Leiter des Gymnasiums gibt mit einigen statistischen Zahlen Auskunft über die Struktur seiner Anstalt. Von den 313 Schülern, die Ostern 1961 das Schuljahr begannen, sind 224 (das sind 71,4 Prozent) im Konvikt untergebracht. 40 Schüler (14 Prozent) stammen aus Münstereifel selbst, 38 (12,4 Prozent) wurden als „Fahrschüler" eingetragen. In Privatpensionen wohnen sieben Schüler. Nur acht der 313 Pennäler sind evangelisch.

Als ein „Kuriosum, vielleicht eine Einmaligkeit in der ganzen Bundesrepublik" stellte Oberstudiendirektor Guddorf die Tatsache heraus, dass trotz des geringen Anteils an evangelischen Schülern zwei Oberstudienräte und ein Studienassessor des Lehrerkollegiums evangelisch sind. Guddorf unterstrich diese Tatsache, „um ein Beispiel zu geben, wie man es allerwärts im Zeichen der „Una Sancta" und in Übereinstimmung mit dem Grundgesetz der Bundesrepublik machen sollte, nicht mit dem Rechenschieber, sondern nach dem Gesichtspunkt menschlicher und „schulmeisterlicher" Bewährung."

11. Mai 1961

Wiedersehenstreffen

Münstereifel – In diesem Jahr treffen sich die Mitglieder des „Vereins Alter Münstereifeler" am Samstag und Sonntag, 27. und 28. Mai.

Horst A. Wessel:
Armand Foxius

Vor etwas mehr als 50 Jahren geschah in Münstereifel, das damals noch Kneippkurort ohne das schmückende Prädikat „Bad" war, Unerhörtes – und das gleich doppelt. Ein mit seiner Familie nach hier gezogener junger Journalist interpretierte „Lokales" neu, indem er für den Kölner Stadt-Anzeiger nicht, wie es üblich war, nur über bemerkenswerte freudige und weniger freudige Ereignisse, die sich im politischen und gesellschaftlichen Leben der kleinen Eifelstadt und deren engeren Umgebung zugetragen bzw. ihre Schatten voraus geworfen hatten, berichtete.

Erst vorsichtig, dann jedoch mit rasch wachsender Selbstverständlichkeit bezog er die im Zentrum der Stadt liegenden höheren Schulen, das am weiten Bogen der Erft gelegene unübersehbare altehrwürdige St. Michael-Gymnasium, eines der ältesten Gymnasien des Landes, und die keinen Steinwurf davon entfernte, jedoch in der Rathausfront sich versteckende im Aufbau befindliche Ursulinenschule St. Angela, in seine Berichterstattung mit ein.

Das war neu und zudem gewagt; denn trotz ihrer baulichen Präsenz und ihrer wirtschaftlichen Bedeutung für viele Betriebe der Stadt, wussten nur wenige Einwohner Münstereifels, wenn sie nicht als Lehrer dort tätig waren oder, was damals selten vorkam, Eltern von Kindern waren, die diese Einrichtungen besuchten, was dort vorging. Viele hatten keine Zeit, sich darum zu kümmern, andere interessierte es nicht; im Übrigen gab es für die Allermeisten keinen Grund, das meist verschlossene Schulgelände zu betreten. Zu weit mehr als zwei Drittel wurden diese Schulen von Externen besucht, die auch noch fast ausnahmslos in Internaten, von denen eines, das Erzb. Konvikt, allgemein nur „Kasten" genannt, draußen vor der Stadtmauer lag, lebten.

Die Münstereifeler, und zwar nur die, die an der Orchheimer Straße wohnten, nahmen die Schüler in der Regel zwei Mal am Tag kurz wahr: morgens in der letzten Viertelstunde vor Schulbeginn, überwiegend still und in sich gekehrt, auf dem Weg zur Schule und dann um die Mittagszeit, meist mehrheitlich lärmend die jüngeren Schüler und in angeregter Diskussion die älteren Jahrgänge, nach Schulschluss auf dem Weg nach Hause. Am Nachmittag sah man die Konviktoristen nur vereinzelt in der Stadt, und am Abend war der Aufenthalt sogar gefährlich, weil er empfindliche Strafen oder sogar den Verweis aus dem Konvikt und damit fast zwangsläufig auch von der Schule nach sich ziehen konnte. Allerdings gab es einen Tag im Jahr, und zwar im März, an dem viele Münstereifeler wussten, was die Glocke im wahrsten Sinne des Wortes geschlagen hatte: Die dem heiligen Michael, dem Namenspatron des damaligen altsprachlichen reinen Jungengymnasiums, geweihte Glocke wurde selten angeschlagen, in der Regel zwei Mal im Jahr, nämlich am Dreifaltigkeitssonntag, anlässlich des Totengedenkens des Vereins Alter Münstereifeler, und eben im Frühjahr nach Abschluss der mündlichen Abiturprüfungen. Bemerkenswert viele Einwohner der Stadt, zumal die jungen Mädchen, hielten dann in ihrer Arbeit inne und zählten mit – selbst wenn sie nicht wussten, wie viele Oberprimaner im Abitur standen. Davon abgesehen waren die Schulen eine eigene Welt geblieben, abgekoppelt vom Alltag der Stadt.

Das änderte sich nun, weil der neue „Lokalreporter" sich persönlich für den Schulbetrieb interessierte und ihm außerdem nicht verborgen geblieben war, dass die Bildungslandschaft in der Bundesrepublik Deutschland in einem grundlegenden Wandel begriffen war. Tiefere Einblicke erhielt er durch den vertrauten Umgang mit seinem alten Freund Oberstudienrat Dr. Heinz Renn, damals stellvertretender Schulleiter am St. Michael-Gymnasium und nicht zuletzt mit Oberstudiendirektor August Guddorf, der wie er im vielsprachigen Belgien geboren und aufgewachsen war. Nun konnten die Münstereifeler nachlesen, ob alle Oberprimaner ihre Abiturprüfung bestanden hatten oder wie viele Jungen bzw. Mädchen nach bestandener Aufnahmeprüfung ab Ostern die Sexta des St. Michael- bzw. des Ursulinengymnasiums besuchen würden.

Foxius begnügte sich nicht mit der Feststellung, dass 1960 kein einziger Abiturient aus Münstereifel, nicht einmal aus dem Kreis Euskirchen, stammte. Er suchte nach den Gründen dafür und benannte zum einen die Abgeschiedenheit der Stadt. Zum anderen bemühte er die lange Geschichte des Gymnasiums und machte zu Recht darauf aufmerksam, dass die Stadt nach dem Niedergang ihrer einst bedeutenden Gewerbe, Wollweberei und Lederherstellung, wirtschaftlich in besonderer Weise auf das Gymnasium und damit auf das Internat für externe Schüler angewiesen gewesen war. Er stellte jedoch zugleich fest, dass die mehr als 100jährige Tradition sich zu ändern begann, dass also die neueren Jahrgänge anders strukturiert waren, nämlich der Anteil derjenigen, die in der Stadt oder ihrer Umgebung ihren ersten Wohnsitz hatten, wuchs. Dennoch wurden 1960 von den 100 Plätzen, die Münstereifelerrn zur Verfügung standen, nur 74 in Anspruch genommen. „Es ist erstaunlich", so zitierte Foxius Oberstudiendirektor Guddorf, „dass Münstereifel selbst kein größeres Interesse für die Schule in den eigenen Mauern entwickelt."

Es ist lesenswert, was Foxius alles aus der Schule zu berichten wusste! Wir erfahren von der Auszeichnung der Schüler, die besondere Leistungen erbracht hatten, ferner dass beispielsweise 1960 ein Sechstel der Schüler nicht versetzt wurde sowie über die Katalogisierung der Jesuitenbibliothek des

St. Michael-Gymnasiums. Als ein besonderes Zeitzeugnis ist das ausführliche Gespräch zu werten, das der Journalist mit dem Schulleiter über die damals aktuelle Bildungssituation und den pädagogischen Auftrag des Gymnasiums geführt hat.

Die Mitglieder des Vereins Alter Münstereifeler (VAMÜ) dürfte überraschen, dass Foxius auch deren Nachrichtenblatt für seine Berichterstattung über die Schule nutzte. Das gilt für die Statistik ebenso wie für die wohl „einmalige" konfessionelle Zusammensetzung des Lehrerkollegiums und nicht zuletzt für die Einstellung des Schulleiters, der ein freudig bekennender Katholik war, dass die menschliche und „schulmeisterliche" Bewährung ausschlaggebend sei. Umgekehrt wurden im Nachrichtenblatt wiederholt grundlegende Beiträge von Foxius veröffentlicht, die teils zuvor im Kölner Stadt-Anzeiger erschienen und für das Vereinsorgan überarbeitet worden waren. Dabei berichtete er über die Geschichte des St. Michael-Gymnasiums, den „Dicken Tönnes" und über das kunsthistorisch bedeutende Triptychon aus der altkölnischen Malerschule in der Kirche von Kirchsahr, das ursprünglich in der Münstereifeler Stiftskirche gestanden und der Sage nach 1782 als Geschenk über den Berg hinweg ins Sahrtal gelangt sein soll. Auch die Verbindung zum VAMÜ dürfte über Dr. Renn zustande gekommen sein, der damals das Nachrichtenblatt als Schriftleiter betreute.

Der zuletzt genannte Beitrag erschien nach dem überraschend frühen Tod dieses gebildeten und für viele Themen offenen Zeitzeugen, der aus einer Zeit zuverlässig und zugleich unterhaltsam zu berichten wusste, in der die Stadt und ihre Gymnasien so ganz anders waren als heute.

Marius Schulten:
Ein Journalist gewährt Einblicke
Das St. Michael-Gymnasium vor 50 Jahren

Was damals wichtig war, ist es – auf eine andere Weise – auch heute noch.

Zusammengefasst lässt sich sagen, der Journalismus ... lebt (heutzutage) von der Hand in den Mund, zehrt von Sensationen und findet nicht Zeit oder nimmt sich nicht ausreichend Zeit, die Hintergründe all dessen auszuleuchten, was uns in immer kürzeren Abständen in dauerhafte Krisen bringt.
Günter Grass bei der Jahrestagung der Journalistenvereinigung „Netzwerk Recherche" am 9.7.2011 in Hamburg.
Armand Foxius stellt die internen Verhältnisse und Ereignisse am altsprachlichen St. Michael - Gymnasium im Kölner Stadtanzeiger präzise dar. Er hat sie gründlich recherchiert. Damit konnte die Öffentlichkeit die Entwicklung der Schule verfolgen; die geschilderten Ereignisse erhielten eine gewisse Relevanz. Im Rückblick erweisen sich die von Foxius ausgebreiteten Themen, quasi auch noch nach 50 Jahren, als relevant. Sie beeinflussen die Schwerpunkte der pädagogischen Arbeit auch heute noch. – Es folgt eine Betrachtung verschiedener Aspekte des Schullebens von vor 50 Jahren. Ansatzweise soll nun folgende Frage beantwortet werden:
Wie stellt sich die Schule, das St. Michael-Gymnasium, in Bezug auf die damals ins Rampenlicht der allgemeinen Öffentlichkeit hervorgehobenen Themen heute dar, was ist sozusagen das Erbe dessen, was damals „auf dem Programm stand" ?

1) Die Erziehungsziele des Gymnasiums und die Einstellung der Schüler
Am 21. April 1960 erscheint eine Meldung im KStA dass fast 18 % der Schüler das Klassenziel nicht erreicht haben, sie also

„sitzen geblieben" sind. Das ist für Münstereifel ein kleiner Eklat. Eine Möglichkeit der Nachprüfung gab es ja damals nicht. Diese Tatsache veranlasste Foxius zu einem Interview mit dem Schulleiter August Guddorf (1953 –1968).
Der erklärt die Situation wie folgt: Zunächst sind die Anforderungen an die Schüler nun 15 Jahre nach Kriegsende wieder normalisiert („Friedensmaßstäbe"). Die Schüler (Schülerinnen gab es ja damals noch nicht!) hätten sich auch geändert, sie lebten oft allzu leichtsinnig in den Tag hinein und seien *Saisonarbeiter, die sich einen schönen Lenz machen ... und wundern sich dann, wenn es zu guter Letzt einmal schiefgeht.*
Es sei die Aufgabe der höheren Schule, *einer zu frühen Spezialisierung und beruflichen Vereinseitigung entgegen zu steuern und mit der Vielfalt ihrer Fächer und Methoden eine allgemeine, grundlegende geistig-seelische Ausgangsphase zu schaffen.*
Neben der Vermittlung soliden Wissens, die damals gerade ausschließlich auf das Hochschul-studium vorbereiten sollte, gehe es bei der gymnasialen Ausbildung *nicht zuletzt um die Grundlegung und Festigung echt menschlicher Qualitäten und Werte.* Der Schüler sollte gewappnet werden gegen die drohende Vermassung.
Die heranwachsende Jugend sei allerdings *viel zu labil, hat zu wenig „Eisen im Blut", ist maßlos abgelenkt und zerstreut und leidet unter einem fühlbaren, ja fast sichtbaren Mangel an Konzentrationsfähigkeit.* Die Anforderungen der Schule seien – Gott sei Dank – so hoch, dass sie nur mit äußerster Anstrengung erfüllt werden können.
Außerdem sieht August Guddorf schon damals *das Problem der Akzeleration, eine fast unheimliche Beschleunigung der körperlichen Reifung, mit der die geistig-seelische einfach nicht mitkommt.* Er verweist auf die vielseitigen Ablenkungsgefahren durch die Medien: *Radio, Film und vor allen Dingen das Fernsehen spielen hierbei eine bedeutende Rolle,* die schon damals zu einem Verlust der Konzentrationsfähigkeit führten. Er beobachtet

die zunehmende Zahl der Kinder, die sich auf Nachhilfeunterricht verlassen mussten. *Die Burschen passen nicht mehr auf; sie verlassen sich wiederum auf den Nachhilfe-Unterricht. Alles war einer Konzentrationsfähigkeit abträglich ist, soll vermieden werden. Nur wirklich begabte Schüler und nicht auch solche, die unbedingt „ihr Abitur" haben wollen, sollen in die Gymnasien.* Im Rahmen einer Abiturentlassungsfeier im März 1959 mahnt August Guddorf:
Nur der sollte zum Gymnasium kommen, der wirklich das Ziel erreichen will. Und:
Die Hast der Zeit, allgemeine Ausrichtung auf die Technik, der überlaute Lärm der Umwelt mache eine ruhige Auseinandersetzung mit geistigen Werten immer schwieriger. Ein günstiges Arbeitsklima könnte nur durch eine schärfere Auslese der wirklich Begabten erreicht werden.
Im Frühjahr 1959 hat Studiendirektor Guddorf die Verleihung von Preisen für die besten Schüler auf geistigem und wissenschaftlichem Gebiet eingeführt. In diesem Jahr erhielten nicht nur die Klassenbesten, sondern auch die jeweils besten Schüler der Unter-, Mittel- und Oberstufen schöne Bücher überreicht. Ebenfalls stiftet er zwei Wanderpreise, die von den einzelnen Klassen in jedem Jahr gewonnen werden konnten. Der erste wird der Klasse mit den besten turnerischen und sportlichen, der zweite für die besten wissenschaftlichen Leistungen vergeben. Die Durchschnittsnoten der Klassen sollten darüber entscheiden, welche Klasse dann die Michael-Figur bzw. den Diskuswerfer des Myron bei sich aufstellen durfte. Es ist ihm bewusst, dass er in diesem Punkt die Praxis der alten Jesuiten wieder aufgreift.

Seit den 90iger Jahren ist es wieder Tradition an unserer Schule, die Klassenbesten am Schuljahresende mit Buchpreisen zu ehren. Die Klassenlehrer ermitteln wieder die beste Durchschnittsnote und besorgen ein passendes Geschenk, das mit den Zeugnissen ausgeteilt wird. Im heutigen Schulprogramm werden folgende Erziehungsziele festgelegt, die an jenen humanistischen Geist erinnern, von dem vor 50 Jahren die Rede war. *Wir wollen eine Schule sein, die den Einzelnen in seiner Indi¬vi¬du¬a¬lität achtet und fördert. Wir wollen eine Atmosphäre schaffen, in der jeder seine Krea¬ti¬vi¬tät entfalten kann, indem wir geduldig und freundlich einander zuhören, uns gegenseitig helfen und ermutigen, offen und fair miteinander umgehen, Stärken und Schwächen anderer gelten lassen, uns gestatten, aus Fehlern zu lernen, den Lebensraum unserer Schule erhalten und stetig verbessern. Dabei wollen wir Fähigkeiten anstreben, dauernd entwickeln und fördern: Verantwortungsbereitschaft und Selbständigkeit, Vertrauen zu uns selbst und anderen, Leistungsbereitschaft und Zusammenarbeit, Zuverlässigkeit und Sorgfalt, Ausdauer und Zielstrebigkeit, Kritik und Selbstkritik, Freundlichkeit und Toleranz.*

2) Die Jesuitenbibliothek
Am 07.10.1960 erscheint folgende Nachricht:
Panzer hüten Geistesschätze - 500 Jahre alte Bände restauriert.
Münstereifel – Aus München trafen in den letzten Tagen die ersten Bände der alten Jesuiten-Bibliothek ein, die restauriert und zum Teil vervollständigt wurden. Sie werden im Panzerschrank der Gymnasial-Bibliothek aufbewahrt und stellen die wertvollste Stücke der kostbaren und reichhaltigen Sammlung dar. Weitere Bände aus dem 15. und 16. Jahrhundert sollen noch instand gesetzt werden. Auch wertvolle Schriften wurden präpariert und vor dem Verfall gerettet.
Er nennt besonders wertvolle Werke, z.B. das „Über die Heilkunst vom bekannten römischen Arzt Cornelius Celsus. Er begrüßt, dass der damalige Berufsbibliothekar Dr. Heinz Siegel, der eine Zeitlang als Lehrer im MG war, am Ende der 50iger Jahre damit begann einen Katalog herauszugeben. Dann stellt Armand Foxius die Restaurationsarbeiten im einzelnen dar. So greift er ein besonderes zur lokalen Geschichte der Hexenverfolgung heraus: Er nennt Hermann Löhers „Wemütige

Klage", in welcher der Sohn Münstereifels als ehemaliger Amtsmann von Rheinbach die Hexenprozesse anprangert, und erläutert, dass es wahrscheinlich nur noch zwei Exemplare dieses interessanten Werkes gibt. Das zweite wurde in Amsterdam entdeckt, wo das Buch 1676 gedruckt wurde.

Es werden die Schedelsche Weltchronik, die „Cronica van der hilliger Stat von Coellen" („Kölner Chronik") von 1499, die mittelalterlichen Pergamenthandschriften mit Neumen und Choralnoten erwähnt. Foxius begreift den enormen Schatz, den die Schule zu bieten hat; er ist begeistert von der wertvollsten Schulbibliothek des Rheinlandes und ergreift Partei für das Restaurationsprogramm, welches diese Werke für die Nachwelt erhalten soll.

Ihre heutige Nutzung

Einige Wissenschaftler, die über den Zentralkatalog Einzelheiten über bestimmte Werke erfahren, können sich mit der Schule in Verbindung setzen und sich Kopien von bestimmen Textpassagen anfertigen lassen. Oftmals kommen sie persönlich vorbei. So haben z.B. vor Jahren holländische Spezialisten gewisse Seiten des *Novus Atlas von 1634* digital kopiert, um ihre Untersuchung über den Gesamtbestand dieses bedeutenden Werkes zu vervollständigen.

Außerdem können Schüler mit unserer Hilfe Facharbeiten erstellen. Am „Tag der Offenen Tür" erläutern inzwischen Schüler/innen die einschlägigen Werke der Jesuitenbibliothek. Sie gehen auf diese Weise mit dem alten wertvollen Buchbestand ihrer Schule um, lernen Einzelheiten zur Schulgeschichte, z.B. die Bedeutung der Aufführung von Jesuitendramen und wie sich überregionale geschichtliche Ereignisse vor Ort ausgewirkt haben, so z.B. Hexenverfolgung in Rheinbach (anhand von Löhers Anklageschrift).

Bestimmte Arbeiten werden von interessierten Wissenschaftlern „vor Ort" bei uns durchgeführt. Seit Oktober 2010 macht Dr. Beßelmann (Archivberatungs-Stelle der Universität-Bibliothek Köln) ein Restaurierungsgutachten, d.h. eine Untersuchung über den Allgemeinzustand der Jesuitenbibliothek, um zukünftige Ausbesserungsmaßnahmen in die Wege zu leiten.

Manchmal werden bestimmte Werke im Unterricht vorgestellt, die im geschichtlichen Zusammenhang relevant sind, z. B. in *Cautio Criminalis* und den „*Malleus maleficarum*" („Hexenhammer") im Zusammenhang mit dem Thema Hexenverfolgung.

Mein Kollege Peter Ismar und ich machen regelmäßig Sonderführungen für Schüler und Klassen.

3) Die Tradition der Jesuiten
a) der humanistische Geist

Am 30.12. 1958 schreibt Armand Foxius zum Thema VAMÜ-Treffen: *Welche Fülle an Erinnerungen steigt auf, wenn man in den Sammelbänden dieses „Nachrichtenblattes alter Münstereifeler" herumblättert. Man bewundert heute den humanistischen Geist, der aus seinen Artikeln spricht.* Anlässlich einer Abiturienten-Entlassungsfeier im März 1959 zitiert Foxius die Worte der Elternvertreterin Frau Strohe: *Der Geist des Münstereifeler Gymnasiums meistert die Konflikte der modernen Schule. Sie unterstrich besonders den humanistischen Geist, der dem SMG noch innewohne.*

b) künstlerische Aktivitäten: die Aufführung von Jesuitendramen

Am 21.05.1959 gab es eine unter der Überschrift „Jesuiten-Gymnasium und Drama" – die Ankündigung einer Aufführung von Sophokles´ „Antigone" in der Aula – Tradition fortgesetzt". *Damit beabsichtigt die Schulleitung, wieder an eine alte Jesuitentradition anzuknüpfen, die einst im Mittelpunkt des kulturellen Lebens der Erftstadt und seiner ganzen Umgebung stand.* Foxius erläutert die ursprüngliche Intention der Jesuiten und erklärt seinen Lesern, dass sie ursprünglich von Leh-

rern und Schüler selbst in lateinischer Sprache gedichtet wurden, dass sie auf diese Weise ihre Sprachkenntnisse beweisen konnten, dass sie sich auf spielerische und kreative Weise mit den Lehrinhalten auseinandersetzen mussten. *Anschauungsunterricht in der Art der heute wieder eingeführten „Ganzheitsmethode". Auch in den Mauern Münstereifels setzte man sich mit den Strömungen der jüngsten Epochen auseinander.*
Am 26. Juni 1959 erscheint dann eine Besprechung im KStA, die lobend die Qualität der Aufführung erwähnt. Der Regisseur Dr. Overberg habe das *Werk getreu dem antiken Vorbild* gestaltet. Er hebt die natürliche Frische der Schülerleistung hervor und wie für die Zuschauer die Antike erlebbar geworden ist.

Anlässlich unserer Festschrift, die im Jahre 2000 anlässlich des 375jährigen Bestehens der Schule publiziert wurde, hat unsere Kollegin Regine Weidemeier ausführlich über die etwa 1980 wieder aufgenommene Theatertradition berichtet.
Sie schreibt: Seit den 90iger Jahren *prägten sich immer mehr persönlich Stilrichtungen und Vorlieben für die Stückwahl und die Art der Inszenierung bei den Spielleitern aus... und man ist versucht, einmal mehr den Geist der Zeit zu bemühen: Ein bestimmtes Thema, ein bestimmter Autor, eine bestimmte Stilrichtung der Inszenierung liegen eben in der Luft.*
Regine Weidemeier experimentierte auch selbst als Deutsch- und Literaturlehrerin mit bestehenden Jesuitendramen und resumiert wie folgt:
Anlässlich des Stadtjubiläums 1999 erinnerten wir uns an unsere eigene Tradition, an die Schuldramen der Jesuiten, spielten in der Aula Szenen aus dem berühmtesten Jesuitenstück von Jakob Bidermann (1578 - 1639) „Cenodoxus - der Doktor von Paris", und kehrten damit an die Anfänge des Theaterspiels zurück. Anhand der Programmhefte, der achtzehn Programmhefte, sogenannte Periochen,

die wir im Panzerschrank der Jesuitenbibliothek fanden, können wir nämlich nachweisen, dass die Schüler der Rhetorikklassen – vergleichbar wäre unsere heutige 13 – wie an allen Jesuitenschule auch anlässlich wichtiger Feier- und Gedenktage im 17. und 18. Jahrhundert unter anderem selbstgeschriebene Dramen in lateinischer Sprache aufgeführt haben.
...Gespielt haben wir dieses Stück, nicht nur, weil wir eine Auftragsarbeit (Stadtjubiläum) erledigt wissen, auch nicht, weil wir unseren Vorvätern eine Reverenz erweisen wollten, sondern weil wir in Cenodoxus den modernen Menschen, eine Faustfigur, sehen , der zwischen seinen guten und bösen Kräften hin und her gerissen wird, schließlich aber unterliegt. ...Der Raum, die alte Aula, spielte mit, da die übliche Dreiteilung der Barockbühne in verschiedenen Ebenen hier nachgeahmt werden konnte.

c) Die Prozession (später Wanderung) zum Michelsberg

Am 1. Oktober 1960 schreibt Armand Foxius unter der Überschrift *Schule zog auf „ihren" Berg – Aus Anlass der Michaels-Oktav zur renovierten Kapelle Münstereifel. Von 1632 bis 1824 waren Gymnasium und Michelsberg eine Einheit. Es ist kein Zufall, wenn das SMG den in Mahlberg verehrten Heiligen als Schutzpatron hat. Noch bis 1934 blieb eine enge Verbindung der Schule zum Michelsberg bestehen: Zum Michelstag wallfahrteten die Schüler zur alten Kapelle. Zum ersten Mal seit dieser Zeit wurde am Donnerstag diese Tradition wieder aufgenommen. und So zogen denn am Donnerstag zum ersten Male seit 26 Jahren die Schüler des Gymnasiums nach Mahlberg. Über 300 Jungen zogen hinter dem Kreuz, begleitet von Rektor Herkenrath (Konvikt) und Religionslehrer Studienrat Heinrichs sowie Oberstudiendirektor Guddorf und dem Lehrerkollegium über den Blankenheimer Weg am Schönauer Ohrtsberg vorbei zum St. Michael.*

Die Schüler haben in den 60iger Jahren in der Michaels-Oktav Ende September eine eigene Wallfahrt zur Kapelle auf den Michelsberg durchgeführt. Manche können sich noch erinnern: unter August Guddorf wurde der Pilger auf dem Hinweg gestärkt durch Rosenkranzgebete und Schulfahne und auf dem Rückweg gestärkt durch Kirschen und Pflaumen am Wegesrand. Seit den 80iger Jahren – unter Schulleiter Walter Reufel – wurde die Tradition in einer profanisierten Weise fortgesetzt, nämlich als Wanderung der Klassen 5 und 6 am Anfang des neuen Schuljahres, wo man gerne die Gelegenheit wahrnahm, die Lehrer und Lehrerinnen der Schule auf lockere Weise kennen zu lernen. Leider ist diese Tradition in den 90iger Jahren aus organisatorischen Gründen eingeschlafen. Seit 2009 gibt es sie aber wieder: die Michelswanderung durch den herbstlichen Eifelwald.

Ralf Blasberg:
Malmedy. Eine Anmerkung zum geistigen Mikroklima einer kulturellen Grenzstadt.

Armand Foxius (1922-1961) wurde in Malmedy im Geschäftshaus seines Vaters geboren, in dem er mit seiner Familie bis 1957 wohnte. Das Geburtshaus steht heute noch in der Rue Neuve (ehemals Neustraße 4-6), quasi im Schatten der Auferstehungskapelle. Von ihr soll sogleich die Rede sein.

Moderne Pädagogik nennt mit dem Begriff „Prägung" das, was auf einen Heranwachsenden einwirkt. Dazu gehören neben der Umwelt samt der – im wahrsten Sinn des Wortes – vorhandenen technischen Umgebung auch geeignete Vorbilder. Prägung ist sicher auch bei der Wahl des späteren Berufs am Werk. Denn bekanntlich ahmen Kinder oft nach, was Eltern ihnen vorleben, auch beruflich.
In diesem Sinn konnte der spanische Philosoph Ortega y Gasset (1883-1955), Analytiker der zwischen den beiden Weltkriegen aufdämmernden Masse, über sich und seine Prägung sagen, er fühle sich wie „auf einer Rotationspresse geboren" (vgl. F. Niedermeyer: José Ortega y Gasset, in: Hochland 48 (1955/6), 33-46; hier 35). Mit diesem Bild wollte er ausdrücken, dass er durch seine Herkunft aus einer Familie von Zeitungsverlegern wesentliche intellektuelle Impulse für seine spätere umfangreiche publizistische Tätigkeit empfangen hat.

Aber wie soll das Umfeld eines zukünftigen Journalisten beschaffen sein? Was ist überhaupt „Journalismus"? In – nicht ganz ernst gemeinter – Anlehnung an ein Lenin-Bonmot kann er als „periodische publizistische Arbeit plus Presse (bzw. Medium)" bezeichnet werden.

Dies alles vorausgeschickt, kann die These aufgestellt werden, dass Malmedy als Geburtsstätte eines zukünftigen Journalisten prädestiniert ist. Denn drei historisch-kulturelle Argumente sprechen dafür, nämlich 1. die besondere geographische Lage der Stadt als Schnittstelle zwischen der französischen und der deutschen Kultur, 2. die von der Abtei grundgelegte Papierindustrie (und damit die „Presse" im weiteren Sinn) und 3. Malmedy als Herkunftsort bedeutender Persönlichkeiten, die erstaunlicherweise alle eine publizistische Außenwirkung entfalteten, nachdem sie sich jeweils für einen Kulturraum entschieden hatten: So zog es den Künstler Jean Nicolas Ponsart (1788-1870) wie den Komponist Henri Pousseur (1929-2009) und auch den Wahlmalmedyer und Doyen der Journalistik Emil Dovifat (1890-1969) nach Deutschland, während die Mykologin Marie Anne Libert (1782-1865) in der Franzosenzeit Deutsch als Fremdsprache lernte und – als Frau damals unter Pseudonym – auf Französisch und Latein publizierte.

Aus Gründen des Umfangs dieses Beitrags kann hier nur auf das dritte Argument eingegangen werden. Dies geschieht anhand des fraglos bedeutendsten Sohnes Malmedys, der jedoch ihr unbekanntester Bekannter ist: Ignace de Roderique (1696-1756) (zu seiner Person vgl. Herbert Hömig: Jean Ignace Roderique, in: Rheinische Lebensbilder 9 (1982), 159-177).
Das einzige Denkmal für ihn, das man in Malmedy findet, ist zugleich ein einzigartiges: die bis heute erhaltene Auferstehungskapelle im Rokostil. Er stiftete sie 1755 für seine Eltern, nachdem er in Köln durch seinen Zeitungsverlag zu Wohlstand gelangt war. Sie verwahrte sowohl seinen Epitaph als auch den seines Neffen Anton Caspar Jacquemotte (1725-1764), der das Zeitungsgewerbe nach Roderiques Tod weiterführte.

In enger Nachbarschaft zur Kapelle wuchs Armand Foxius, wie gesagt, auf.

Roderiques zeitgeschichtliche Bedeutung kann an der Quantität wie Qualität seiner Widersacher ermessen werden.
Der Reihe nach: Als Johann Beringer (1667-1738), Leibarzt und Naturphilosoph, am 31. Mai 1725 mehrere sonderbare Kalkstein-Fossilien zum Kauf angeboten wurden, war er zunächst skeptisch. Doch nach eigenen Entdeckungen an der vermeintlichen Fundstelle kippte das Misstrauen in Euphorie um. Er ließ ungefähr 2000 Stücke ausgraben. Dass ihm Fossilien, die u. a. eine Biene im Anflug auf eine Blüte und einen kompletten, nicht skelettierten Frosch zeigten, nicht merkwürdig vorkamen, kann dadurch erklärt werden, dass Fossilien gerade erst bekannt wurden und eine Fossilisationlehre erst später entwickelt wurde. Doch versteinerte hebräische Schriftzeichen und sonderbare kosmologische Zeichen hätten auch damals – im beginnenden Zeitalter der aufgeklärten Vernunft – aufhorchen lassen können.
Es mag nicht unbedingt ein „günstiges Licht auf Roderiques Charakter" (Hömig, 161) – immerhin ein früherer Jesuitennovize und damaliger Professor Mathematik der Würzburger Universität – werfen, dass er dem von ihm und einem Kompagnon inszenierten Schwindel genüsslich auffliegen ließ. Aber einen Mordsspaß werden er und einige andere wohl bei der Sache gehabt haben, die als „Würzburger Lügenstein" in die Annalen eingegangen ist.

Zwischen seinem Wirken in Würzburg und Köln schrieb Roderique 1728 seine Disceptationes über den Ursprung der Benediktinerabtei Stablo-Malmedy. Sie galt zugleich als Streitschrift gegen zwei Benediktiner der auf die gerade erst entstehenden Geschichtswissenschaft spezialisierten Mauriner-Kongregation, Edmond Martène (1654-1739) und Ursin

Durand (1682-1771). Sie belegten mit ihrer umfangreichen Quellensammlung – auf der Basis angeblich gefälschter Urkunden, wie Roderique behauptete – den Vorrang der Klosters Stablos vor dem Malmedys. Dies konnte der historisch gebildete Malmedyer nicht hinnehmen.

„Der daraufhin anhebende Gelehrtenstreit machte Roderique nicht nur in der wissenschaftlichen Welt bekannt, sondern verstrickte ihn auch in ein Gerichtsverfahren" – wegen Majestätsbeleidigung (vgl. Hömig, 163). Die Mauriner erhielten Unterstützung u.a. von den Kölner Jesuiten Joseph Hartzheim (1694-1763) und dem aus Lüttich stammenden Bartholomäus des Bosses (1668-1738), der Roderique nach seinem abgebrochenen Noviziat seinerzeit nach Würzburg empfohlen hatte.

In Köln im Jahre 1731 „führte sich Roderique gleichsam mit einem Paukenschlag ein; freilich hatte er aus den früheren Affären einiges hinzugelernt. Mit größerem Geschick wählte er diesmal seine Waffen und seine(n) Gegner aus" (Hömig, 163). In einem Disput mit dem Jesuiten Hartzheim über die Geschichte des Hl. Maternus konnte er seinen Kontrahenten zum Rückzug seiner Thesen zwingen, was ihm Ansehen bei den Kölner Gelehrten wie an der Universität eintrug. Bester Beweis dafür ist seine spätere Ernennung zum ersten Professor der Geschichte an der Kölner Universität am 19. September 1732.

Parallel zu seiner nicht auskömmlichen Professur beantragte Roderique am 15. Juni 1734 beim Kölner Rat die Genehmigung einer französischsprachigen Zeitung, die in Konkurrenz zu den von protestantischen Emigranten in den Niederlanden herausgegeben Gazetten treten sollte.

Mit seiner Gazette de Cologne, die er allerdings nicht auf Malmedyer Papier, sondern auf feines italienisches Postpapier (vgl. Hömig, 166) drucken ließ, traf er eine Marktlücke. Und prompt folgte die erste Beschwerde, die indirekt ein Lob über Roderiques vorzügliche Kontakte darstellte, nachdem er am 19. Juni 1734 die Konzession vom Rat der Stadt erhalten hatte (vgl. Hömig, 165).

Um von der städtischen Zensur frei zu werden, ersuchte er 1735 um ein kaiserliches Privileg, das ihm in demselben Jahr gewährt wurde und seine Gazette de Cologne avec privilège impérial in den Stand der unantastbaren, politisch relevanten überregionalen Zeitung erhob.

Mit dem Privileg war verbunden, dass Roderique selbstredend für den Kaiser Partei ergriff. Dies tat er derart erfolgreich, dass die Zeitung „ein wichtiges Sprachrohr der österreichischen Politik im 18. Jahrhundert gewesen ist" (Hömig, 167). Ihre Auflage wird nur wenige tausend Abonnenten in Europa umfasst haben, doch „ihr politischer Einfluss durch die Aktualität der Berichterstattung und die für die damalige Zeit raffinierte Methoden der Nachrichtengebung waren allen anderen Blättern überlegen" (ebd.).

Die Gazette de Cologne wurde auch von Friedrich dem Großen, dem König von Preußen, mit wachsender Verärgerung gelesen. Die strikte antipreußische Haltung der Gazette de Cologne und ihre Parteinahme für Österreich im Ersten Schlesischen Krieg sollen ihn schließlich dazu veranlasst haben, über seinen Residenten in Köln, v. Rhode, Schläger anzuheuern, um dem Verleger für hundert Dukaten eine „handfeste" Lektion zu erteilen (vgl. Hömig, 168). Der aufklärerische Philosophen-König verband mit Presse offenbar noch „Spanische Stiefel", in die der Geist gepresst wird (vgl. Goethe: Faust I).

Natürlich wird zu Armand Foxius in seiner Kindheit der genius loci der benachbarten Roderiqueschen Kapelle gesprochen haben. Er wusste somit um ihre Geschichte und Geschichten; und von dem, was ihn umgeben hat, wird „seine Seele ihre Farbe angenommen haben" (vgl. Marcus Aurelius Antonius: Selbstbetrachtungen V,16, übers. v. A. Wittstock, Stuttgart 1949 [Nachdruck 2009], 67).

Abschließend lässt sich also – leicht dichterisch – sagen, dass seine Lebensspur unbewusst und in manchem parallel dem Geist des großen Mitmalmedyers und Journalisten Jean Ignace Roderique folgte.

Die Autoren:

Ralf Blasberg, geb. 1970 (als Sohn von Hans Gerd Blasberg aus Köln und Léa Bodet aus Malmedy), 1981 – 1990 Freiherr-vom-Stein Gymnasium Leverkusen, Studienrat für Latein und Philosophie am Abteigymnasium in Brauweiler.

Harald Bongart, geb. 1964, 1974 – 1983 St. Michael Gymnasium, Kommunalbeamter in Bad Münstereifel.

Dr. Gerhard Fischer, geb. 1949, 1960 – 1968 St. Michael Gymnasium Münstereifel, Leitender Veterinärdirektor des Rhein-Kreises Neuss.

Armin Foxius, geb. 1949, 1960 – 1968 St. Michael Gymnasium Münstereifel, Hauptschullehrer an der Ursula Kuhr-Schule in Köln. Schriftsteller.

Hans-Dieter Graf, geb. 1945, 1966 Abitur am St. Michael Gymnasium, bis 2008 Hauptschulrektor der Friedrich-Haass-Schule. Betreut als Mitglied des Kreisverbandes Natur- und Umweltschutz das Kalkarer Moor.

David Lanzerath, M.A., geb. 1982, 1992-2002 Privates Erzbischöfliches St.-Angela-Gymnasium Bad Münstereifel, derzeit Doktorand und Wissenschaftliche Hilfskraft in der Abteilung für Verfassungs-, Sozial- und Wirtschaftsgeschichte (VSWG) des Historischen Seminars der Rheinischen Friedrich-Wilhelms-Universität Bonn.

Marius Schulten, geb. 1949, 1960 – 1968 Schüler, seit 1979 Lehrer am St. Michael Gymnasium Münstereifel, Oberstudienrat mit den Fächern Englisch, Latein und Erdkunde; Kustos der Jesuitenbibliothek. Sohn des „Eifelmalers" Curtius Schulten.

Prof. Dr. phil. Horst A. Wessel, Dozent für Wirtschaftsgeschichte der Heinrich-Heine-Universität zu Düsseldorf; Vorsitzender des Vereins Alter Münstereifeler.

Inhalt

A Vorbemerkung des Herausgebers 5
B Harald Bongart: Vorwort 8
C Das Romanische Haus 15
D Ist das Kalkarer Moor gerettet? 36
Hans-Dieter Graf:
Rückblick und aktuelle Situation im Kalkarer Moor 49
E Der alte Schlachthof 53
Gerhard Fischer:
Die Erft und das Ende des Schlachthofes
in Münstereifel 65
F Hahnenköppen 68
Gerhard Fischer:
Hahnenköppen im Juli 1959 in Münstereifel/
Hahnenköppen im August 2003
im Rhein-Kreis Neuss 78
G Gerberei 81
H Aus Stadtrat und Verwaltung 87
David Lanzerath:
Grundzüge des kommunalen Verwaltungsaufbaus in
Nordrhein-Westfalen nach 1945 123
I „Michael Kohlhaas" 129
J Die Feuerwehrfahne 143
K Menschen in Münstereifel 149
(Drei Könige, Frings, Gleich, Haass, Hürten, Imhorn,
Jackle, Kneip, Küpper, Landmann, Linden, Rolef,
Roth, Schulten, Stephinsky, Wrede)

L	St. Michael Gymnasium und der VAMÜ	205
	Horst A. Wessel: Armand Foxius	255
	Marius Schulten: Ein Journalist gewährt Einblicke. Das St. Michael-Gymnasium vor 50 Jahren	259
M	Ralf Blasberg: Malmedy. Eine Anmerkung zum geistigen Mikroklima einer kulturellen Grenzstadt	268
N	Liste der Autoren	274

Für den Tag.
Und über den Tag hinaus.

Umschlaggestaltung: Alexander Foxius

© 2011 by Armin Foxius
Alle Rechte vorbehalten, auch hinsichtlich einzelner Teile

RASS'SCHE VERLAGSGESELLSCHAFT GMBH
Höffenstraße 20-22 · 51469 Bergisch Gladbach
verlag@rass.de

Druck
Rass GmbH & Co. KG, Druck & Kommunikation
www.rass.de

ISBN 978-3-940171-17-7